Indirect Anaphora
in English and Chinese

英汉语篇
间接回指

Indirect Anaphora
in English and Chinese

王军 著

商务印书馆
The Commercial Press
2013年·北京

图书在版编目(CIP)数据

英汉语篇间接回指/王军著.—北京:商务印书馆,2013
ISBN 978-7-100-09838-0

Ⅰ.①英… Ⅱ.①王… Ⅲ.①英语—语法—研究 ②汉语—语法—研究 Ⅳ.①H314②H146

中国版本图书馆 CIP 数据核字(2013)第 037362 号

所有权利保留。
未经许可,不得以任何方式使用。

英汉语篇间接回指
王 军 著

商 务 印 书 馆 出 版
(北京王府井大街 36 号 邮政编码 100710)
商 务 印 书 馆 发 行
北京民族印务有限责任公司印刷
ISBN 978-7-100-09838-0

2013 年 9 月第 1 版 开本 880×1230 1/32
2013 年 9 月北京第 1 次印刷 印张 13
定价:35.00 元

序

欣闻王军主持的国家项目"英汉语篇间接回指对比研究"已经通过鉴定,即将由商务印书馆出版,十分高兴,也为王军感到骄傲。我和王军有多重关系:师生关系、同事关系和朋友关系。王军1984年入聊城师范学院英语系学习,我教他们高年级英语精读课《高级英语》。他是他们84级同学中几个尖子学生之一,不仅学习成绩好,而且还做班干部,做了大量社会工作,受到老师和同学的好评。由于他综合素质高,学习成绩优秀,被留校任教,由此,我们成了同事。他工作兢兢业业、业务基本功扎实、教学效果好,受到学生的好评,并且同时注重科学研究工作,努力读书学习,后来考取华东师范大学研究生,接着又考上了上海外国语大学的博士,师从我国著名英汉对比和翻译学家许余龙先生,毕业后到苏州大学外语学院工作。虽然,我们不在一个单位工作了,但还经常进行学术交流,成为学术上的朋友。

王军果然不负众望,到苏州大学工作的几年间踏踏实实地做研究,一步一个脚印,一步一个台阶,在国内外语类核心期刊上发表了一系列论文,先后主持了国家社科基金、江苏省社科基金等多个项目,成为苏州大学外语学院比较年轻的教授、博士生导师和外国语言学及应用语言学的学科带头人,并在多个全国及省级学会担任重要职务。

王军从事对比语言学、认知语言学、语用学研究。研究课题主要涉及回指（尤其是间接回指）研究、复合名词研究、隐喻及转喻机制研究等，其中间接回指是他一直研究的重点，并且取得了比较丰硕的成果。

回指是指称的一个类别，是语言组篇机制的一个重要因素：一般来讲，作为一个已知的项目，它不以一个新知的项目来表示，即用不定成分加名词的形式来表示，如 a book、books，而是用代词或者定指名词来表示，如 they、the book、the books。这个项目可以来自于上文，有时也可以来自于下文，还可以来自于语境中。在 M. A. K. Halliday 的系统功能语言学的衔接理论 (Halliday & Hasan, 1976) 中，它们分别被称为回指、下指和外指。系统功能语言学从功能的角度研究指称现象，认为它们都是建构语篇的纽带（tie）或衔接机制 (cohesion)。在这三个类别中，外指不对语篇的内部衔接起作用，而是把语篇与语境联系起来的因素，因此，Halliday 不把它作为衔接机制，但它是哲学家们热衷研究的对象，因为它们是观察语言与客观现实关系的窗口，根据它们可以探讨含义、预设、真值条件等。下指出现的频率十分低，研究的价值比较低，一般不作为重点研究对象，而研究最多的是回指。

回指可以从句法的角度研究，探讨回指在句子结构中的作用，如在 Chomsky（1981，1982）的管约理论（Government and Binding Theory）中，回指是一个重要的研究对象，但它只研究反身代词、相互代词、名词短语语迹等现象，范围比较窄。

回指更多的是从语篇的角度研究，探讨由回指形成的语篇部分和语篇成分之间的关系，以及在语篇构建过程中的作用等。研究回指的理论繁多，涉及系统功能语言学的衔接理论，认知语言学的心理空间理论、参照理论、框架理论、情景理论、图式理论、脚本理论等。回指现象在这些理论研究中都取得了显著的成果，因此，对回指的研究需要向纵深发展，其中一个重要方面就是对间接回指的研究。

间接回指指的是通过词汇之间的意义联系而形成的回指现象，例如，同一个物体和它的不同方面、不同部分，以及这些部分和方面之间，某个领域与它所包含的不同事物等，以及这些事物之间，均可以形成回指关系。在系统功能语言学中是作为词汇衔接中的搭配、同义、上下义、部分整体义等关系来讨论的。但这种研究总体上讲比较松散，对于具体的意义关系探讨不多，重点是看它们之间是否形成有效的衔接关系。在认知语言学中，相关的框架理论、图式理论等都把具有间接指称的项目放到同一个框架或者图式中来探讨这些项目是如何相互联系起来的。

王军在众多前辈学者研究的基础上，对间接回指现象进行了更加深入的研究，包括对间接回指现象进行了跨语言研究，对汉语和英语中的间接回指现象进行了对比研究，对间接回指现象进行了实证研究，对间接回指研究中存在的多个层次上的问题进行了更加深入的探讨和重新解释，最后提出了扩展回指研究的新的构想。

从英汉对比的角度讲，他研究的语料既包括英语的语篇，也包括汉语的语篇，分别对它们中的间接回指现象进行了分析，并进行了对比，发现它们的共同点和不同点，了解间接回指在不同语言中的表现方式。

从实证研究的角度讲，他研究的语料全部来自于真实的语篇,语料完整,反映间接回指产生的总体语境,汉英语料相互对应,有利于对其进行对比研究,使得出的研究结果既有效又可靠。

从释解的角度讲,王军的《英汉语篇间接回指》依据间接回指的成分因素、关系因素和影响因素对其进行研究,同时还把这三个因素放在一起从整体上综合地进行讨论,弄清各自的特点和侧重点,并且根据研究结果提出了间接回指释义机制的判断和评价。此研究也把形式、功能和认知三个外部因素综合起来对间接回指现象进行研究。

从扩展回指现象的新的构想的角度讲,此研究一方面把回指的研究从不参照语境,扩展到参照语境,把篇章话语和外部环境作为整体语境,同时,对间接回指的研究方向进行了重新定位,把向"右"的回指产出和向"左"的回指释解综合起来,探讨更加合理的研究取向。

王军的研究取得了十分突出的成果,为间接回指的研究做出了突出贡献,主要表现在以下几个方面:

(1)对间接回指研究的思路进行了扩展。把间接回指研究按概念匹配、回指释义、概念转移的思路进行探讨,形成一个新的研究模式,其中概念匹配是基础,回指释义是手段,概念转移是目标;它以向"左"的分析过程为手段,以向"右"的分析过程为目标;既包括静态的研究,也包括对概念转移的动态研究。

(2)把概念匹配作为回指的认知基础,即代词可以回指意义丰富的名词是由概念匹配启动的。《英汉语篇间接回指》考察了代词与名词进行概念匹配的基本原理,代词的有定性对回指的启动机制和代词的指他性对意义填充的渴求使代词与先行语紧密联系起来，形成有代词必然有先行语的匹配关系。这种思路也可以用以解释其他的衔接手段。

（3）提出了回指概念系统地重现和转移的思路。如果回指语与先行语之间是同现关系，则两者形成同指关系；如果两者之间发生转移关系，则两者就不再是同指关系，也就是说，在先行项通过语境而发生变化时，即"先行项＋语境"共同作用于回指项时，指称就发生了转移。这种新的回指解释模式扩展了回指解释的范围和能力，同时，也更有利于解释间接回指的产生。

（4）对模糊回指进行了比较全面细致的分析和研究。是否有回指一般是根据是否出现回指项来确定的。但有时，虽然有回指项，可是先行语并不清楚：有时是上文的一个片段，有时是模糊的一个意义或者理念。本书研究了回指的模糊本质，探讨了回指的不同的模糊现象，并探讨了模糊产生的原因，以及其特殊的修辞和表达功能等。

（5）对回指的有定问题进行了再认识。回指必然是有定的，这是常规知识。但由于汉英两种语言差别很大，所以对有定的表达方式不同。本书在大量汉英语料的基础上，通过翻译对等和语域对等标准检验，考察了英汉语在有定表达上的差异，揭示了汉语在有定性表达上的主体意识程度的变化，为下一步的研究探讨了一条合适路径。

（6）通过汉英对比研究深入探讨了间接回指现象，进一步确立了间接回指在篇章研究中相对独立的研究地位，同时，此研究对更加广义的回指研究提供了十分有价值的启示，拓宽了回指研究的范围。

总括起来，此研究有如下几个突出特点：

（1）具有全面性和整体性：科学研究的主要对象可以是一个方面，或者某个点，但研究这个方面或者点则需要从整体上全面考察它的方方面面才能把它认识清楚。但对于间接回指的研究以前通常是从某个侧面进行研究，如研究间接回指的项目之间的关系、研究先行项与回指项的形式特点、研究语境因素如何影响回指等；从研究角度上讲，有的从形式的角度研究，有的从功能的角度研究，有的从认知的角度研究。每一种研究实际上只探讨间接回指的一个方面的特征。在本书中，作者把间接回指所涉及的先行项、回指项、语境促动因素等系统地结合起来，从形式、功能和认知几个角度同时进行研究，对间接回指有了一个完整全面的认识和理解。

（2）理论概括性强：学术研究的终极目标是构建理论或者证实理论，所以理论目标一般是研究的主要目标。作者把构建间接回指的理论框架作为首要的任务来进行，提出了以概念匹配为基础、回指释义为手段、概念转移或重现为目的的理论框架，为间接回指的研究提供了一个比较全面系统的理论模式。

（3）研究角度新颖：首先，对间接回指的研究一般都是在单语中进行的，本文采用汉英对比的方式，看间接回指的意义特征在不同的语言中如何体现，以利于发现不同语言的运作机制；另外，一般的间接回指研究都是分析性和解释性的，即所谓"向左"的过程。在此研究中，作者采用"向左"和"向右"相结合的方式。一是从顺序上，先"向左"，对语篇进行分析解释，再"向右"，探讨语篇的生成过程；二是"向左"是手段，而"向右"是目的。这种双重取向使得对间接回指的研究更加合理和全面。

总之，此研究既具有相当强的理论意义，创建了间接回指研究的理论模式，创新了间接回指研究的新方向，拓宽了传统的回指研究和间接回指研究的领域，为间接回指研究，甚至是广义的回指研究奠定了一个好的基础。同时，此研究也具有较强的实用价值，其研究成果对外语教学，特别对语篇衔接和连贯的分析具有一定的启示。

张德禄
同济大学教授、博士生导师
2012年12月1日于上海文化花园

自 序

上大学的时候,从未奢想过会在大学里教书,更未想过会在教书之余做学术研究,事实上,当时连学术是什么都一无所知。现在,虽然自己感觉在学术研究方面尚与真正的专家学者有较大的差距,但已经不再对其感到陌生,也不再感到畏惧,而且已经开始乐在其中,享受学术研究所带来的乐趣了。尽管自己还远未到写回忆录的年纪,但借本书出版之际,还是感觉很有必要回顾一下自己的学习历程,感谢一下曾在学术研究方面影响和帮助过自己的那些前辈,也为本书的主题做一点背景介绍。

首先应该感谢的是张德禄老师。他曾是我大学时的精读课老师,后来又一起同事多年,再后来他成了我的领导。当年张老师并没有手把手地教我如何做研究,但他自己辉煌的学术成就以及低调温和的处世风格始终是我默默学习的榜样。虽然张老师做过系主任、外语学院院长,有各种各样令人羡慕的学术头衔,但奇怪的是我在任何时候任何场合都很自然地称呼他"张老师",觉得"老师"的称呼才是最真心、最实在的。传道、授业、解惑有两种方式,一种是靠老师面对面、手把手教授出来的,另一种是在老师榜样的影响下学生努力学习和领悟得到的,我从张老师那里所获得的很多学术研究的东西都属于后者。

其次应该感谢的是我在上海外国语大学的博士生导师许余龙

教授。许老师学识渊博、治学严谨、行事低调，他那种不动声色的严格和对学术问题的精准判断让我和我的同学们不敢有丝毫的懈怠，都非常自觉地对自己严格要求，在紧张和充实中度过了三年颇有收获的学习时光。如果只有许老师的威严很可能会让我们这些弟子们压力大得有点透不过气来，幸好有位对我们所有人也了如指掌的师母在，才使得整个师门成为了一个和睦快乐的大家庭。三年博士学习生活之所以拥有诸多美好的回忆，师母绝对功不可没。

  需要感谢的还有苏州大学外语学院的领导和同事们。记得我2004年博士毕业时面临几所大学的工作选择，就在我带着一些忐忑和犹豫来苏大联系工作时，是徐青根院长接待了我，他不仅先把我所有的行李暂时存放在他自己的办公室里，而且还领着我到各个办公室做介绍，亲自解决我调动所遇到的各种问题。他的热情和真诚深深打动了我，让我很快坚定了留在苏大外院的决心。事实证明我当时的选择是正确的。苏大外院融洽的同事关系、优良而充满活力的学术研究氛围，不断增强的教学和科研实力，都是我个人学术能力不断发展的坚实基础。

  自己真正开始做语言学方面的研究是从读博开始的。2000年的时候，经过反复的思考，我决定考语言学方向的博士。但在有这个念头的时候，我对语言学究竟是什么还不是特别清楚，只知道张德禄老师研究的是语言学，还了解到国内仅有的几所外语院校每年所招收的博士生数量语言学方向的最多，所以选这个方向考中的几率应该会大一些。此外，当年读硕士学习美国社会与文化的经历让我意识到，简单易学的东西往往价值有限，要想做出与众不同的事情来，就必须去学习那些多数人知难而退的东西。为了考博,我开始认认真真地读我能找到的仅有的两本语言学方面的书,一是胡壮麟教授等编写的《普通语言学概论》,一是我的导师许余龙教授编写的《对比语言学概论》。随着顺利考取上外的博士研究生,语言学就开始成为我生活中不可或缺的一部分了。

  大概所有读博的人都会认真拜读自己导师的学术著作,我自然也不例外。通过听许老师教授的对比语言学课程以及自己的阅读,知道了许老师对回指研究情有独钟,在国内外享有较高的声望,于是我和我的同学都不约而同地很早就把回指作为博士论文的研究方向。但是,我们同学都清楚,跟导师的研究方向一致有很大的风险,因为如果跟得太近,我们就几乎没有多少机会做出创新性的研究成果出来,所以我们必须要在整个的回指框架内选择一个有研究价值的领域或视角。于是我根据自己大量阅读英语原著的体会,特别是受 1999 年 *Journal of Pragmatics* 联想回指特刊,以及日本学者 Tomoko Matsui 所著的 *Bridging and Relevance* 一书的影响,决定对英汉间接回指进行对比研究。然而,在确定了选题,进行论文结构设计的时候,心里又开始没底了:一是担心这种研究有没有价值,能否支撑起一篇博士论文;二是担心英汉对比的工作量太大,在有限的时间内恐怕承受不了。当我把第一个问题告诉张德禄老师的时候,他很明确地回答我说这种研究完全值得做,这就彻底打消了我的顾虑。对于第二个问题,许余龙老师的回答让我如释重负,他说我完全可以只做英语语篇的间接回指研究,英汉对比毕业以后再说。后来事实证明,这一安排让我受益匪浅。首先,单一语言的研究让我减轻了很大的负担,可以让我有更多的时间熟悉国外间接回指研究的状况以及进行基于英语语篇的细致研究，其次为我博士毕业后 2007 年获得英汉间接回指对比研究的国家社科基金项目奠定了坚实的基础。本书就是此项国家社科基金项目的结项成果之一。

思想的交流不可能凭空进行，必须借助于语言这种符号系统，因此语言本质上是指称性的。如果语言都是外指的，即仅仅用来指称认知主体之外的事物或关系，那么语言就不成其为语言，而是彼此之间没有任何关联的符号。富有逻辑的思想，流动的时间进程，不断变化的关系，所有这些都必须有赖于语言符号之间的某种沟通方式方能表达出来，而衔接手段（cohesive devices）就是语言符号之间关联的一种根本体现。在 Halliday & Hasan（1976）的衔接理论中，回指（anaphora）仅仅是照应手段中的一种情形，它不但有别于下指（cataphora），更有别于其他的衔接手段，如省略、替代、联结等。事实上，回指还可以从更宽泛的角度去界定。人们普遍认为，回指的本质就是回指语与其先行语的所指相同，那么省略的部分与其前面表达完整的部分的所指不也是相同的吗？还有替代，既然是代替前述的某个成分，那么替代成分和被替代成分的所指不也是相同的吗？所以本书中所提出的概念匹配的概念并不仅仅适用于间接回指和回指，它也可以成为各种语篇衔接关系建立的基础。

本书的书名虽然是关于间接回指的，但我们的研究范围已超出了传统间接回指的范畴，因为根据我们对间接回指的界定，很多原本属于直接回指的实例也可被归入间接回指中来。此外，我们在对间接回指进行解析时，所提出的某些释义原则及研究设想等在很大程度上也适用于直接回指。

间接回指研究是认识语言与思维关系的一个很好的窗口。虽然说回指本质上都具有认知心理属性,但直接回指更侧重语言形式方面,所以才会出现句法学框架下不涉及语义、语用和(狭义)认知的回指研究;而间接回指则更侧重认知心理层面,是形接为辅而义连为主。如果我们思考一下语言与思维的整体关系就会发现,相对于无限纷繁复杂、立体多样、精细微妙的思维,对其进行表达的语言符号却是单一线性的,并且是由有限的文字或单词组成的。语言永远无法准确地表达思维,但语言又是能够揭示或表达思维的唯一工具。因此,透过语言以及语言成分之间的各种关系去揭示语言与思维关系的奥秘,间接回指比之直接回指能给我们提供更多可靠的答案。

本书除了前面一部分是对英汉间接回指进行实证研究之外,更多的篇幅是从宏观或理论的角度对间接回指以及直接回指进行深度分析,目的之一是为了较为全面深刻地阐述回指的本质属性,其次是为回指研究的进一步发展提出建设性的意见,希望能从模糊回指和拓展回指研究领域这两个方面获得更大的突破。

王军
写于 Stonybrook Apartments, Tucson, AZ, USA
2012 年 12 月 5 日

目 录

第一章 绪 论 1
  1.1 回指研究概览 1
  1.2 间接回指研究概述 9
  1.3 本研究的主要内容 17

第二章 双语语篇对比 21
  2.1 名词性短语的有定性 21
  2.2 语料的选择标准 28
  2.3 对比研究的项目类别 34
  2.4 对比语料的收集及初步分析 38
    2.4.1 英汉翻译语篇对比 38
    2.4.2 汉英翻译语篇对比 48
    2.4.3 语域对等语篇对比 54
  2.5 小结 73

第三章 间接回指关系中诸要素的分析 76
  3.1 成分因素 77
    3.1.1 先行语因素 78
    3.1.2 回指语因素 84
  3.2 关联因素 91

  3.2.1 常规关系 92
  3.2.2 非常规关系 97
  3.2.3 篇章距离 101
 3.3 影响因素 105
 3.4 小结 111

第四章 间接回指的释义机制 116
 4.1 理论驱动下的间接回指释义 119
  4.1.1 可及性理论 119
  4.1.2 情景理论 130
  4.1.3 关联理论 136
 4.2 回指释义的关键性条件：整体-部分关系 141
  4.2.1 关联整体-部分关系 143
  4.2.2 形式化整体-部分关系 147
  4.2.3 逆向激活整体-部分关系 151
  4.2.4 整体-部分关系中的推理 155
 4.3 回指释义的决定性因素：关联度 158
  4.3.1 常规关系下的关联度 159
  4.3.2 非常规关系下的关联度 162
  4.3.3 相对优势关联度 165
 4.4 评述 169

第五章 形式、功能与认知 174
 5.1 形式与功能 176
  5.1.1 系统功能语言学中的回指 176
  5.1.2 间接回指的形式与功能 181
  5.1.3 有定/无定与回指 192

5.2 形式与认知 ·································· 196
　　5.2.1 任意性与象似性 ······················· 200
　　5.2.2 语言的间接性 ························· 203
　　5.2.3 间接回指表达形式的选择 ··············· 207
5.3 英汉间接回指异同的宏观思考 ················ 213
　　5.3.1 中西思维方式的根本差异 ··············· 213
　　5.3.2 英汉语篇章组织的根本差异 ············· 220
　　5.3.3 对回指形式、功能与认知的再思考 ······· 225

第六章　模糊回指及其语用功能 ················· 233
6.1 语言的模糊性本质 ·························· 233
6.2 模糊指称现象 ······························ 236
6.3 模糊回指 ·································· 242
　　6.3.1 模糊直接回指 ························· 243
　　6.3.2 模糊间接回指 ························· 249
6.4 模糊回指的语用功能 ························ 279
　　6.4.1 表达简洁 ····························· 281
　　6.4.2 新信息传递 ··························· 283
　　6.4.3 回避禁忌话题 ························· 286
　　6.4.4 制造幽默效果 ························· 289
6.5 英汉语言特点与模糊回指 ···················· 294

第七章　回指研究新思维 ······················· 300
7.1 新思维的基本架构 ·························· 300
7.2 研究取向的转移 ···························· 302
　　7.2.1 "向左"取向的传统研究 ················ 302
　　7.2.2 "向右"取向的新思维 ·················· 304

7.3 概念匹配 307
    7.3.1 匹配——概念连通的基础 310
    7.3.2 回指关系中的匹配 317
7.4 概念转移机制 328
    7.4.1 重现关系 329
    7.4.2 概念重现机制 338
    7.4.3 回指关系的末端 348
7.5 理论意义 359

第八章 结 论 364
8.1 总结 364
8.2 不足之处和进一步研究方向 373

参考书目 376

附录1 自然篇章语料来源 389
附录2 汉英术语对照 391
附录3 英汉术语对照 395

第一章

绪 论

1.1 回指研究概览

语言的首要功能是反映语言之外的世界,这个世界既可能是我们能够眼见耳闻的现实情景,也可能是存在于个人或群体大脑中的抽象的心理表征,也就是说,语言与现实世界或心理世界之间存在着一种指称关系。至少从19世纪开始,特别是得益于逻辑学家 J. S. Mill 的创新性研究,语言及思维中的指称问题开始成为哲学领域备受关注的话题,而且这种关注的热情一直延续至今。

语言若要很好地反映外部世界,其自身就必须拥有完整高效的组织结构,语言成分之间必须要建立起良好的沟通关联,以便于各种概念之间进行传递拓展,这就要求语言成分之间建立起同指(co-reference)关系。

根据 Halliday & Hasan（1976: 33）对指称（reference）从语用功能角度所做的分类,语言对语言外的对象所进行的指称被称作"外指"（exophora）,而语言内部的指称关系被称作"内指"（endophora）。由于"外指"通常都被认为是哲学家,特别是语言哲学家,以及逻辑学家们所热衷讨论的话题,语言学界并未过多地涉足这一领域。语言学界更多的是关心篇章内的指称关系。尽管严格地讲"内指"分为回指(anaphora)和下指(cataphora),但由于下指在英汉语中所占比例相对较低,而且对下指的界定尚存很大争议①,所以回指也就长期成为语言学界指称研究的主流。

根据克里斯特尔(2000: 19),回指是指"一个语言单位从先前某个已表达的单位或意义(先行语)得出自身释义的过程或结果"。先行出现的表达式通常被称作先行语(antecedent),随后出现的用于回指的表达式被称作回指语(anaphor)。例如:

(1) As Mr. John Oakhurst, gambler, stepped into the main street of Poker Flat on the morning of the twenty-third of November, 1850, he was conscious of a change in its moral atmosphere since the preceding night.

(The Outcasts of Poker Flat)

在例(1)中,Mr. John Oakhurst这一名词短语是先行语,而代

---

① 王灿龙(2000)曾提出过一个回指关系的单向性(unidirectionality)原则,即在回指关系中,一般必须是名词短语居前,用于回指的代词居后。尽管英语中有违反单向性原则的句子,即他所说的"反单向性句子"的出现,但他认为,这只能算是一种"标记句式,应区别对待"。而且根据他的分析,汉语中并不存在类似英语的所谓"反单向性句子"(王灿龙,2006: 23),这也就是否定了汉语语篇中存在下指的现象。然而许余龙、贺小聃(2007: 421)经过对真实语料的分析研究后发现,"汉语中确实有真正的语篇下指,但很少用,并通常只出现于篇章标题中,或相当于标题一类的文字中"。

词 he 是用来回指 Mr. John Oakhurst 的回指语，两者实际所指的对象相同。

尽管回指关系中的先行语和回指语通常都是由名词性的成分来充当，而且这也是长期以来国内外回指研究的主要对象，但是广义的回指要涵盖更加复杂的对象。根据许余龙（2004: 2-3）的描述，回指关系中的回指语分别可由名词性、动词性、副词性以及形容词性的成分来充当；回指语与其先行语的句法类别既可以相同，也可以不同，甚至有时一个回指语还可以指代一个小句或篇章中的一个语段，或者这个小句或语段所表达的意思。

人们对回指的认识和研究始终与各个重要语言学流派的发展息息相关。

回指在以 Chomsky 为代表的转换生成语言学领域中曾长期占有重要的地位。在 Chomsky（1981, 1982）的管约理论（Government and Binding Theory, GB）的多个分支中都涉及回指现象，而对后来回指研究影响最大的恐怕就是著名的约束原则（Binding Principles）（Chomsky, 1981: 188）。这一原则包括三个部分：

1. 照应语在管辖语域内受约束。
2. 代名语在管辖语域内是自由的。
3. 指称语总是自由的。

尽管这一原则对后人的回指研究产生了深远的影响，但其与其他形式学派的相关研究一样，具有某些显而易见的局限性。首先，此类研究主要局限于回指的结构形式方面，对功能、语用、认知等方面的因素少有涉及；其次，此类研究主要局限于句子内部，对跨句或篇章因素不感兴趣。（许余龙，2004：7-8）另外，在 Chomsky 以及很多其他句法学家的研究框架中，回指词语所涵盖的范围以及某些术语的所指都与现在的研究有很大的不同。例如，约束原则中所讲的"照应语"（anaphor）实际上仅指反身代词（如 himself）、相互代词（如 each other）和名词短语语迹，这与目前所说的回指语（anaphor）的涵盖范围差异甚大。

随着回指问题研究的不断深入，人们发现，如果仅仅局限在句内或者仅在形式句法方面来研究回指，必然会出现许多无法解决的问题，因此语用学家们提出要更多地考虑语义、语用等因素对回指关系所造成的影响。Grice 的合作原则（Cooperative Principle）充分体现了交际过程中交际双方所需遵循的基本交际规范，这些交际规范对语言的使用，更具体地说，对回指语的选择使用有着很大的影响。基于合作原则，很多语用学家如 Levinson（1987，2000）、Huang（1991，2000）、Horn（1984）等都提出了各自针对回指的解决方案。此外，语用学家们在跨语言的对比研究中也注意到：某些语言，如汉语、日语、朝鲜语等，语用起着主要的作用；而很多欧洲语言，如英语、德语、法语等，语法则起着主要的作用。（Huang，1994：257）所以，语用框架内的回指研究需要充分考虑到特定语言自身的特点，不可以仅根据一种或少数几种语言就试图得出概括性的结论来。

从功能的角度对回指进行探讨，影响最大的非 Halliday & Hasan（1976/2001）莫属。他们首先把指称（reference）区分为外指（exophora）和内指（endophora）。由于外指的所指对象（referent）存在于语言之外，是语言哲学家们通常所关注的话题，而 Halliday & Hasan 所关心的是篇章范围内发生的语言成分之间的衔接现象，因此，他们自然更关注内指，特别是其中的回指。尽管我们认为从语篇和功能的角度研究回指比之句法层面的研究算是一大进步，而且回指词语的语篇衔接功能也的确非常重要，但是衔接与连贯并非只是一种简单的一一对应关系。其中的原因主要是衔接是一种语言成分与语言成分之间的粘连关系，是一种显性的成分连接关系，而连贯是篇章语义的一种整体性流动，是一种不断变动的思想流。

（2）　Slice the onion finely, brown Ø in the butter and then place Ø in a small dish.

（Brown & Yule, 1983: 202, 有删减）

（3）　I was sitting in the park yesterday. A man walked by. The man saw a dog. He kicked it. It yelped.

（Langacker, 2001: 174）

在例（2）中，通常情况下人们都是认为两个零代词 Ø 都是用来回指 the onion（洋葱）的，但如果仔细分析一下就会发现，第一个零代词 Ø 实际所指的并不是一个完整的洋葱，而是"切成碎块"（sliced finely）的洋葱，而第二个零代词 Ø 实际所指的则是不但"切成了碎块，而且在黄油里煮成褐色"（sliced finely, browned in the butter）的洋葱。正是由于最初的所指对象在语境的影响下不断发生变化，其所表达的概念也才能不断地向前发展，所以不断变化的语境必须要与相关所指对象的变化保持同步。当然，这是一种概念认知层面的理解，而在形式层面上，主要是受制于语言表达简洁性或经济性原则的要求，回指语与先行语仍是以一种同指的形式出现，而且即便两个零代词的真正所指并不相同，但表达形式仍完全一样。

例（3）也属于相同的情形，只是其中有两对回指关系。我们只考察其中的回指代词 he 和（第二个）it。从形式上看，或者根据一般的理解，he 指称的是 A man 或 The man，但根据实际的情景，he 的真正所指应该是和动态情景密切相关的"那个人"，即"在我昨天坐在公园里时从我旁边走过并看见一只狗的那个人"(the man who walked by and saw a dog when I was sitting in the park yesterday)。同样，it 也不仅仅指的是 a dog，而是指"昨天在我坐在公园里时被一个从我身边经过的男人踢到的那只狗"(a dog which was kicked by a man passing me by when I was sitting in the park yesterday)。

由此可见，随着话语篇章的展开，一个人、一个物或一件事的存在状态可能会不断地发生变化，这些变化可能会一点一点地不断积聚起来，最终形成一幅不断变化的生动画面。针对这一问题，Brown & Yule（1983: 202）认为，"我们需要有一种加工模型，它能够在话语展开过程中允许各种实体（entities）的属性不断积聚或者状态得到改变"。这一加工模型是什么？Brown & Yule 并未给出答案，然而 Yasuhara（2005）却做了一次大胆的尝试。他根据 Fauconnier & Turner（1998）提出的概念整合理论（conceptual blending theory），把其进一步发展成为所谓的话语整合理论（discourse blending theory），提出话语可被认为是各种整合操作不断积聚的一种结果。这种把语篇理解视作一个动态变化过程的思想，契合了人的思维过程，反映了真实语篇在大脑中的加工流程，是典型的概念认知观。

当代语言学的一个重要特点是逐步确立了语言是一种心理或认知现象的观点。语言形式及其关系是对概念以及概念之间关联性的一种反映，但这是一种不完全的或简约的反映，我们应该透过这层形式化的表象去深入探究其背后的认知动因。正如 Fauconnier（1994: xxii）所说："语言本身并无意义，语言是意义的向导"（Language does not carry meaning, it guides it.）。

从表面上看，回指是一个衔接问题，但从概念连通层面上看，回指就是一个连贯的问题，而"连贯是一种心理现象"（Gernsbacher & Givón, 1995: vii），心理现象就自然要用认知的手段去解决。近些年来出现了一系列著名的认知语言学理论，这些理论为回指的阐释提供了多视角的理论框架，使人们对回指的认识越来越丰富和深入。这些理论主要包括：Fauconnier（1985）的心理空间理论（Mental Space Theory），Langacker（1997）的参照点理论（Reference Point Theory），Grosz 等（1995）的向心理论（Centering Theory），以及 Minsky（1975）的框架理论（Frame Theory）（包括在此基础上发展起来的情景理论（Scenario Theory）、脚本理论（Script Theory）和图式理论（Schema Theory）），等等。

上述理论不仅可以用于解释回指问题，还可适用于许多其他的领域。而专门针对回指现象提出的认知阐释理论或方案也有很多，这些理论或方案主要集中在对回指词语认知状态的阐释上。Chafe（1976, 1994）是第一个将回指语与人的认知状态联系起来的研究者。（高原，2003: 20）他认为回指语的所指对象在大脑中有三种存在状态：活跃状态（activated）、半活跃状态（semi-active）和不活跃状态（inactive），每一种状态都对应不同的回指词语，如代词表示其所指对象在大脑中处于活跃状态，而有定名词短语表示其所指的对象处于不活跃状态。Chafe 的研究为回指的认知探索打开了一扇重要的窗口，在此基础上，Prince（1981）进一步细化了回指语所指对象的活跃状态，提出了所谓的熟悉阶（Familiarity Scale）。而 Gundel 等（1993）则把人脑的认知状态与具体的回指语形式联系起来，提出了已知等级结构（Givenness Hierarchy），认为不同的限定词和代词在记忆和注意状态方面表示不同的信息，而且这些信息是常规意义的一部分。已知等级结构分六个认知级别，其等级顺序为：被聚焦 > 被激活 > 熟悉 > 唯一可辨 > 指称 > 类型可辨（in focus > activated > familiar > uniquely identifiable > referential > type identifiable）。然而，最为引人注目的回指认知研究应该是 Ariel（1988, 1990）基于可及性思想提出的可及性标示阶（Accessibility Marking Scale）。根据这一理论，所有的篇章回指词语都是用来分别标示所指对象在大脑中不同可及程度的，它们分为三个大的类别，即高可及性标示语（high accessibility marker）、中可及性标示语（intermediate accessibility marker）和低可及性标示语（low accessibility marker），而其中任何一个类别中的回指词语所标示的可及程度也不尽相同。这样一来，所有的回指词语就排列成了一个可及程度由低到高的等级序列（详见 Ariel, 1990: 73）。

纵观回指的研究发展历程，我们发现回指研究始终与语言学科的发展同步前行。随着语言学从对孤立小句的关注逐步转向对实际篇章的思考，回指研究也随之跳出了小句的束缚，开始关注句法之外的语义、功能、语用及认知因素。随着语言学从转换生成思想向功能主义语言学、语用学和认知语言学的发展，回指研究也随之进行了一次次的脱胎换骨，人们对回指的认识也越来越全面和深刻。现代语言学的另外一个突出特点是跨语言、跨学科的研究越来越受到重视，反映在回指研究方面，我们会发现近些年来汉外回指对比研究的成果不断涌现出来（如刘礼进，1997；许余龙，2000；曾竹青，2000；魏在江，2007等），心理学、逻辑学、计算机科学、人工智能领域对回指的研究也越来越重视，这愈加凸显出回指研究在当今学术领域中的重要地位。

1.2 间接回指研究概述

根据 Ellis（1988），从语篇分析的角度来看，回指可分为直接回指（direct anaphora）与间接回指（indirect anaphora）。直接回指也就是通常所说的回指，其与间接回指的区别如下例所示：

(4) Tom came from America. He was very clever.
(5) When the detective got back to the garage, the door was unlocked.

例（4）是一个直接回指的实例，因为回指语 He 与专有名词 Tom 的所指对象相同。而在例（5）中，有定名词短语 the door 在前述话语中找不到任何一个成分的所指对象与之相同，故不存在直接回指的关系。常规知识告诉我们，garage（车库）通常都有 door（门），两者之间存在着密切的关联。当使用有定名词成分 the door 时，人们能够迅速建立起 the door 与 garage 之间的关联，把 the door 识别为是属于 garage 的。换句话说，the door 作为回指语，其所指对象在形式上是指称 garage，但从概念认知的角度讲，则是指称 garage 所拥有的那一扇"门"。我们知道，回指又称指同（co-reference），即回指语与先行语的所指相同。间接回指也是回指，它也要求建立指同关系，只是这种指同的建立需要通过先行语（如例（5）中的 garage）这一媒介间接地建立起来，因此这种现象就被形象地称为间接回指。

自从 20 世纪 70 年代开始至今，语言学家至少已经调查了五百多种自然语言中的回指现象，在研究深度方面也取得了可观的进展。（徐赳赳，2003: 序）然而令人遗憾的是，这些研究绝大多数仍局限于直接回指方面，对间接回指的重视程度明显不够。尽管尚未有数据显示在汉语所有类型的回指现象中间接回指占有多大的比例，但英语语篇中的比例被认为是通常占到所有类型回指的 15% 左右（Poesio & Vieira, 1998），这显然是一种完全值得引起重视的回指形式。

尽管在以往的研究中间接回指通常都被纳入到直接回指研究的范畴中进行，但毕竟间接回指有着明显别于直接回指的特点，其在所有名词性回指中所占的比例也比较可观，因而有必要把其从笼统的回指研究中剥离出来进行专门的研究。

无论是英语还是汉语语言研究者，他们在研究间接回指这种现象时往往会选择使用不同的术语。除 indirect anaphora 外，英语中常见的提法还有：associative anaphora（联想回指，如 Charolles, 1999）、associated anaphora（关联回指，如 Hawkins,

1978）、cross reference（跨越指称，如 Huang, 2000）、inferable anaphora（可推导回指，如 Prince, 1981）、inferred entity（推导实体，如 Ariel, 1990）、bridging（桥接，如 Matsui, 2000）、bridging inference（桥接推理，如 Clark, 1977），等等。汉语中常见的提法有：间接回指（如马兰英，2009）、联想回指（如徐赳赳，2005）、语用推理的照应（如何自然，2000）、间接前指照应（如吕公理，1995）、可推知照应（如刘礼进，2004）、桥接（如田润民、王健，1997），等等。汉语中不同的表达方式基本上都是从英语直译或意译过来的。英语中尽管有很多不同的表达方式，但基本上可以分成两大类：其一是以推理过程为重心，注重概念的连通机制，这类术语包括 cross reference, bridging, inferable relation 等；其次是以回指先行项的确认，即回指释义为重点，这类术语包括 indirect anaphora, associative anaphora 等。简而言之，第一种研究强调过程分析，而第二种研究注重回指最终目标的实现，两者各有侧重。

尽管人们对间接回指的称谓各不相同，然而作为一种语言现象，最早对其进行研究的当属 Guillaume（1919），他把这种现象称作 associative（联想）（见 Charolles et al., 1999: 307），而最早使用 indirect anaphora 这一术语的学者则是 Gundel 等（1993）（见徐赳赳，2005: 197）。

对回指进行的研究通常都是从以下四个方面来分别进行：

首先是围绕有定性（definiteness），特别是定冠词 the，展开研究。由于回指语通常都要由一个有定名词短语来承担，在英语中比较多的情况是由有定描述语（the + NP）来充当回指语。由于定冠词 the 除了标示有定性以外还有其他的一些功能，因此人们在研究该定冠词的过程中，必然会涉及由有定描述语充当回指语的间接回指现象。属于这种情况的研究主要有 Christopherson（1939）、Clark（1977）、Hawkins（1978）和 Epstein（1999）等。

其次是把间接回指纳入到一般回指范畴中进行研究。由于间接回指与直接回指拥有许多共同点，特别是在讨论回指语的形式特征与功能以及篇章衔接机制时，两种回指相通的方面就变得更多一些，这就使得一些以直接回指为主体的研究或多或少地都会提及间接回指这一现象，或把其作为相对特殊的一种回指现象进行额外说明。属于这种情况的研究有 Huang（2000: 247-253）、Cornish（2002: 475）等。

再次是衔接或连贯研究。随着篇章话语的功能语用及认知研究的不断发展，间接回指作为篇章衔接或话语连贯的一种重要手段时常会被提及，这成为间接回指出现频率相对比较高的一个领域。我们在如下的一些研究中都可以看到间接回指研究的影子：Gernsbacher & Givón（1995: 68-70）、Mey（2001: 58）、Brown & Yule（2000: 238-271）、Halliday & Hasan（2001: 70-74）、Ungerer & Schmid（2001: 208-217），等等。

在上述三个领域中进行的间接回指研究，从严格意义上说，并非是系统全面且主要针对间接回指的研究，只有下面所回顾的文献才属于真正意义上的以间接回指作为主题的研究。

1999 年国际著名语言学刊物《语用学杂志》(*Journal of Pragmatics*) 第 31 卷以专辑的形式刊载了五篇间接回指（原文称作联想回指（associative anaphora））方面的研究论文。这些论文各具特色，从多个侧面对间接回指现象进行了详细而深入的阐述。其中，Charolles（1999: 311-326）认为，间接回指语必须含有一个具有存在唯一性的预设（a presupposition of existential uniqueness），此外，回指语和先行语之间的关系主要是靠常规的部分-整体关系相维系，这是一种可及性关系，且具有可让渡性（transitivity）特征。Mieville（1999: 327-337）利用逻辑学的知识对间接回指的某些特性进行了形式化处理。Kleiber（1999: 339-362）对间接回指中的部分-整体关系作了独到的阐述，认为这种关系的成立必须要满足两种条件，其一是离位（alienation），即尽管回指项往往是作为先行项的一部分而存在，但回指项应具有相对的独立性，能够脱离先行项这一整体而存在；其次，回指项与先行项应遵循本体一致性原则（the principle of ontological congruence），如果违反了这一原则，回指语就不能采用定冠词加名词短语的形式，而是要在名词前使用所有格形式。Apothéloz 等（1999: 363-397）对指示词加名词短语不能充当间接回指语的说法提出了质疑，并通过分析各种实例，论证了这种形式存在的理据及功能作用。Lavigne-Tomps 等（1999: 399-415）则利用心理实验的手段研究在线阅读（on-line reading）过程中间接回指的概念连接或连通的状况，指出间接回指释义离不开联想推理及语境因素的共同作用。值得注意的是，上述五篇文章均出自法国学者之手，所分析的实例也主要是以法语为主，在某些方面有以偏概全之嫌。如果我们把某些结论拿到英语尤其是汉语中来进行考察，情况可能会有较大的不同。但无论如何，上述研究带给我们的启示还是非常多的。

van Hoek 等（1999）在其所编撰的《认知语言学中的话语研究》(*Discourse Studies in Cognitive Linguistics*) 一书中收

录了四篇间接回指方面的研究文章。其中，Emmott（1999: 5-27）对间接回指代词进行了详细的认知阐释，强调对这类代词的分析不仅要注重其与篇章其他部分的语义关联，而且要注重读者想象并建构世界的功能。Kibrik（1999: 29-52）从话语的角度来探讨认知推理，深刻分析了信息的储存方式及激活机制，使人们对间接回指的工作机制有了更深入的了解。Epstein（1999: 53-74）对常规知识在间接回指中所扮演的角色提出了自己独到的见解，认为在某些情况下常规知识并非总是必需的，定冠词的作用应该被分析为是某个话语所指对象可及性的标记。Brizuela（1999: 75-90）采用实证研究的方法，指出了影响西班牙口语中定指用法选择的各种因素。

在间接回指研究方面成果相对较多的要数日本学者 Tomoko Matsui。她除了曾发表过一系列的间接回指方面的论文外（如 Matsui, 1993a, 1993b, 1994, 1998），还把自己的博士论文进行了修改，出版了《桥接与关联》(*Bridging and Relevance*) 一书。正如书名所示，该书以关联理论作为理论框架，系统全面地阐释了间接回指的释义过程，分析了影响回指释义的各种语言及非语言语境因素，对语用推理过程进行了客观描述，为后人展开相关研究提供了大量有价值的信息。

随着计算机科学的发展，人们对人工智能、机器翻译等领域给予了越来越多的关注，而让机器像人一样能够准确快速地识别指称词语的真正所指是一项极为重要而且必须要完成的任务。为了这一任务的完成，越来越多计算科学领域的研究者正在不遗余力地进行回指释义形式化的研究工作。（Kennedy et al., 1996）如果我们使用搜索引擎以 indirect anaphora 为关键词在互联网上进行检索，会发现相当多的检索结果都与计算机科学或人工智能有关。

如果说相对于直接回指，间接回指研究仍然是处在发展的初级阶段的话，那么，相对于国外对间接回指展开的研究，国内的相关研究仍然基本上是处在介绍引进国外研究成果的更为初级的阶段，自主创新的成果少之又少。

廖秋忠（1992）在"篇章中的框-棂关系与所指的确定"一文中涉及汉语间接回指的问题。他使用框与棂的关系来指代两个名词成分之间的整体与部分的关系，而整体与部分关系正是间接回指最常反映出的一种语义关系。虽然廖文所谈的框-棂关系事实上已经超出了间接回指的概念范畴，但其依然对间接回指的研究带来了很多颇有价值的启示。（王军，2005a: 15-17）

徐赳赳（2005: 195-204）对汉语间接回指现象进行了较为全面详细的介绍和分析，提出了汉语名词间接回指的分析框架，并探讨了汉语间接回指的两种篇章推进方式，这些成果对于进一步研究汉语间接回指以及开展英汉间接回指对比研究具有较好的参考价值。

王军对间接回指的研究涉及面比较广，既有最初的对国外间接回指理论的介绍（王军，2003a: 10-14; 2003b: 1-5），利用心理学理论对间接回指进行分析阐释（王军，2003c: 61-65），也有英汉语间接回指的形式对比与分析（王军，2005b: 108-112），并且还提出了间接回指的认知解决方案（王军，2004a: 239-247; 2004b），等等。

值得注意的是，随着近些年来国内外语言学领域兴起的隐喻以及转喻热，越来越多的语言现象都被纳入到这一框架中重新进行审视，间接回指自然也不例外。传统的回指理解策略是视先行语为一个激活了包含诸多待释成分的认知框架，通过其中的某个成分与回指项形成匹配关系从而获得回指释义，而最新的隐喻观却认为，明示的先行项实际上是一种转喻的用法，转喻的性质可以通过回指项的各种语言特征得到确认。在这方面比较引人注目的研究成果有 Nunberg（1995），Ruiz de Mendoza 等（2001），Panther & Thomburg（2003），等等。国内也有学者开始注意到这些现象，并有了一些初步的研究结果，如韩丹、许宁云（2006）、陈香兰、周流溪（2007）等。

纵观国内外学者的研究，我们感到至少仍然存在以下三点不足：第一，实证性研究严重缺乏。对于这个问题，需要分别从英语和汉语各自的特点方面去讲。英语较少进行间接回指的实证研究，原因有多种，但最为重要的大概是由于英语语篇中间接回指的数量相对较少，而且间接回指和直接回指这两种回指形式存在很多相同的特点，因此把间接回指纳入直接回指中进行研究是以往惯常的一种做法，这样也就没有必要再专门针对间接回指进行定量实证研究了。而对汉语来说，对回指语的界定，更准确地说是对名词性成分有定性的确定存在很多不确定的因素，这会直接导致语料收集过程中困难重重。第二，研究各自为战，难以形成合力。长期以来，对间接回指的研究一直在回指研究中处于边缘状态，所讨论的话题比较零散，学者之间的合作几乎没有，各种观点和结论较少激发其他研究者的讨论，无论是国外还是国内至今都没有出现一位在该领域颇有影响力的学者。第三，基于篇章语料的汉语以及外汉对比方面的研究比较少。尽管汉语篇章中间接回指的特点增加了研究的难度，但这也恰恰说明汉语相对于英语在间接回指的使用上存在着巨大的差异,而揭示这种差异正是研究者必须要做好的一项重要工作。我们希望本研究能够在一定程度上改变以上几种令人不甚满意的状况。

1.3 本研究的主要内容

本研究主要由三部分组成:(1)针对间接回指的实证研究;(2)对间接回指多层面主要问题的重新阐释;(3)提出扩展回指研究的新构想。

首先,实证研究是本研究的一项重要的基础性工作。迄今为止,国外和国内发表的关于间接回指的研究专著及论文大都属于两种情况:一是以间接回指的某一个侧面为目标进行探讨,进行的是一种范围有限的研究,而且少有跨语言对比成果的出现;其次是在语料的来源方面存在很多问题。有些研究虽然使用的是实际的篇章语料(如 Epstein, 1999),但这些语料的收集并不系统、全面,通常也不进行大规模数据的收集、统计与分析。而在更多的研究中,人们并不使用源自实际篇章的语料。很多实例要么直接转引自他人的研究内容,要么使用一些个人杜撰的或完全脱离上下文的语句。基于此类语料的研究虽然也能在一定程度上阐明所关注的问题,但这往往很难反映语言的实际状况。在我们即将展开的实证研究中,语料全部来自英汉语叙事性篇章,更具体地说,是取自现当代英汉语小说。之所以选择这类文体,而不是选择散文、诗歌、剧本等其他文体,主要是因为小说体既贴近生活中的语言,又比生活中的语言更系统和规范,是将来研究其他文体中间接回指的一个理想范本。由于我们将要进行的是英汉语言之间的对比，根据对比研究的规范（见许余龙，2001: 48），特别是考虑到间接回指研究的特点，我们将收集和分析两种对比研究语料：翻译对等语料和语域对等语料，其中，翻译对等语料又分成英汉翻译对等语料和汉英翻译对等语料。之所以要这样做，根本原因是考虑到间接回指在翻译语篇中往往具有不可逆性，因此单一方向的翻译语料研究不能完全反映间接回指转译的特点。通过这两个层面（或三个层次）的英汉语料对比，我们能够比较全面地展现间接回指在这两种语言中以及在两种语言的相互转换过程中的各种相同及不同之处，为后续的深度分析及新的研究构想打下一个扎实的基础。此外，系统、全面的语料还将为那些对英汉间接回指感兴趣的研究者提供大量翔实可靠的实例。

其次，是对间接回指主要问题的进一步阐释。间接回指是由成分因素、关联因素及影响因素的相互作用共同构成的。成分因素包括回指语（项）和先行语（项），关联因素涉及回指语（项）和先行语（项）之间的各种各样的语义关联，而影响性因素则是指语境中的各种语义、语用、句法等可能对间接回指关系施加正反影响的各种因素。对上述问题的分析在以往的研究中并不少见，但往往都是通过零敲碎打的方式进行的。我们将要把这三个方面有序地汇总在一起，既肯定其为一个整体，需要进行整合性研究，同时也要明确三者各自不同的角色地位。前期所获得的语料数据将为这些问题的阐释提供有力的支持。

与（直接）回指释义（anaphora resolution）一样，间接回指释义也是该研究的核心问题之一，相关阐释理论也不少见。我们一方面将要对这些理论进行重新的梳理，弄清各自的特点和侧重，另一方面还要结合实证研究的结果提出我们对于间接回指释

第一章　绪　论

义机制的判断和评价。

形式、功能与认知经常作为相对独立的研究层面被分别进行论述，但鉴于间接回指的特点，我们将把这三个方面整合起来进行讨论，希望在更宏观的层面上对语言的形式、功能与认知的交互作用进行更多的富有启发性的思考。

再次，尽管几十年来回指研究经历了从句法到功能语用再到认知的发展过程，研究范围也早已从零语境句扩展到了篇章话语，但所有这些研究都始终没有跳出 Chen（1986: 8）所说的经典回指研究的范畴，即回指研究分为取自发话人视角（addresser's perspective）的回指产出（anaphora production）和取自受话人视角（addressee's perspective）的回指释义（anaphora resolution）两种类型。以往的研究基本上都是致力于在研究深度上不断挖掘，而在上述两大领域之外却未见有任何的拓展尝试，而这正是我们要做的一项重要工作。我们将在对回指产出及回指释义进行基本分析之后指出，上述两种传统研究均是将分析思路及分析过程定位在由"右"及"左"的过程上，即以"向左"为基本的研究取向。然而篇章的展开方向却是向"右"的[①]，回指研究的思路及过程应该顺应篇章发展的方向，应该为篇章发展的形成与理解服务。因此，我们将对传统的回指研究进行重新定位，并提出回指研究的新方向和新构想。

[①] 我们之所以说篇章的发展方向"向右"，主要是相对于回指的方向通常都是"向左"而说的，使用这种"向左"或"向右"的说法，能够比较鲜明地体现出回指与篇章发展的不同特点。事实上，实际篇章发展的方向不可能总是向右的，如篇章中一行文字到最右边后就会转到下一行，而古汉语的篇章是上下成行，且向左方向移动的。至于口语，那就根本没有空间方向性的问题。

回指可谓是语言学领域一个经久不衰的话题，认知是当今语言学领域最受关注的研究领域之一，跨语言对比是目前国内语言学界备受推崇的一种研究手段，而实证研究是任何一项学术研究得以扎实推进的基础。我们把回指、认知、对比和实证这四大要素整合在一起进行研究，首要目的是要对间接回指进行尽可能详尽、系统的考察，让他人的成果和本研究的发现相互映照，把间接回指的各主要研究领域的内容客观、全面、系统地展示出来。本研究的创新除了体现在原有回指研究框架内进行的整合性研究的多个重要方面以外，还体现在明确提出在传统回指研究基础上进一步拓展研究的全新构想。

第二章

双语语篇对比

2.1 名词性短语的有定性

对于名词性的回指来说，无论是直接回指还是间接回指，作为回指语的名词性成分必须是有定的（definite），因为只有当该名词性成分具有有定的属性时，方能表明该名词成分传递的是已知信息（given information），也就说明在前述（或后续）话语篇章中存在一个（或多个）能与其构成衔接关系的共指成分。如果前述（或后续）篇章中的共指成分是显性的，这种回指关系就属于直接回指；而如果是隐性的，或者说需要通过常规知识的介入才能实现共指，这种回指关系则属于间接回指。由此可见，有定性对于回指关系来说是一必需的要素，缺少了这一要素，无论是直接回指还是间接回指都将不复存在。

"有定"（definiteness）的概念最初来自印欧系语言的研究，通常指修饰名词的冠词的一种功能，有定冠词和无定冠词是名词的有定或无定的一种语法标记。（徐通锵，1997: 1）根据 Lyons（1999），有定性必须包含两个意义成分：可辨别性（identifiability）和全括性（inclusiveness）。可辨别性指的是发话人通过使用有定性标记告知受话人他可以辨别出名词短语的所指，而全括性则是指有定名词短语的所指对象为所有符合描述内容的事物。英语中定冠词 the 和不定冠词 a(n) 的使用往往会使人感觉它们分别代表了有定和无定的两种形式，形成一种在判断有定性时非此即彼的错误印象。但事实上，英语中的有定名词形式除了 the 加名词短语以外，专有名词、指示词、物主结构及代词等都属于有标记的有定名词形式。此外，a(n) 加名词短语的使用也并不意味着就代表了不定名词短语的全部。更准确地说，不定名词短语的存在是有定标记没有出现的结果（Lyons, 1999）。因此，不但"a(n) 和 the 在分布上并非完全互补"（王欣，2003: 78），而且所有有标记的有定名词短语和 a(n) 也不是完全互补的。考虑到英语的特点以及研究的方便，Lyons（1999）把 the 加名词短语称作"简单有定"名词短语，而把专有名词、人称代词、指示词、物主结构等称作"复杂有定"名词短语。

英语有定／不定名词短语的存在并非是有定／不定概念的全部。Lyons（1999）曾指出，有定性并非名词短语专有，而是广泛存在于各种语法现象中。Quirk（1985）认为，现代英语名词的有定／不定实际上是由动词的有定／不定通过一致关系派生出的一种范畴，这一思想与徐通锵（1997）对英语有定性根源的分析不谋而合。徐通锵（1997: 1-2）认为，"一种语言的有定性范畴的确定不能以某一词类为准"，而且"就印欧系语言的语法结构来说，它的'±有定性'首先决定于谓语动词，名词的'±有定性'充其量也只是一种第二性的现象"，因此，"印欧系语言的有定性范畴的基础是谓语动词"。由此可见，有定性问题绝不是一个小问题，它与语言的核心构架息息相关，是解开某一语言语法结构核心的钥匙。

英汉语分属两种不同语系，语法标记的丰富与匮乏形成了英汉语极具反差的两种特点。我们知道，汉语的语法理论都是外来的（吕叔湘，1986），拿外国的语法理论（通常都是基于英语语言形成的语法理论）来分析汉语语言实际往往会给人以削足适履之嫌，对汉语进行主谓宾结构的分析就是一个经典的例证。然而，我们也不能走向另外一个极端，犯了投鼠忌器的毛病，一味地去排斥国外的理论。在有定性这一问题上，国内基于汉语语言实际的研究不但开始的时间比较早，而且也取得了非常丰硕的成果，对汉语语法结构体系的构建起着极其重要的推动作用。而对我们来说更为重要的是，这些研究成果是我们得以顺利进行英汉语间接回指对比研究的关键基础。

早在20世纪40年代，汉语关于有定性及其相关问题的研究就已经达到了"相当高的水平"（徐通锵，1997: 4），这主要归功于汉语有定性问题研究的开拓者吕叔湘先生。他在《中国文法要略》中专门辟出两章分别讨论"有定"和"无定"的问题，后来又在吕叔湘（1946: 100-107）中进一步联系汉语句法结构的特点对有定性问题进行了更为深入的探讨，这些研究至今仍有非常重要的参考价值。

对当前汉语有定性问题的研究最有价值的思想来自赵元任（1968: 45），他明确指出汉语"有一种强烈的趋势，主语所指的事物是有定的，宾语所指的事物是无定的"，而且他还同时声明，将汉语的主语和谓语当作话题和说明来看待比较合适，因而有定的是话题（见徐通锵，1997: 4）。赵元任的这些观点不仅对汉语有定性问题，而且对汉语语法结构分析均产生了极为深远的影响。

在对汉语名词短语有定性问题的讨论中，以下三个方面是人们讨论最多，同时也是随后我们将要进行的确定汉语语料收集标准的关键问题。

1. 有定/无定名词短语在汉语语篇中的分布规律是怎样的？
2. 主语/主题位置上的名词短语一定是有定的吗？而宾语位置上的名词短语一定是无定的吗？
3. 英语中的有定名词短语都是有标记的，汉语名词短语的有定性是如何体现的？

上述三个问题虽然在一定程度上存在重叠的现象，但之所以要这样列出来，主要是因为人们在实际研究过程中通常关注的只是上述某一个方面，而非同时考虑上述三个问题。

迄今为止，汉语界已基本达成一个共识，而且这也是汉语有定性范畴研究中最为重要的一个共识，即句首的主语表有定，宾语表无定（徐通锵，1997：5）。但由于句首这一表述太过笼统，而对主语的认定又长期存在很大的争议，因此有必要对这一所谓的共识进行进一步的细化分析。

石毓智（2002：26）对其他学者所进行的相关研究进行了较为全面的考察，然后又结合自己基于现代汉语语料所做的调查分析，发现了现代汉语的一条严格的句法规律：

对于没有任何修饰语的光杆名词，以谓语中心动词为参照点，动词之前的被赋予有定的特征，之后的被赋予无定的特征。

在这条被石文称作"句法结构赋义规律"的规定中，涉及的有定名词仅限于光杆名词（bare noun），因为普通的光杆名词的语义特征是中性的，无所谓有定或无定，因此不同的语序可以赋予其不同的语法意义。此外，"谓语中心动词之前为有定，之后为无定"的表述与"主语倾向于表有定，宾语倾向于表无定"的论断并不完全相同。石文所指的范围更广，既包括句子主语的位置，也包括句首话题的位置、主语和谓语之间的小主语的位置，甚至部分介词短语所引进的宾语的位置。为了使自己的解释能够覆盖所有的有定/不定成分，石文又特别提出了词汇标记优先原则，即具有词汇标记的成分不受该结构赋义规律的限制。例如人称代词、指示代词和专有名词本身就具有有定性的属性，这种标记使得它们所处的句法位置非常灵活。再例如，人们通常都认为使用数量词"一"来修饰名词都是表示不定的，故不能说"一个客人来了"，因为此时"一个客人"占据了主语或者说谓语中心动词前的位置，然而，当我们在最前面加上一个标记成分"有"时，这句话又变得完全可以接受了。

　　陈平（1987:89）的研究虽然没有如石文那样总结出严格的规律来，但其通过对句子成分的观察还是发现某些句子成分具有明显不同的表示有定/无定的强烈倾向。具体来说，就是主语、"把"字的宾语、数量宾语前的受事宾语、双宾语结构中的近宾语以及领属性定语有由定指格式的名词性成分充当的强烈倾向，而存现句中的宾语、处所介词短语前的宾语、双宾语结构中的远宾语以及复合趋向补语后的宾语则有由不定指格式的名词性成分充当的强烈倾向。除了句法制约因素以外，陈文认为影响汉语名词性成分定指/不定指的因素还有两个，即该成分本身的词汇表现形式和该成分所带定语的性质。名词的词汇表现形式有七种，"人称代词、专有名词和'这／那'（＋量词）＋名词"通常都是用来表现定指成分，"'一'（＋量词）＋名词和量词＋名词"通常用来表现不定指成分，"处于中间的光杆普通名词和数词（＋量词）＋名词"则表现出极大的灵活性，定指与否要看其所处的句法位置或所带定语的性质。根据陈文，领属性的定语具有强烈的定指倾向，但对一般性的定语来说，限定性越强、越具体，该名词性成分的定指性也就越强。陈文确定名词成分定指／不定指的三个原则，对我们的后续实证研究具有重要的参考价值。

尽管主语（或主题）位置上的名词成分通常都是有定的，宾语位置上的名词通常都是不定的，但人们（如李临定，1985）也时常会发现一些相反的情况，例如：

（1） 一位医生向我介绍。
（2） 我看过这本书。

例（1）中的"一位医生"尽管出现在主语位置上，但由于数量词"一位"的使用，似乎应该当作不定成分来解释，而在例（2）中，出现在宾语位置上的"这本书"肯定是一有定成分。针对这种问题，石毓智（2002）给出的答案是：两者都属于有标记的用法，而词汇标记的使用要优先于句法结构赋义规律。在例（1）中的"一位医生"前面隐含了一个词汇标记"有"，而"有"出现在不定名词前面能够使不定名词有资格出现在主语的位置上。而对于例（2）来说，同样是由于指示词"这"这一标记的使用，使得其所修饰的名词不但具有了有定的特征，而且可以出现在宾语的位置上。

由此可见，汉语有定名词短语的有定/无定的确定要比英语复杂得多。尽管汉语有基本对应于英语的一些有标记的有定名词形式，如专有名词、指示词、代词等，但数量最大的普通名词短语的有定/无定的确定却需要综合考虑多种因素，而且这种考虑无论多么周全，我们也往往无法做到像英语那样给出有定或无定这种非此即彼的判断，因为汉语普通名词的有定/无定往往是一个有定程度的问题，是在从有定到无定的这一轴线上究竟应该落在哪个位置上的问题。在综合考虑前人研究成果的基础上，特别是吸收了石毓智（2002）和陈平（1987）中的重要思想之后，我们确定了本研究中汉语有定普通名词短语的选择标准：

1. 中心谓语动词前的光杆名词短语通常都被认为是有定的；
2. "把"字的宾语、数量宾语前的受事宾语、双宾语结构中的近宾语以及领属性定语通常都被认为是有定的；
3. 指示词加普通名词短语都是有定的，且不受句法位置的限定；

为了提高判断的准确性，有必要再加上一条语用标准，这条标准既可用来进一步检验基于前面三条标准所得出的结论，也可用来直接检验未列入前三种情况的普通名词的有定性特征。这条标准是：

4. 当受话人能够将普通名词短语的所指对象与语境中某个特定的事物等同起来，并且能够把它与同一语境中可能存在的其他同类实体区分开来时，该名词短语就被视作是有定的。

2.2 语料的选择标准

无论是国内还是国外，在对间接回指的研究中，人们为了说明问题所使用的间接回指的实例通常可分成三种情况。首先，相当多的例句都是来自个人的内省，是凭个人的语感杜撰出来的。由于这些例句能够直接为所要阐明的问题服务，且例句本身无论从语法上还是语用上都似乎完全有存在的可能性，人们也就不太在意这类例句是否来自真实的语料。在有些情况下，由于某种原因，个别这样的例句还会不断被转引，并逐渐成为所谓的经典实例。例如：

(3) We arrived in a village. The church was closed.
（Mieville, 1999: 328; Yan, 2006: 63; 徐赳赳, 2005: 201; 许宁云、韩丹, 2005: 50）

(4) We stopped for drinks at the New York Hilton before going to the Thai restaurant. The waitress was from Bangkok.
（Erkü & Gundel, 1987; Matsui, 1993a: 49; Matsui, 2000: 140; 何自然, 2000: 2）

例（3）通常被视作一个典型的也是最为简单的间接回指的样本，而例（4）则一般是用来说明在有多个可能先行语（项）的情况下间接回指释义是如何进行的。像例（3）这样的实例在自然语篇中偶尔还是会遇到的，但像例（4）这样的情况在自然语篇中如果不是没有的话，至多也只是一种凤毛麟角的现象。这种类型的实例对于全面深入地阐释间接回指这一语言现象的功能作用是有限的。

在第二种情况中，研究者虽然选择的是从自然语篇中提取的实例，而且还会标注清楚取自何处，然而这些实例往往都是研究者极具针对性地选取的，仅仅是为了证明某个观点服务的，其作用与缺陷与第一类语料相仿。如果说这些实例只是为了阐明间接回指关系中的某一个侧面，引用实例的目的只是为了使阐述更加清楚明了，或者是用实例作为反例来反驳某一论断所断言的状况，那么零星地选取一些这样的实例也是无可厚非的。

第三种情况是真正的基于自然语篇语料的实证性研究。这既是一种基础性研究，也是一种综合性研究。之所以称其为基础性研究，是因为基于某一特定语篇，在某一范围内所收集的语料能够比较客观全面地反映研究对象的类型特征、分布状况、语境条件，即能展示研究对象在特定语篇中各种主要特征的全貌，这能为随后对研究对象进行概括、抽象，并继而提出相关阐释理论提供有力支持，或者为使用某一既有的理论对研究对象进行阐释提供全面、可靠的验证材料。实证研究也往往会成为综合性研究，这是因为实证研究往往涉及较大范围的语篇，收集到的相关实例无论从数量还是类型上看都比较丰富，需要对各种各样的情况进行分别阐释，需要从不同层面、不同视角，甚至使用多种不同的理论对问题进行全方位的阐释。

我们随后将要进行的研究就是基于自然语篇语料的实证研究。

迄今为止，相对于直接回指，对间接回指的研究仍是非常薄弱的，这首先是反映在对汉语间接回指的研究始终进展缓慢上，其次是反映在基于自然篇章语料的研究少之又少方面。汉语研究薄弱的症结恐怕主要在于间接回指现象在汉语中往往很难进行界定，而其中最根本的原因就在于汉语名词短语成分的有定性不易确定，这为语料的收集带来了极大的不便。我们所要做的工作是，根据迄今为止人们对汉语有定性研究的各种结论进行总结和分析，吸收相关研究中有价值的观点和结论，在确定本研究中有定名词成分的确认标准之后，进行篇章语料的收集、分类、统计与分析，为下一步深入研究打下坚实的基础。

我们所选择的自然篇章均为英汉语叙事性的语篇，或者说均为小说体。

由于我们需要进行一项尽可能全面的英汉语篇对比分析，这里面既要考虑到英汉和汉英语言转换过程中间接回指关系在两种语言中的体现方式及特点，又要考虑到在相同语域中间接回指关系在英语和汉语中所表现出的共同点与不同点，因此，我们把对比语料分成三个部分：第一部分是英汉翻译对比，语料取自《马克·吐温短篇小说选读》（上海译文出版社，1980年出版，张友松等翻译）；第二部分是汉英翻译对比，语料取自《围城》（汉英对照本）（人民文学出版社，2003年出版，作者钱锺书，翻译珍妮·凯利、茅国权）前三章；第三部分是英汉语域对等基础上的对比，其中汉语语篇为《中国民间故事选》（人民文学出版社，1958年出版），选取其中的18篇。英语语篇也相应地选取了18篇，均为英国民间故事[①]。此外，由于我们曾专门针对英语叙事

[①] 语域对等的英汉各18篇民间故事语篇均由上海外国语大学许余龙教授提供。

篇章以及汉英翻译语篇进行过一些前期研究（王军，2004a, b；2005b），其中的某些数据或实例也会被适时用来阐述相关问题。

对于间接回指个例的确定，英语语料基本不存在问题，只需遵循间接回指定义的要求即可，但汉语相对比较复杂。除了前面已反复强调的汉语名词短语有定性的特点以外，还有几个具体问题需要特别说明：

第一，汉语式主题句问题。例如：

（5） <u>孙太太</u>眼睛红肿，眼眶似乎饱和着眼泪，像夏天早晨花瓣上的露水，<u>手指</u>那么轻轻一碰就会掉下来。

（《围城》）

在上例中，"孙太太"是先行语，"眼眶"、"眼泪"和"手指"均为间接回指语，对这些成分的认定不会有任何问题，但是"眼睛"应不应该视作回指语呢？我们认为应该是。原因是，"孙太太的眼睛"和"孙太太眼睛"是截然不同的两种表达方式[①]。加"的"的情况表明"孙太太"只是用来修饰中心词"眼睛"的一个修饰语，而无"的"的情况则表明"孙太太"是一个主题，与后面的成分构成一种相对分离的关系，这会导致即便紧随其后的成分亦有回指释义的要求。支持我们把处在类似"眼睛"这种位置上的成分也视作间接回指语的原因还有一点，就是在上例中，

[①] Li & Thompson（1981）曾专门分析过"那棵树，叶子很大"这一例子，认为"那棵树"和"叶子"之间的"的"有还是没有，不但表明两者结构不同，意义也不同。根据徐烈炯、刘丹青（1998: 9），汉语界早已对上述结构中"的"的有无所产生的差异达成了共识，肯定了两者的不同。

"眼睛"与"眼眶"、"手指"同属平行的句法成分,既然后者属于间接回指语,把前者排除在外似乎就不太合理了。由于这种主题句基本上只见于汉语,且出现频率相对较高,因此可把其视作一种典型而特殊的汉语间接回指结构。

第二,带修饰语的名词短语。间接回指的显著特点是回指语与先行语构成的是一种隐性的同指关系,回指语的所指先行项是隐含在先行语之中的。如果在回指语这一名词短语辖域内所含有的限定成分中包含有先行语成分,由于这一限定结构本身已经确定了两个成分之间的语义关联,因此也就没有必要再对回指语进行释义操作,所以我们也就不把这种情况归入间接回指的范畴。例如:

(6) a. 她走进房间的时候,使劲甩着胳膊。
b. 她走进房间的时候,使劲甩着套着白色套袖的胳膊。
c. 她走进房间的时候,使劲甩着她的胳膊。
d. 她走进房间的时候,使劲甩着自己的胳膊。

例(6a)中的"胳膊"间接地回指先行语"她",这是一个典型的间接回指。例(6b)也属于间接回指,因为尽管回指语"胳膊"前面有一定语成分"套着白色套袖的",但这一描述性定语成分并不是决定"胳膊"具有有定性的关键成分,决定其有定性的关键成分是先行语"她"。例(6c)和例(6d)均不被认定为间接回指,因为无论是定语成分"她的"还是"自己的"均与先行语"她"属于同指成分,这种定中式的结构能使中心词"胳膊"自动获得释义,因此把这种情况列入间接回指研究完全没有必要。英语的情况也是相同，所以在我们所收集的语料中一般不会出现由 his/her/their/its+NP 充当间接回指语的实例①。总之，我们对普通名词短语的修饰语的处理原则是，只有当该修饰语不是其所修饰的名词短语有定性的决定因素时，或者说只有当先行语是唯一决定后续名词短语有定性的因素时，名词短语与先行语的间接回指关系才可能成立。

第三，严格来说，只有当英汉语中的间接回指语由专有名词、指示词、指示词+普通名词短语和代词等来承担时，英汉语的对等关系才比较合理，因为英汉语在这几类词语中所体现出的有定性是完全一致的，不存在有定性程度的差别。然而对于所占比例最大的光杆名词短语来说，英语通过使用有定标记 the 能够明确肯定地表示有定的属性，而汉语由于缺少这种有定形式标记，只有通过语序的排列以及增加其他特殊的形式标记的办法来体现有定性。语序对有定性的约束并不是刚性的，它只能反映有定/无定的一种倾向性。其他特殊的有定标记，如"把"字结构，由于使用范围的局限，远无法成为英语 the+NP 的对应形式。简单地说，在普通名词短语的有定性问题上，英语的规定是刚性的，而汉语却是柔性的，这种不对称，可能会直接导致对比研究失去对等的对比基础。为了使英汉对比研究扎实可靠地进行下去，我们采取的措施是：凡是认定为有定的名词性成分，我们将不再考虑其有定性程度的差别，而这种真实存在的有定性差异，仍然可以通过英汉翻译对等的对比分

---

① 如果在 his/her/their/its+NP 结构中 NP 的先行项分别对应的是 HE、SHE、THEY 或 IT，则不被认定是间接回指，而如果虽然使用的是 his/her/their/its+NP 结构，但真正先行项是其他成分，这仍然属于间接回指。

析、汉英翻译对等的对比分析以及英汉语域对等的对比分析这三个阶段综合体现出来。这样一来,我们既能在汉语语料的选择中注意到有定性的差别,同时还可以保证不让这种差别过多地影响我们对比研究的基础。

2.3 对比研究的项目类别

我们基于三类语料的实证研究将主要考察以下几个项目。

形式特征(Formal features)

其中包括先行语形式、回指语形式以及先行语和回指语之间的线性距离,每一项所包含的具体参数如表1所示:

形式特征	先行语形式	S_NP / S_VP / S_XP / M_XP / CL
	回指语形式	B_NP / Pro. / D_NP / Oth.
	先行语与回指语之间的线性距离	ZO / SS / PS / SP / AP

表1 间接回指的形式特征分类

出于统计处理方便的考虑,我们在对先行语形式、回指语形式以及先行语与回指语之间的距离设定参数时,均使用英文字母来表示,这样表示既简洁又清晰。表示相关参数的符号的含义如下:

  S_NP: 单一名词短语
  S_VP: 单一动词短语
  S_XP: 单一其他词类短语(不包括名词和动词短语)
  M_XP: 多个单词短语结构
  CL: 小句

B_NP: 光杆名词短语
Pro.: 代词
D_NP: 指示词加名词短语
Oth.: 其他
ZO: 无词语间隔
SS: 同句内
PS: 前一句
SP: 同段内
AP: 跨段

句法位置（Syntactic position）

指的是先行语或回指语处在哪一具体的语法位置上。英语由于是主语突显（subject-prominent）的语言，以句子为单位确定各成分的句法位置一般都没有问题。但汉语是主题突显（topic-prominent）的语言，各语言成分句法地位的确定一直以来都存在争议。考虑到这一因素，我们在分析汉语句法位置时，暂不考虑主从句的差别，也不考虑主体句和嵌入句的差别，只关注在最小句子成分的可分析范围内某一成分的句法位置。这些位置分别是：主语（主题）位置、宾语位置、状语位置、定语位置、谓语位置和其他位置。需要说明的是，考虑到汉语的特殊性，我们把主题位置也暂时归入到主语位置来做相同处理。之所以要这样做，主要是因为汉语的主语和主题不但经常是重叠的，而且通常都位于语句结构的前部。更为重要的是，对于我们所分析的语言现象来说，对主语和主题之间概念做出区分意义不大。

语义关系（Semantic relations）

我们将从两个方面来考察间接回指的语义关系。
首先是根据先行语和回指语所体现出的一般语义关系特点，

把语义范畴分成人物、动物、场所/情景、可感知的实体、性状及其他等六个部分，分别对先行语、回指语以及两者之间的关系进行考察分析。例如：

(7) I saw an advert for a robot lawn mower — just punch a computer tape with distances, put the cassette in and plug the cord.

(*Retiring Man*)

在该例中，先行语 a robot lawn mower（自动除草机）以及两个回指语 the cassette（卡带）和 the cord（电线）都属于可感知的实体，两者之间的语义关系就是两个可感知实体的对应关系。

其次是考察先行语与回指语之间更为抽象的语义关系。对于这种关系的抽象程度，不同的学者使用过不同的分析方法。Givón（1992: 34）把所有的关系都抽象为两类，一类称为"中心关系"（central relations），即回指语与先行语的语义关联非常地密切；另一类为"边缘关系"（peripheral relations），即回指语与先行语之间的语义关联比较松散。这就好比把先行语视为一个中心，回指语的语义与先行语的语义关系密切，就靠得比较近，则回指语处在一个相对于先行语的中心区域；如果这种关系松散，则两者的距离就比较远，回指语就处在边缘区域。持这种语义关系两分法的还有 Erkü & Gundel（1987: 539）、Clark & Marshall（1981: 41）等，不过他们使用的术语是"必要关系"（necessary relations）和"可能关系"（possible relations）。除了语义关系两分法外，还有所谓的三分法，如把间接回指关系分为"紧密的"（close）、"松散的"（loose）和"可推导的"（deducible）三类（见王军，2004b: 89）。分类相对更为细致的要属王军（2004a: 91）所列的八种类型，它们分别是"整体-部分"（whole-part）、"平行共现"（parallel co-occurrence）、"实体/功能-属性"（entity/function-attribute）、"动作-目标/工具"（action-target/tool）、"部分-整体"（part-whole）、"动作-结果"（action-result）、"动作-场所"（action-place）和"属性-实体"（attribute-entity）。但在综合考虑各种因素之后，我们最终决定在后续语料分析中采用三分法。

回指语数目

先行语通常都是唯一的，但回指语的数目可多可少。通过考察回指语数目的多少，以及在什么情况下回指语的数目多或少，可以更好地了解在单一语言以及跨语言表达中使用这种概念扩展方式的某些倾向性。

有定/无定的表达

在把包含间接回指的语句由汉语译成英语或由英语译成汉语时，在源语中总是用有定形式表达的回指语在译入语中的有定性地位会发生怎样的变化，这一方面会反映人们在翻译过程中以及译入语的表达中对有定性成分的意识程度的高低，还可以反映不同语言对相同情景中有定性问题处理方式方面所存在的差异。缺少了明显而确定的有定性标记的汉语，是否意味着它并不需要有定性这一概念，或者说是否我们所谈的汉语有定性问题仅仅是搬用英语有定性概念应用到汉语中的一种削足适履似的反映，毕竟早已有汉语学者（如王还，1985）对汉语使用有定性这一概念的合理性曾提出过质疑。相信我们基于实际篇章语料的对比研究能对这一问题的解决提供可靠的事实支撑。

2.4 对比语料的收集及初步分析

如前所述,我们所要进行的对比分析基于三类语料,即英汉翻译对等语料、汉英翻译对等语料和英汉语域对等语料。由于三类对等语料的性质有所不同,尤其是前两种翻译对等语料与最后一种语域对等语料在某些方面存在较大的差异,因此我们在2.3中所列出的具体对比项目会根据实际情况做出一些调整,在某一种语料中可以得到较好反映的项目在其他语料中会略而不提,以避免不必要的重复。

2.4.1 英汉翻译语篇对比

英汉翻译语篇对比所使用的文本是《马克·吐温短篇小说选读》(英汉对照),1980年由上海译文出版社出版,其中包含马克·吐温的著名短篇小说共八篇,英文单词共计约75,000个,译者为张友松、常健和董衡巽。

根据我们的统计,如果使用先行语作为计数标准,该八篇英语小说中共有49例间接回指实例,而按照回指语作为计数标准,则共有59例间接回指实例,这就意味着一个先行语约对应1.2个回指语。具体地说,在我们的语料中,一个先行语对应一个回指语的情况有43例,对应两个回指语的有3例,对应三个回指语的有2例,对应四个回指语的有1例。具体结果如表2、表3:

先行语数目	回指语数目	先行语与回指语的比例
49	59	1:1.2

表2 英语语篇中间接回指先行语与回指语的对应状况

个例中一个先行语所带回指语数目	总计
1个	43（87.8%）
2个	3（6.1%）
3个	2（4.1%）
4个	1（2.0%）

表3 英语语篇中一个先行语所带回指语的数目状况

由此可见，在绝大多数情况下（87.8%），英语中的一个先行语只带一个回指语，带两个或两个以上的情况相对较少。四种情况的实例分别如下：

(8) I reached my head through the flames and dragged the baby out by the waist-band ...（the baby → the waist-band）

(A Dog's Tale)

(9) ... she died in an open field, like a tramp, the rain beating upon her and the thunder booming overhead.（an open field → the rain / the thunder）

(A Curious Experience)

(10) ... other times I spent an hour in the nursery, and got well tousled and made happy; other times I watched by the crib there, when the baby was asleep and the nurse out for a few minutes on the baby's affairs.（the nursery

→ the crib/the baby/the nurse)

(*A Dog's Tale*)

(11) It went all about, everywhere, down there: along the halls, through all the rooms, in both stories, and in the basement and the cellar ... (all about, everywhere, down there → the halls/the rooms/the basement/the cellar)

(*A Dog's Tale*)

在把包含间接回指关系的英语语句翻译成汉语时，原有的间接回指关系会发生各种各样的变化。由于间接回指关系中起主导作用的是回指语的形式语义特征，因此我们此时关注的重心也就落在回指语上。英语语篇中的59例间接回指实例（以回指语为计数单位）译成汉语后在回指语的处理上表现得比较灵活，详见表4：

	有定		无定		其他	
光杆名词短语	32		一（量词）+名词	2	未译出	1
带一般限定语的名词短语	3		复指	3	译作其他词类或短语	4
由先行语成分限定的名词短语	14					
小计	49（83.0%）			5（8.5%）		5（8.5%）

表4　汉语译文中回指语的体现方式

如表4所示，英语间接回指在翻译成汉语后，就回指语的处理来说大致有三种情况：

首先是仍作有定处理，即表达为一个有定名词短语形式。有定光杆名词短语均能与其先行语构成间接回指关系。另外带一般限定语的有定名词短语也符合我们前面确定的间接回指概念的要求，因为这种限定语成分并不决定其所修饰的名词短语的有定性。如果限定语中包含有先行语成分并由此导致其所修饰的名词短语具有有定的特征，这就违反了我们最初确定的间接回指成立的标准，我们则视其为非间接回指表达，例（12）中的汉语译文就属于这种情况：

（12） What you heard was cannon; what you saw was the flash.

(*Mrs. McWilliams and the Lightning*)

你们听见的是大炮响，你们看见的是放炮的火光。

由此可见，59 例英语间接回指在译成汉语后，共有 35 例仍使用间接回指表达，这约占总数的 59.3%。尽管在汉语译文中回指语的有定并非就意味着是间接回指，但毕竟在对有定性特征的表达上，英汉语的对应性还是比较高的，对应比率为 59:49，即约达 83%。

其次，在汉语译文中对英语有定名词短语做无定化处理，这包括两种情形：一是使用汉语典型的表示无定的形式"一（量词）+名词"，如例（13）；一是使用复指的形式表无定，如例（14）：

(13) He glanced at it (manuscript) and his face clouded. He ran his eye down the pages ....

(*Journalism in Tennessee*)

他看了一眼,脸上就显出不高兴的神气。他再往下一页一页地看。

(14) ... because in the summer Sadie and I had planted seed — I helped her dig the holes ....

(*A Dog's Tale*)

……因为莎第和我在夏天种过一些种子——你要知道,我还帮他挖了些坑哩……

再次,由于受到汉语表达结构、表达习惯或者修辞要求的制约,某些英语有定名词短语还会译成非名词性的成分(如例(15))或使用短语结构表达(如例(16)),有时还会省略不译(如例(17)),这在某种程度上是受到译者个人的翻译指导思想、翻译风格以及汉语语言自身表达特点的制约。

(15) I tied him up by the thumbs again. When the agony was full upon him it was heart-breaking to hear the poor thing's shrieks ....

(*A Curious Experience*)

我又拴住他的大拇指把他吊起来。这可怜的小家伙痛得要命的时候,他那尖叫的声音真叫人听着心都要碎了……

(16) Thus the Fosters had to wait almost a complete week to

find out whether anything of a satisfactory nature had happened to him or not. It <u>was a long, long week</u>, and <u>the strain</u> was a heavy one.

(*The $30,000 Bequest*)

因为福斯脱夫妇差不多还要整整地等一个星期,才能知道提尔贝利方面是否发生了令人满意的事情。这个星期实在太长,太长,叫人等得太着急了。

(17) The <u>dispatch</u> was prepared in <u>cipher</u> to go over the wires ....

(*A Curious Experience*)

急电译成了<u>密码</u>,准备拍发……

总体来看,英语间接回指关系在译成汉语时,尽管回指语译成有定名词短语的比例仍然比较高(占83%),但在译文中仍保留相应的间接回指关系的比例却只占总数的59.3%,这表明,在英汉翻译语篇中,间接回指关系在转译过程中消失的可能性有40%之多。造成这种结果的原因是多方面的。

第一,间接回指只是一种普通的篇章衔接手段,它不如很多特点鲜明的修辞格(如拟人、夸张、反讽等)那样引人注目,所以译者通常不会在间接回指的使用方面刻意追求翻译上的对等。特点鲜明的修辞格是语篇风格极为重要的组成部分,因此也是翻译对等所要追求的目标之一,而间接回指就完全不同。抛开灵活多变的意译法不谈,在使用直译法进行英汉翻译时,翻译者所关注的通常是两种语言在单词、短语、句子的意义表达,以及语法结构、表达顺序等方面的对等性或一致性,然而英汉语的有定名词短语由于在形式上以及有定程度的表现上存在很大的不同,尤其是名词短语的有定性对其所在语句的意义表达影响并不十分明显，因此有定性就成为了翻译过程中一个很不起眼的影响性因素。

第二，对于相同的语篇内容来说，英汉语完全可以采用不同的衔接手段来获得结构成分的衔接，实现语义成分之间的连贯。相对来说，英语比较注重"形接"，而汉语更加注重"义连"，这就使得汉语在意义的形式体现上具有了更大的灵活性。英语有定名词短语的有定性外在特征鲜明，衔接关系一目了然，而汉语由于更加注重意义的表达，受形式的约束比较小，因此在翻译过程中突破原有形式束缚的可能性就比较高。英语比较严格的形式规则造就了英语具有比较精确的意义表达特点，相反，由于汉语相对来说受形式规则的约束比较小，意义表达往往具有模糊、笼统的特点。所谓的汉语是意合语言，并不是说汉语在意义表达上比较精确、细致，而是说汉语是一种较少形式规则束缚的语言。因此，对于英语特定的间接回指关系，在使用汉语进行表达时，只要意义表达上能够实现基本对等，至于使用怎样的表达形式并不怎么重要。

第三，至少在英译汉时，译者似乎有一种尽力要把英语词语的含义在汉语中表达得更清晰的倾向。每一种语言都有各种各样的含蓄的表达方式，在实际的表达中，也并非总是说得越清晰、越全面就越好。我们都拥有各种常规知识以及基本的推理判断能力，很多表达只需点到即可。然而这通常只是针对某一特定的语言表达而言的，在进行翻译时，情况会有所不同。作为翻译过程中的重要一环，分析并弄清楚原文的结构与含义是翻译成败的关键，而经过细致的分析之后，翻译者在使用译入语进行表达的时候，往往就会不自觉地试图把话说得更周全、更完美一些，这种翻译倾向很可能会导致原有间接回指关系的丧失。例如：

（18） The boy inquired at the office, and was told that the uncle had paid his bill the night before and gone away — to Boston, the clerk believed, but was not certain.

(*A Curious Experience*)

这孩子到账房一问，据说叔叔头一天晚上就付清了账走了——旅馆里的职员猜想他是到波士顿去了，可是没有把握。

如果像英语中的回指语 the clerk（职员）一样译文中的回指语"职员"前面也不加限定语"旅馆里的"，则译文与英语原文一样为相对应的间接回指，但在加上"旅馆里的"这一限定语之后就不符合我们最初界定的间接回指的标准了，因为"旅馆"（原文为"旅舍"）在前述话语中已经被提及。

第四，英语中有一种常见的能够构成间接回指的固定表达结构，即 vt. + sb. + pp. + the NP（及物动词 + 某人 + 介词 + 有定名词短语），其中 sb. 为先行语，而 the NP 为回指语。例如：

（19） I tied him up by the thumbs again.

(*A Curious Experience*)

我又拴住他的大拇指把他吊起来。

但这种结构一旦译成汉语后，间接回指关系就会消失。类似的情况在我们的语料中共出现了四次。关于这个问题,王军(2004a: 133-142)曾专门针对英语语篇进行过深入的讨论,他把类似的一些结构一并称作"刚性释义的间接回指实例"(rigidly resolved IA instances),它们均具有鲜明的英语语言表达特点。

第五,语篇特点、译者的翻译风格或其翻译指导思想也会对英汉转译过程中间接回指关系的保留与否产生一定的影响。对一般的语言使用者或翻译者而言,他们通常都不会意识到自己在表达的过程中是否是在使用间接回指结构。间接回指是一种不太起眼的篇章衔接手段,由回指语所引入的话题经常不能持续,也就是说会一带而过,所以较容易在翻译过程中做各种各样的灵活处理。

伴随着对英汉翻译语篇中间接回指关系的考察,我们也有了一个较好的机会来近距离审视英汉语的有定性问题。

如前所述,有定性问题的提出源自印欧系语言的研究,对汉语来说,这一概念完全是个舶来品。在英语中,有定性名词短语一般都是清晰而明确的,并带有显著的符号标记或特征,而汉语的有定名词短语除少数(如"把"的宾语、代词等)带有较明显的标记外,大都需要借助语序或语义关系来确定。我们前面已经介绍了很多学者对汉语有定性问题的研究,他们分别提出了许多颇具影响的判断汉语有定成分的手段和标准,这些手段和标准也被用来指导我们对汉语语料进行分析和评价。但是,汉语在不使用有定标记符号的情况下,究竟是语序经常在发挥作用,还是语义关系经常在发挥作用,两者之间究竟孰轻孰重,以往的研究似乎都未回答过这个问题。我们已经知道,语序与有定性最为重要的关系是这样体现的:主语或主题位置上的名词性成分强烈地表示有定,而宾语位置上的名词性成分强烈地表示无定。所以,从语序的角度看,有定性成分的位置是相对比较固定的。而语义关系对有定性的影响表现在,"发话人使用某个名词性成分时,如果预料受话人能够将所指对象与语境中某个特定的事物等同起来,能够把它与同一语境中可能存在的其他同类实体区分开来,我们称该名词性成分为定指成分"(陈平,1987:82)。这一界定实际上是允许有定名词成分可以出现在任何名词成分可以出现的句法位置上。在我们所统计的译成汉语的49例有定名词短语中,出现在主语或主题位置上的有12例,宾语位置上的有22例,状语位置上的有15例。该结果清楚地表明,在把英语的有定名词短语译成汉语时,在汉语主语或主题位置上表达该有定性结构的几率相对来说并不高,仅有约24.5%,而在通常认为是汉语表达无定的宾语位置上却出现了22次,约占总数的44.9%。由此可见,在把间接回指关系由英语转译为汉语的过程中,如果汉语仍使用有定名词短语结构来表达,回指语与先行语的语义关联对有定性的影响要远大于句法或篇章结构位置的影响。事实上,即便是在主语或主题位置上的有定名词短语的有定性也脱离不了回指语与其先行语语义关联这一因素的影响。如果考虑到这一点,我们似乎可以比较明确地说,就间接回指的英汉转译来说,在汉语表达名词短语的有定性问题上,回指语与其先行语之间的语义关联比之句法或篇章位置起着更为重要的作用。如果把汉语主语及主题位置因素完全视作是一种句法因素,而把语义关联因素完全视作是一种语义因素的话,这也就进一步印证了汉语是一种典型的表意型语言,句法的制约性相对来说是次要的。这一结论是否适用于一般的汉语语篇表达我们不得而知,但这毫无疑问为我们进一步思考该问题提供了颇有价值的启示。

由于英汉翻译对等语料在处理间接回指关系方面的特殊性（其中主要是译入语在处理间接回指关系时会采取各种各样、灵活多变的形式），这使得在翻译对等语料中进行回指形式对比、句法位置关系对比、语义关系对比等工作的意义并不大，或是基本无法进行。这对于下面将要进行的汉英翻译对等语料的对比工作来说也属于大致相同的问题。比较全面的对比工作将放在英汉语域对等语料的对比上。

2.4.2 汉英翻译语篇对比

我们进行汉英翻译对等语篇对比的文本是中国当代著名作家钱锺书所著的长篇小说《围城》（人民文学出版社 2003 年出版，汉英对照本）。考虑到该小说篇幅较长，我们所收集的语料的范围仅限定在前三章中，汉字约 65,000 字。英文翻译是美国人 Jeanne Kelly 和茅国权，这是一种较为理想的翻译人员搭配方式，因为这既可以保证能够比较准确地对汉语文本进行解读，也能保证英语表达的自然、流畅，更加合乎英语表达的规范要求。

根据我们的统计，如果以间接回指的先行语作为计数单位，这部分语料中共有 384 例间接回指实例，而如果以回指语作为计数单位，则共计有 461 例间接回指实例，两者之比为 384:461（1:1.2），即一个先行语平均对应 1.2 个回指语，这一比值与英汉翻译对等语篇中的情况相同。个例中一个先行语所带回指语数目的情况如表 5：

个例中一个先行语所带回指语数目	总计
1个	178（62.9%）
2个	75（26.5%）
3个	17（6.0%）
4个	6（2.1%）
5个	2（0.7%）
6个	0（0.0%）
7个	1（0.4%）
8个	1（0.4%）
9个	1（0.4%）
10个	0（0.0%）
11个	1（0.4%）
12个	0（0.0%）
13个	1（0.4%）

表5 汉语语篇中一个先行语所带回指语的数目状况

根据表5所示，汉语中一个先行语对应一个回指语的情况占到所有对应情形的一半以上，达到62.9%，说明这种一对一的对应不但是英语（事实上英语表现得更为突出，这一比例达到了87.8%），同时也是汉语占主导地位的对应形式。由于汉语一对一的比例不如英语高，汉语一对多的情况就变得比较复杂。汉语语料显示，一个先行语所对应的回指语最多时有13个之多，但总体来看，随着先行语所对应的回指语的数量的增多，相应现象出现的频率也在不断降低。我们以一个"一对十一"的汉语实例来说明为何汉语能够相对较多地出现一对多的对应情况：

（20） 鸿渐毅然道："我喝完这杯，此外你杀我头也不喝了。"

举酒杯直着<u>喉咙</u>灌下去，灌完了，把杯子向辛楣一扬道："照——"他"杯"字没<u>出口</u>，紧闭<u>嘴</u>，带跌带撞赶到痰盂边，"哇"的一声，菜跟酒冲口而出，想不到<u>肚子</u>里有那些呕不完的东西，只吐得上气不接下气，<u>鼻涕眼泪胃汁</u>都赔了。心里只想："大丢脸！亏得唐小姐不在这儿。"胃里呕清了，恶心不止，旁茶几坐下，抬不起<u>头</u>，<u>衣服</u>上都溅满脏沫。

（《围城》）

<u>Hung-chien</u> said resolutely, "I'll finish this one, but beyond that I won't touch another drop even if you kill me." He lifted the glass and poured it straight down <u>his throat</u>. When it was all gone, he held the glass up to Hsin-mei, saying, "It's — " before the word "empty" had left <u>his mouth</u>, he clenched <u>his teeth</u> together and rushed and stumbled to the spittoon. He never thought there could be so much in <u>his stomach</u>, and the vomiting continued till he was out of breath. Out came <u>mucus, tears,</u> and <u>stomach juices</u>, and he was occupied with <u>the thought</u>, *What a disgrace! Thank God Miss T'ang isn't here.* Though he had cleared <u>his stomach</u>, the feeling of disgust did not stop. He sat down at the tea table unable to raise <u>his head</u>. <u>His clothes</u> were splattered with drops of dirty spittle.

例（20）是一个非常典型的汉语语篇片段，其主题是"鸿渐"这

一人物。在没有其他人物主题出现形成干扰的情况下，凡与此人密切相关的事物通常都可使用不加限定的光杆名词短语的形式出现，并因其与先行语的语义关联而获得有定的地位，继而成为间接回指关系中的回指语。这些回指语成分依次是："喉咙"、"口"、"嘴"、"肚子"、"鼻涕"、"眼泪"、"胃汁"、"心"、"胃"、"头"和"衣服"。汉语使用光杆名词短语来表达人体的器官、人体的自然属性以及服饰等与人密切相关的实体是非常常见的一种方式，然而在英语中，这些名词形式通常都要使用"所有格+名词短语"的形式。这是英语中非常严格的一条规则，这一规则对其他类别的名词没有约束力。（Kleiber, 1999: 342-343）所以我们看到，在把该话语片段译成英语时，十一个回指语除了三个（鼻涕—mucus；眼泪—tears；胃汁—stomach juices）译成无定的复数形式以外，另有两个（嘴—his teeth；心—the thought）进行了转译。由于"嘴"的转译用词仍属于身体器官的范畴，故仍使用"所有格+名词短语"的形式。其余的六个（喉咙—his throat；口—his mouth；肚子—his stomach；胃—his stomach；头—his head；衣服—his clothes）皆直接使用了"所有格+名词短语"的形式。由此可见，如果按照前述的间接回指的标准来评定，汉语中的十一个间接回指语在译成英语后无一符合标准[①]，主要问题一是出在英语使用所有格进行限定上，二是出在无定化处理或转译方式上。

我们所收集的461例汉语间接回指实例（以回指语为计数单

[①] 在本例中，即便是译文中的 the thought 也不能与先行语构成间接回指关系，因为该名词短语的有定性不是源于与先行语构成的语义关联，而是后续成分 *What a disgrace! Thank God Miss T'ang isn't here* 的语义限定造成的。

位)在译成英文后的有定/无定处理情况统计如表 6：

有定			无定	其他	总计
the + NP	his/her/its/their ... + NP	pronoun			
131 （28.4%）	188 （40.8%）	0 （0.0%）	53 （11.5%）	89 （19.3%）	461

表 6　英语译文中回指语的体现方式

如表 6 所示，汉语有定形式的间接回指语在译成英语后仍保持有定形式的比例为 69.2%，这一比例明显低于英译汉时汉语有定形式出现的比例（见表 4 所示的 83.0%）。出现这种情况的原因可能部分是由于汉语对有定性的表达并不总是像英语那样明确。在汉语有定性程度偏低的情况下，英语译文可进行更为灵活的处理。同样是译为英语的有定形式，但占总数 40.8% 的有定形式是使用包含先行语成分的所有格形式构成的，只有 28.4% 的比例是使用英语典型的有定结构 the+NP。这也就是说，英语译文中最多只有 28.4% 的有定名词结构有可能仍然保持间接回指关系。

英语译文在使用所有格形式表达有定关系时，大都是使用代词所有格形式，如 his、her、its、their 等，这类情况共有 181 例，占全部所有格形式的 96.2%，其他 7 例则使用名词性的所有格形式。两类情况分别如例（21）、例（22）所示：

(21)　　（张太太）便打开钱袋把钞票一五一十点交给鸿渐。

（《围城》）

（Mrs. Chang）... then opened her purse and handed the notes over to Hung-chien, counting them out one by one.

（22）　方鸿渐心里一动……

（《围城》）

Fang's heart skipped a beat.

英语译文中使用代词这一有定形式的实例为零，这一点并不奇怪，毕竟我们在这所要寻找的代词是汉语间接回指语的对应形式，而在一般的间接回指关系中，使用代词作回指语的情况无论是在汉语还是英语的自然语篇中都是比较罕见的。在前面的英汉对等语篇的英语原文中，我们仅发现了一例（例（23））这种情况，而基于《围城》的汉语语料中未出现一例。例（24）是陈平（1987: 84）使用过的一个汉语代词间接回指的例子。

（23）　Just at nightfall, when hope was about gone, I was picked up by a small brig which was bound for London. It was a long and stormy voyage, and they made me work my passage without pay, as a common sailor.（they 指"船员"）

（The £1.000.000 Bank-Note）

（24）　她是个老处女，虽结过婚，但刚办完结婚登记手续，他就告别了她，把一腔热血洒在朝鲜的三千里江山上，成为名震全国的战斗英雄。（"他"指"丈夫"）

有关代词间接回指的问题，我们还将在后面进一步讨论。同前面英汉翻译对等语篇中对有定性问题的讨论一样，汉英翻译对等语篇中也主要是因为英汉语言特点的原因导致英语译文对原文有定名词短语的处理形式多样,既可译成各种有定性成分,也可做无定性处理,或根据翻译的要求用其他形式表达。但是,如果比较一下英汉对等语篇和汉英对等语篇对有定名词短语的翻译处理的话,我们就会发现,汉语对英语有定形式的认可度或意识程度要明显大于英语对汉语的情形,或者更进一步说,英语有定名词短语的符号 the 由于携带有明确肯定的有定性信息,在汉语译文中译者更倾向于对其做有定性的处理;而主要靠句法位置和语义关系维系的汉语名词短语的有定性特性一是相对比较隐蔽,二是有定的程度有时并不特别强烈,因此在对应的英语译文中更容易做非有定的处理。

2.4.3 语域对等语篇对比

所谓语域对等,是指"从两种语言中分别选出的在同一语域使用范围内的语言素材"(许余龙,2001:49)。语言材料在语域上的对应程度,直接决定了语域对应语料库质量的好坏,因此,语域范围定得越明确,对比语言材料的语域对应性也就越高,所取得的研究结论也就越具有说服力。尽管我们前面在进行翻译对等语篇的对比研究时分别使用了原文为英语(《马克·吐温短篇小说选读》)和汉语(《围城》前三章)的语篇,而且从它们同属于小说体这一体裁的角度看,两部分语篇应该算是语域对等的,这样看来,重新利用这两部分语篇来进行语域对等语篇的对比应该是可行的,而且这样重复使用材料还有省时省力的好处。

然而,我们经过慎重考虑,还是决定另起炉灶。根本原因是因为上述两部分篇章的语域对应程度依然存在某些欠缺。首先，尽管同属于小说体裁，但马克·吐温的作品是由八篇各自独立的短篇小说组成的，每篇小说都有自己独立的主题和内容，风格亦有所不同；而钱锺书的作品是一部长篇小说，一个主题贯穿始终。这种特点上的差异必然会对语料收集分类等带来一定的影响。其次，马克·吐温的作品更注重遣词造句，字里行间都能使人清晰地感受到其针砭时弊的犀利文风；而钱锺书的作品是在娓娓道来的不经意间让人去感受主人公跌宕起伏的心路历程，这种语言风格上的巨大差异一定会对间接回指的使用带来比较大的影响。再次，语篇对等还有一个非常重要的方面，那就是语篇规模要大致相当。一千汉字与一千英语单词貌似对等，但一般人都知道，从语篇层面上讲它们是不可能对等的，但具体应该到怎样的一个数量比例才能视作对等，这也不是很容易确定的。尽管做到英汉对比时篇幅对等很难，但我们依然需要把篇幅的对等限定在一个相对合理的范围之内。正是由于考虑到上述一些可能出现的问题，我们才决定对英汉语域对等的语篇进行重新选择。

我们重新选定的两部分英汉语篇的主题均为民间故事，而且各自由18篇小故事构成，每一篇文章的长短适中，这样就最大限度地保证了在民间故事这一语域范围内两类语篇在内容、风格、篇幅等方面的对等性。

下面我们将按照前面拟订的方案对回指语数目、形式特征、句法位置特征、语义关系等方面进行相对比较全面、细致的考察分析。在两类翻译对等语篇对比中讨论了回指语的有定／无定问题，因为那涉及有定形式的回指语在转译过程中有定性的表现问题，但在语域对等语篇中，这个问题就不值得去讨论了，因而也就未列入下面的分析中。

回指语数目

在前面进行的翻译对等语篇的对比分析中,我们发现无论是英译汉还是汉译英的对等语篇,先行语与回指语的对应比例均为1∶1.2,即一个先行语对应1.2个回指语。而在我们目前的语域对等语篇中的情况又是如何呢?

根据统计,如果以先行语为计数单位,我们在英汉语料中分别找到了46例和69例间接回指的实例,而如果以回指语为计数单位,则分别有71例和101例。如表7所示:

英语语篇		汉语语篇	
先行语	回指语	先行语	回指语
46	71	69	101

表7 语域对等语篇中先行语与回指语数量对应状况

根据表7所示数据,英语语篇中先行语与回指语的对应比例为46∶71,即1∶1.54,而汉语语篇中两者的比例为69∶101,即1∶1.46,英汉语的数据差别不大。如果与翻译对等语料的数据做个比较就会发现,先前英汉语篇的比例均为1∶1.2,而此时则分别为1∶1.54和1∶1.46。这至少说明两个问题:第一,在语篇的体裁类型大致相同的情况下,英汉语间接回指的先行语与回指语的数量对应比例是基本相同的;第二,不同体裁的语篇会对这种对应比例产生一定的影响。由于本研究涉及的语篇类型相对较少,我们无法判断出这种比例的变化是遵循怎样的规律,将来可针对这个问题进行进一步的研究。

此外,统计还显示,无论是英语还是汉语语篇,一个先行语

对应一个回指语的比例总是最高的,其次是一对二的情况,而一对三及以上的情况明显较少或没有。具体对比情况见表8:

个例中一个先行语所带回指语数目	英语语篇	汉语语篇
1个	29(63.0%)	43(62.3%)
2个	11(23.9%)	23(33.3%)
3个	4(8.7%)	1(1.4%)
4个	2(4.3%)	1(1.4%)
5个	0(0.0%)	1(1.4%)
总计	46	69

表8 英汉语域对等语篇中一个先行语所对应回指语的数目统计

表8所显示的数据虽然与前面的表3(英语语篇)和表5(汉语语篇)所显示的数据在大的趋势上是基本一致的,即一个先行语所带回指语的数目越多,其在语篇中出现的可能性就越小,而且绝大多数的对应情况都属于一对一和一对二这两种类型。但是,表8与表3及表5的数据差别也是比较明显的,尤其表现在表5所示的汉语语篇中存在各种一对多的实例,而在表8中这种情况出现的比例却极低。造成这种差异的原因大概主要有两点:一是两部分汉语语篇的体裁不同,其次是语篇篇幅长短存在较大差别,篇幅较长的可能会出现更多特殊的实例,而篇幅较短时出现的概率就相对较低。

形式特征

间接回指的形式特征大致由两部分构成,一是先行语与回指语各自的语言表达形式特征,二是先行语与回指语之间的篇章距离。

首先关注先行语。由于我们已经把言外指称（exophora）排除在我们的研究之外，因此所有的间接回指语都应该在其所在的语言语境中有所指。作为有所指的前提，就是先行项必须被适时引入到语言语境中，而考察引入方式的一个非常重要的方面就是观察先行语所使用的语言形式特征（如表9）。

	先行语					
	名词短语		动词短语	小句或句子	模糊表达	小计
	有定	无定				
英语	28（60.9%）	15（32.6%）	2（4.3%）	1（2.2%）	0（0.0%）	46（100%）
汉语	52（75.4%）	10（14.5%）	4（5.8%）	2（2.9%）	1（1.4%）	69（100%）

表9 英汉间接回指先行语的形式特征

与直接回指主要依靠一个无定名词短语作先行语不同，无论是英语还是汉语，间接回指的先行语一半以上都是由一个有定名词短语来承担，其中汉语的比例更是高达75.4%。尽管从理论上讲，任何一种语言形式都有可能作为先行触发成分来引入间接先行项，但依靠名词短语来引入的方式显然最普遍，其中英语为60.9% + 32.6% = 93.5%，汉语为75.4 + 14.5% = 89.9%，而先行语的表达形式越复杂，其出现的比例也就越低，这对英汉语来说情况都基本类似。造成这种状况的主要原因是，名词短语最适合用来表达一个明确的概念框架，而使用该概念框架中的主要成分进行回指能够比较顺利地建立起两者之间的语义关联。其他类型的表达方式都是对某一概念框架进行某一（些）方面的描述，由其激活的概念框架不如名词性成分的激活作用直接，也不如名词性成分的激活效果好。

而对于间接回指语来说，由于对其形式特征及概念有严格的限定，其在英汉语中的表现形式就相对比较单一，即都是由有定名词短语来承担，而在这其中又主要是由有定的普通名词短语来承担，其他类型的有定名词短语（如代词）相对较少。由于当前语域对等的语料规模有限，这部分语料中未出现一例由诸如代词（如例（23）和例（24））或所有格加名词短语①（如来自其他语料的例（25））的形式构成的间接回指实例。

（25） （女犯人与警官的对话）
"What?"
"Where are you working now?"
"Oh, don't make me laugh," she said softly.
"I don't understand."
"You poisoned their minds."

(*The Five-Forty-Eight*)

在上例中，their（他们的）的所指并未在前述语篇中出现，因此对 their minds（他们的心理）的释义首先需要根据语境推断

---

① 根据我们前面的界定，所有格加名词短语所构成的有定名词短语一般不视作间接回指，因为所有格中通常已经包含了先行项成分，没有必要再对其进行回指释义操作。但在极个别的情况下，所有格的所指也会是不确定的，这时对所有格所修饰的名词短语进行释义就需要经过一定的推理过程，这种情况就能看作是间接回指。

their 的所指,然后才能进一步推断 their minds 的所指对象。

间接回指的另一个重要的形式特征是先行语与回指语之间的篇章距离。

要进行回指语与先行语之间指称距离的对比分析,首先要解决的问题是这一距离要用什么标准来衡量,或者说距离参数是什么。根据我们曾经进行过的研究(王军,2006:26-29),篇章距离可以以成分统治的辖域为单位,也可以以字母、单词、小句、句子或者修辞距离等为单位,每一种参数都各有利弊,很难笼统地说哪一种最科学、最可靠,对参数的选择应视研究对象的性质而定。

这里我们仍然沿用前面分析直接回指时使用的距离标准,即以句子为基本的距离单位,然后把其划分为:同句内、前一句、同段内和跨段四种基本类型。统计结果如表10:

语篇类型	篇章环境				小计
	同句内	前一句	同段内	跨段	
英语	25(35.2%)	11(15.3%)	3(4.2%)	32(45.1%)	71(100%)
汉语	85(84.2%)	9(8.9%)	0(0.0%)	7(6.9%)	101(100%)
小计	110	20	3	39	172

表10 英汉语篇间接回指的篇章分布

表10显示,英语中间接回指语与先行语处在跨段距离内的比例最高,为45.1%,其次是同句内,为35.2%,而处在前一句和同段内的比例则明显减少。汉语则相反,比例最高的情况是在同句内,高达84.2%,而在前一句和跨段情况下所占比例锐减,同段内的情况未发现一例。

统计结果所反映的状况是由多种原因造成的。

首先，英汉语篇的文体特点对语料的分布影响很大。由于所选的文章均为英汉语民间故事及传说，每个故事篇幅都较短，情景较单一，段落多但段落内包含的句子相对较少，这就是为什么英汉语篇中同段内分布比例极低的一个主要原因，因为同段内要求一个段落必须包含三个或三个以上的句子，而且从另外一方面看，即便是跨段（跨一个或多个段落），由于主题情景往往仍会保持不变，这就为长距离（即跨段）间接回指的使用提供了可能。因此，受到上述两方面因素的制约，同段内就成了一个有些尴尬的分布区间。

其次，汉语的断句方式与英语差异甚大。众所周知，英语通常被称作形合语言，即形式语法结构非常严谨，这使得英语标点符号的使用或断句的方式颇为严格。汉语属于意合语言，意义的表达重于形式的规范，因此在标点符号的使用上随意性较大。与英语相比，汉语标点符号使用的随意性主要反映在较多地使用逗号，相对较少地使用终句标点符号（主要是句号）上。例如，例（26）是句典型的汉语句子，其中包含有七个逗号，把一句话分成了八个部分。如果将其翻译成英语且仍使用一句话来表达，似乎是件不太现实的事情。因此，汉语的同句内这一指称距离，有时会远远大于英语的同句内所限定的范围。

（26）　　当时众人凑了些散碎银子，又找来一匹瘦马，把那些散碎银子，都填到了马的屁股里，外面用棉花塞住，让一个能说会道的佃户，拉着瘦马，去见财迷精。

（金马驹和火龙衣）

再次,对人及动物的描述。无论是英语还是汉语民间故事,其中的主要角色大都是人或动物。前面曾经提到,在对人或动物进行描写时,如果涉及人或动物的各种器官或重要属性特征,英语通常都是使用所有格加名词短语的形式,而这往往会导致不能构成间接回指关系。与此相反,汉语判定间接回指关系的重要手段之一是先行语与回指语之间的语义关联,而汉语的回指语不但往往是由光杆名词短语来承担,而且经常会出现在典型的汉语主题句中。这样,同样是对人和动物的描写,英语由于所有格的问题导致了间接回指实例的减少,而汉语则凭借其结构特点大量增加了间接回指的数量,这样一正一反,汉语同句内间接回指出现频率非常高的现象就不难理解了。

句法位置特征

根据许余龙(2004: 289),汉语句子可细分为次要句、简单句、并列句、包孕句和主从句。由于次要句"大多用于招呼、表达感叹、简短描述和对话中的简问与简答,或出现在标语、口号中",而且这种句式也并未出现在我们的相关研究语料中,故被排除在外。由于针对汉语的句子分类标准也同样适用于英语语篇,因此我们就首先使用这一分类方法来考察间接回指的先行语与回指语通常都出现在哪种类型的句子或小句之中,英汉语之间又有怎样的差别。在分析中,包孕句并不包括包含包孕句的句子的主体部分,而主从句被进一步划分为主句和从句。统计结果如表11:

		简单句	并列句	包孕句	主从句		小计
					主句	从句	
英语	先行语	5 (10.9%)	22 (47.8%)	6 (13.0%)	7 (15.2%)	6 (13.0%)	46 (100%)
	回指语	14 (19.7%)	32 (45.1%)	9 (12.7%)	9 (12.7%)	7 (9.9%)	71 (100%)
汉语	先行语	9 (13.0%)	53 (76.8%)	0 (0.0%)	2 (2.9%)	5 (7.2%)	69 (100%)
	回指语	6 (5.9%)	81 (80.2%)	2 (2.0%)	9 (9.9%)	3 (3.0%)	101 (100%)

表 11 英汉间接回指语句类型分布

表 11 显示，在所列的几种类型的句子（小句）中，无论是英语还是汉语，无论是先行语还是回指语，并列句都是最受青睐的一种句子模式。相对于英语有接近一半的先行语或回指语都出现在并列句中，汉语先行语和回指语在并列句中的出现比例更是分别高达 76.8% 和 80.2%。除了并列句以外，其他句子（小句）类型在英汉先行语和回指语中的分布也略有不同。英语先行语的分布相对比较平均，从 10.9% 到 15.2%，而汉语分化比较明显，从 13.0% 直降到零。这反映出英汉两种语言在引入间接回指先行语的方式上存在着一定的差别。英语回指语基本分布在 10%~20% 的区间范围之内，而汉语则均低于 10%，这反映出英语引入间接回指语方式的多样性，而汉语则在较大程度上需要依赖并列句这一相对单一的句式。

并列句在英汉间接回指的先行语和回指语的使用中占主导地位与民间故事及传说这一体裁有着密切的关联，因为民间故事及传说通常通俗易懂,不需要过多地使用较复杂的句式,同时过于简单的句式(如简单句)使用过多也不利于故事的展开和描写,而并列句正是介于两者之间的一种折中表达方式。此外,汉语句式的一个突出特征是大量使用竹式结构(潘文国,2002: 197-208),不但动词常常连续使用,而且在使用长句时,"恰似一根春竹,一节之后又生一节",而较少使用英语典型的树式结构的句式。这是汉语间接回指先行语和回指语大都存在于并列句中的一个主要原因。

单纯考察句式还不足以反映间接回指的回指语与先行语的句法地位,进一步的分析就必然要涉及它们在句子中所承担的语法功能。根据间接回指的特点以及英汉语篇的实际情况,我们把语法成分粗略地分成了五类。之所以是一种粗略的分类,主要是因为英汉语言的差异会使得某些较详细的分类缺乏有效的对应性,从而会失去对比的意义。例如,尽管主语和主题分属两个不同的语法层面,但我们还是把它们归于同一类别来处理,这主要是考虑到它们通常都是处于动词前面的一个名词性成分,而更细致的区分对于本研究来说意义不大。对修饰语的处理也是出于类似的考虑,因为我们只关心修饰语的成分修饰地位,并不在意它是主语修饰语还是宾语修饰语。英汉语料的统计结果分别如表 12 和表 13 所示:

	先行语	回指语				小计
		同句内	前一句	同段内	跨段	
主语/主题	6 (13.0%)	1 (4.0%)	2 (18.2%)	0 (0.0%)	6 (18.8%)	9 (12.7%)

续表

	先行语	回指语				小计
		同句内	前一句	同段内	跨段	
宾语	25 （54.3%）	6 （24.0%）	5 （45.5%）	0 （0.0%）	8 （25.0%）	19 （26.8%）
谓语动词	2 （4.3%）	0 （0.0%）	0 （0.0%）	0 （0.0%）	0 （0.0%）	0 （0.0%）
修饰语 （主/宾）	0 （0.0%）	3 （12.0%）	1 （9.0%）	0 （0.0%）	6 （18.8%）	10 （14.1%）
状语	13 （28.3%）	15 （60.0%）	3 （27.3%）	3 （100%）	12 （37.5%）	33 （46.5%）
小计	46 （100%）	25 （100%）	11 （100%）	3 （100%）	32 （100%）	71 （100%）

表12 英语间接回指先行语与回指语的句法功能

	先行语	回指语				小计
		同句内	前一句	同段内	跨段	
主语/主题	50 （72.5%）	30 （35.3%）	2 （22.2%）	0 （0.0%）	4 （57.1%）	36 （35.6%）
宾语	10 （14.5%）	38 （44.7%）	6 （66.7%）	0 （0.0%）	2 （28.6%）	46 （45.5%）
谓语动词	4 （5.8%）	0 （0.0%）	0 （0.0%）	0 （0.0%）	0 （0.0%）	0 （0.0%）
修饰语 （主/宾）	2 （2.9%）	0 （0.0%）	1 （11.1%）	0 （0.0%）	1 （14.3%）	2 （2.0%）
状语	3 （4.3%）	17 （20.0%）	0 （0.0%）	0 （0.0%）	0 （0.0%）	17 （16.8%）
小计	69 （100%）	85 （100%）	9 （100%）	0 （0.0%）	7 （100%）	101 （100%）

表13 汉语间接回指先行语与回指语的句法功能

表 12 和表 13 较好地反映出英汉间接回指在句法功能方面表现出的相同点和不同点。

相同点主要集中在一个方面,即英语的间接先行语主要是处在宾语(占 54.3%)和状语(占 28.3%)的位置,而其回指语也是主要集中在这两种成分上,只是状语(占 46.5%)的比例要明显高于宾语(占 26.8%)。汉语也存在类似的交叉对应关系,只是语法成分变成了主语/主题和宾语。此外,尽管我们把回指语按篇章距离进一步划分为同句内、前一句、同段内和跨段四个区间,但除了同段内由于语料过少甚至为零而缺乏解释力以外,其他三个篇章范围也都无一例外地分别集中在英语语料的宾语和状语,以及汉语语料的主语/主题和宾语位置。

英汉语的差异表现得更突出一些,主要有:(1)就先行语来看,英语有一半以上(54.3%)出现在宾语位置上,而汉语则有高达 72.5% 的比例出现在主语/主题的位置上;尽管状语(占 28.3%)在英语中排第二,但在汉语中仅占到 4.3%,两者差距悬殊;(2)在回指语的使用中,英语更倾向于出现在状语(46.5%)和宾语(26.8%)的位置上,而且主要分布在跨段和同句内两个篇章范围内,而汉语则不同,汉语的回指语优先选择宾语(45.5%)的位置,其次为主语/主题(35.6%)位置,而且非常集中地出现在同句内的篇章范围内。

间接回指的句法位置特点能够在一定程度上说明这种衔接手段在篇章组织方面的基本功能作用,而这种功能作用主要是由回指语而非先行语的句法位置来体现。先行语的存在只是为各种衔接关系的建立提供一种可能性,只有在相对应的衔接成分出现时方能确立衔接关系的性质。回指语如果出现在主语或主题这一显著的句法位置上,通常表明回指项是一需要突显的成分,具有较大的进一步谈论的可能性;而如果出现在非主语或主题的位置上,则很可能意味着回指项的显著程度较低,一带而过的可能性较大。因此,根据上述经过统计得到的数据,汉语较之英语更倾向于使用间接回指来引入重要的概念成分,更容易进一步谈论由回指语所引入的话题。

语义关系

对间接回指语义关系的讨论可以从多个不同的层面入手进行分析。从最具体的语义层面上来讲,我们需要仔细辨别每一个间接回指实例中的先行语与回指语都是表达怎样的语义内容,然而由于这种分析方法个性化的特点过强,因此不利于归纳出某些规律性的内容;而从最抽象的语义层面上来讲,我们可以根据先行语与回指语之间的关系特点,用较抽象的范畴关系(如整体-部分关系)来对其进行描述,这样会更有利于发现明显具有某种倾向的规律。在综合考虑各种因素的前提下,我们决定从两个层面来进行语义关系的分析:一是一般抽象意义上的语义关系,二是基于先行语与回指语语义关联松紧程度的分析。

根据我们所收集的语料所反映出的实际情况,我们把先行语以及回指语归入如下几个类别:人物、动物、场所/情景、可感知的实体、性状及其他。"人物"和"动物"之所以要分别归类,是考虑到现有语料的性质是民间故事及传说,涉及人物或动物的间接回指可能会比较多,细分一下会使情况更清楚。"场景/情景"大致属于空间范畴,而"可感知的实体"属于实体范畴,但这一范畴在我们的分析中并不包括"人物"和"动物"这两种实体范畴。"性状"是指抽象的属性范畴。不易归类的情况则列为

"其他"。统计结果如表14、表15：

	先行语						
	人物	动物	场所情景	可感知实体	性状	其他	小计
英语	9（19.6%）	0（0.0%）	27（58.7%）	7（15.2%）	0（0.0%）	3（6.5%）	46（100%）
汉语	41（59.4%）	4（5.8%）	8（11.6%）	10（14.5%）	1（1.4%）	5（7.2%）	69（100%）

表14 英汉间接回指先行语的一般语义特征

	回指语						
	人物	动物	场所情景	可感知实体	性状	其他	小计
英语	11（15.5%）	2（2.8%）	13（18.3%）	37（52.1%）	6（8.5%）	2（2.8%）	71（100%）
汉语	9（8.9%）	3（2.8%）	15（14.9%）	70（69.3%）	2（2.0%）	2（2.0%）	101（100%）

表15 英汉间接回指回指语的一般语义特征

表14显示，英语的先行语有一半以上（58.7%）是用来表示场所或情景。其次是用来表示人物（19.6%）和可感知的实体（15.2%），但与表示场所或情景的比例相去甚远。而以其他形式做先行语的情形要么没有，要么比例非常低。与英语相比，汉语表示场所或情景的情形远不及英语高，仅有11.6%，相反，汉语表示人物的情形却高达59.4%，其他的情况则与英语类似。为什么英汉语的先行语会存在如此大的反差呢？前面曾经提到，表示场所或情景的语言成分比较适合做先行语，但这一成分能否成为真正的间接回指的先行语还要取决于其与回指语的关系性质。汉

语在这方面的比例比较低，并不是因为这类语言成分比英语少，很大的一个原因可能是因为汉语在以场所或情景做先行语时建立的往往是直接回指或其他语篇衔接关系，而非间接回指关系。其次，人物先行语在英汉语中表现出来的反差与英汉语言特点密切相关。当表示人物的语言成分出现以后，在对该人物的身体部位、服饰或其他与其有密切关联的实体进行进一步描述时，英语一般都使用 his/her/their 等所有格形式，但这种情形基本都被排除在了间接回指的范畴之外，而汉语在这类情况下通常都是使用光杆名词短语，而且这种结构通常都符合我们对间接回指所做的界定。这样，汉语表示人物的先行语比例高就不足为奇了。

英汉语在可承担间接回指语的成分方面表现出了比较大的一致性。如表 15 所示，所感知实体所占的比例在英汉语中均为最高，且都超过了各自的半数（英语为 52.1%，汉语为 69.3%），其次分别为场所/情景（英语为 18.3%，汉语为 14.9%）和人物（英语为 15.5%，汉语为 8.9%），其余的排序差别显著性不高。如果我们把人物和动物也归入可感知实体的范畴一同来考察，那么我们就可以说，无论对于英语还是汉语，在多数情况下，间接回指语都是由可感知的实体来承担的，而由其他非实体的成分承担的机会比较少。

如果我们把表 14 和表 15 进行一下比较就会发现，就间接回指的先行语和回指语的对应关系来说，英语典型地采用场所/情景-可感知实体的对应模式，而汉语则采用人物-可感知实体的对应模式，两种典型情形分别如例（27）和例（28）所示：

（27）　So at the end of the week, the dog came to the

merchant's house to fetch his daughter, but when he got there he stayed outside the door, and would not go in.

(*The Small-Tooth Dog*)

(28) 这时候，他忽然觉着脚有些痛，把鞋子脱下一看，脚上起了泡……

（二郎捉太阳的故事）

根据框架理论（Frame Theory）(Minsky, 1975)，在间接回指的释义中，回指语之所以可以与其先行语建立起某种语义关联，是因为先行语作为一个触发成分可以激活一个认知框架。由于这一认知框架中总是包含一系列的相关待释成分，或称槽位（slots），只有当回指语能够与其中的某个槽位形成一种映射关系时，回指释义方可完成。因此，先行语激活的框架总是与回指语所激活的回指项构成一种整体与部分的关系。虽然框架的激活可以使用相对比较具体的成分做触发语，但用相对于回指语来说更具概括性的表示整体的成分做先行语会更加便捷。例（27）中的 house 相对于其回指语 the door 来说是一个整体，更容易激活"房屋"这一框架，而例（28）中的"他"也同样相对于其回指语"脚"和"鞋子"更容易建立起先行语与回指语之间的关联。尽管在例（27）中我们可以不用 house，而是使用诸如 window（窗户）、roof（房顶）等来激活"房屋"这一框架，但显然前者的激活过程更为直接和便捷。

无论先行语与回指语存在怎样具体的语义关系，它们之间必须要有一定的关联度来维系这种关系的存在。对间接回指关联度的讨论可参见王军（2004b: 239-247）。下面我们将把关联度进一步分为紧密（close）型、松散（loose）型以及可推导（deducible）型三种情况，并据此把英汉语料进行了重新归类，结果如表 16：

关系类型	汉语	英语
紧密型	84（83.2%）	53（74.6%）
松散型	14（13.9%）	15（21.1%）
可推导型	3（3.0%）	3（4.2%）
总计	101	71

表 16　间接回指一般关系类型

所谓紧密型，是指间接回指的先行语与回指语之间要么存在一种不可剥离的关系（如"人"对应于"头"、"手"、"心"等），要么两者之间存在着密切的常规关系（如"房间"对应于"衣橱"、"碗柜"等）。无论是汉语还是英语，紧密型关系都是构成间接回指的最主要的关系。松散型关系在汉英语中出现的比例均明显较低，尽管英语的比例稍高一些，而可推导型关系的实例往往只是零星地出现。通过下面的几个实例，我们可以对后两种类型的关系有一个比较清楚的认识：

（29）　有一天，公鸡才叫头遍，聂郎照例把背篓背起出去割草。

（"望娘滩"的故事）

（30）　So the farmer gets down off the mow by the ladder ....

（*The Devil and the Farmer*）

（31）　你现在长大了，翅膀也硬了。

（石榴）

(32)　... he had had that night <u>a very curious dream</u> himself, which was, that if he went and dug under a certain bush in Upsall Castle in Yorkshire, he would find a pot of gold; but he did not know where Upsall was, and inquired of <u>the countryman</u> if he knew ....

（*Upsall Castle*）

松散型的关系是指相对于先行语来说，回指语的出现只是存在一定的可能性，或者说回指语成分并不是先行语成分所激活的认知框架中的突显成分，如例（29）中"背篓"与"聂郎"之间的关系，或例（30）中 the ladder（梯子）与 the mow（谷堆）之间的关系。而可推导型关系则完全不属于任何程度的常规关系，先行语与回指语之间的语义关联是根据语境所做的推导来维系的。在例（31）中，"你"作为人是没有"翅膀"的，但在特定的语境中，"翅膀"需要做隐喻性解读，转指"能力"或"本事"，而"能力"或"本事"是"人"通常所具有的常规性属性，通过这样的推理就可以建立起"翅膀"与"你"之间的语义关联。而在例（32）中，我们通常是无法判断 a very curious dream（非常奇怪的梦境）的语义内容构成的，但随着回指语 the countryman（村民）以定指的形式出现，我们可以据此推断这就是梦境中所出现的人物。因此，可推导型间接回指的回指项是无法像紧密型和松散型关系那样由先行语成分来直接激活的，而是必须在回指语出现以后结合语境通过逆向推导的方式才能建立起回指语与先行语之间的语义关联。

2.5 小结

对间接回指进行基于实际篇章语料的对比研究是非常有必要的，原因主要有两方面：首先，这是一项重要的基础性工作。通过对英汉语实际语篇中所出现的间接回指实例的收集、分类、数据处理以及分析阐释，可以比较全面地了解英汉语间接回指的基本状况，弄清楚间接回指在两种语言的三类不同的对应语篇类型中所存在的共同及不同之处，为相关问题的深入研究奠定一个坚实的基础。其次，为有定性（definiteness）问题的研究带来诸多有价值的启示。有定性既是一个古老的哲学话题，也是各个主要语言学流派所关注的问题，更是跨语言交际中所面临的一个现实问题。间接回指的回指语所表现的有定名词结构虽然只是各种有定结构的一部分，但对这种结构的研究可以取得以小见大的效果。例如基于英汉或汉英翻译对等语篇的研究可以使我们清楚地看到英汉语在表达有定性概念时所存在的差异，而这种差异能在一定程度上反映英汉语的使用者对有定性概念的意识程度存在不同，甚至可以进一步推断标记性语言表达与无标记性语言表达对思维过程的影响会是一种怎样的状况。

需要特别指出的是，尽管我们认为基于实际篇章语料的间接回指研究非常重要，而且我们也为此做了大量的语料规划、收集、分类及分析等工作，但我们必须承认，在对相关数据进行分析研究的某些方面仍存在着难以或者无法克服的"主观性"因素障碍。"主观性"因素的存在势必会影响数据处理过程的客观性，继而影响到学术研究的科学性。受到"主观性"影响的数据处理过程主要表现在两个方面：（1）对汉语光杆名词短语的有定性的确定。与英语有定性结构均有明显的标记不同,占汉语有定性结构相当大比例的光杆名词短语并无任何附着的形式标记,即便是句法位置因素以及语义关联因素也只能增加或减少光杆名词短语的有定性程度,并不能明确无误地标定该光杆名词短语是否是有定的,因此,对汉语有定光杆名词短语的判定势必掺杂主观判断的因素。(2)先行语与回指语之间的关联度。从一般关联上说,我们把先行语与回指语之间的语义关联划分为紧密型、松散型和可推导型,目的是为了更好地说明关联度的大小在间接回指关系中的作用。尽管紧密型与可推导型能够比较明显地加以区分,但紧密型与松散型以及松散型与可推导型之间并没有一个明显的界限,因此对于某些实例的归类势必会受到主观因素的影响。

主观判断因素的存在是客观事实,会在一定程度上影响数据处理的效果,然而,从另一个角度看,它的存在恰恰反映了某些重要的语言事实。以汉语光杆名词的有定性为例,有定标记的缺失可能恰恰表明光杆名词短语的有定性存在程度上的差异,而这种差异性会随着有定标记符号(如英语的定冠词 the)的使用而消失。是非问题容易确定,但程度上的差异很难把握,而既然这种差异难以把握,似乎也就不必对其进行明确细致的分析了,照此理解,王还(1985)认为"汉语既然没有类似英语的定冠词,也就没必要讨论有定性"的观点,应该还是有一定道理的。但是,我们有另外一种考虑。我们之所以仍然拿汉语中不易确定的有定性问题做文章,根本目的是出于对比研究的需要。我们知道,离开了有定性,回指(包括直接回指和间接回指)这一概念就无从谈起,对比研究就无法进行。事实上,英汉直接回指对比方面的研究迄今为止已经成果累累(如许余龙,2004;熊学亮,

1999），但英汉间接回指领域比较全面、系统的对比研究还绝无仅有，而造成这种局面的主要原因恐怕就是汉语间接回指关系中存在较多的不确定性因素。我们认为，这些不确定的因素都属于客观的语言事实，通过英汉语言对比，我们可以更清楚地揭示这些问题的存在，更清楚地认识汉语在这些方面所表现出的各种特点，从而对汉语语言的整体特点产生更深刻的认识和理解。

第三章
间接回指关系中诸要素的分析

根据 Chen（1986），回指研究通常包含两方面的内容：其一是以发话人为视角（addresser-oriented），研究的是回指产出（anaphora production）问题；其次是以受话人为视角（addressee-oriented），研究的是回指释义（anaphora resolution）问题。更明确地说，第一类研究的内容是指发话人在话语展开的过程中，在先行语已经出现的情况下，如何根据各种话语条件选择一个适当的回指语的问题；而第二类研究的对象是在先行语和回指语都已出现的情况下，受话人如何根据各种语境线索为回指语找到其真正的先行语或先行所指对象的问题。由于这两类研究采取的是完全不同的研究视角，因此其中涉及的相关要素的种类、功能、意义等都会有所不同。

尽管间接回指有有别于直接回指的一些特殊之处，但它也同样可分别进行回指产出或回指释义的研究，而且这两类研究所涉及的各种要素与直接回指相比也有很多相同的地方，只是在表现方式或体现的程度方面会存在一些差异。

由于本章的主要目的是对间接回指关系中所涉及的各种相关要素进行深入的分析，为后续章节更深入的分析做一铺垫，因此，除了个别情况下，本章中所探讨的问题一般不特别指出究竟是属于回指产出还是回指释义的范畴。

根据间接回指的特点以及前人的研究成果,我们认为间接回指中所涉及的各种要素可归入三个大的方面来讨论:

1. 成分因素,即构成间接回指的最基本的两个因素:先行语(先行项)和回指语(回指项),这是间接回指赖以存在的形式基础。
2. 关联因素,即回指项与先行项之间的语义关联,这是间接回指关系得以维系的根本。
3. 影响因素,即能够对间接回指之间的语义关联造成影响的各种语境、认知等方面的因素,它能影响或调节回指语与先行语之间的语义关联度。

3.1 成分因素

先行语(先行项)和回指语(回指项)在间接回指关系中承担着完全不同的功能作用。从认知语言学的视角看,回指语(回指项)之所以能够回指先行语(先行项),是因为在先行语所激活的认知框架中包含有回指项成分,因此,对于先行项来说,它必须要具有某种适当的语言表达形式,以便这种形式能够适时激活回指项所需的指称对象。而对于回指项来说,它首先必须是有定的,并且要在与先行项的语义关联、各种语境因素的制约下,采用某一适当的回指语形式进行表达。

3.1.1 先行语因素

语词的意义不应仅仅是其字面意义，而应该把语词意义视作是一个意义网络，是由不同但相互关联的意义节点通过彼此连通构成的，这就是认知语义学（Langacker, 1991a: 3, 1999: 4; Allwood & Gardenfors, 1999）对语词意义的基本看法，这与早期心理语言学的扩散激活（Spreading Activation）理论（Collins & Loftus, 1975）的基本思想有着密切的关联。

根据束定芳（2008: 79），一个词项以激活一组认知领域作为其意义的基础，但词项所提供的路径绝不是任意的。一般来说，一个词项所激活的领域仅限于那些直接与其相关的领域，而且这些领域呈等级状排列，与该词项关联密切的领域居中心位置，关联较小的处在边缘位置上。比如，"街道"通常是不可能激活"总统"这一认知域的，它只能激活与其密切相关的某些认知域，如"汽车"、"建筑物"、"商店"等，而"驾驶员"、"服务员"、"店门"等认知域虽然也有可能被激活，但由于其与"街道"的直接关联较小，是处在被激活的边缘位置。这种针对语词的认知语言学思想对于我们深刻理解间接回指的释义机制有着极为重要的价值。

我们知道，无论是 Ariel（1990; 1994）的可及性（accessibility）理论，许余龙的以主题性（topicality）为中心的回指释义理论，还是其他种种具有比较有效的解释力的回指解决方案（如 Horn, 1984; Levinson, 1991; van Hoek, 1997 等），只要他们的研究都是基于篇章，采取的是功能、语用或认知的视角，则无一不是把回指释义的根本确定为先行成分所具有的最为突显的显著性（salience）方面。这特别表现在当存在两个或两个以上的可能先行项的情况下，最为显著的先行项通常就是回指项真正的指称对象。

　　间接回指虽然有有别于直接回指的特殊之处，但在先行成分的选择上也同样遵循与直接回指相同的规则。严格来说，间接回指的先行语并非是这一回指关系中回指语的所指对象；回指语的真正所指对象应该是先行语所激活的能够与回指项形成完全匹配关系的某一实体。举例来说，在由 restaurant — waiter（饭店－服务员）所构成的间接回指关系语句中，回指语 waiter 并不能回指先行语 restaurant，而是回指语所对应的心理实体 WAITER（通常称为回指项）回指先行语 restaurant 所激活的心理实体 WAITER。然而，在由先行语 restaurant 激活的心理实体中还包括很多其他的成分，但这些成分并非都有资格成为回指项的所指对象，最有可能成为先行项的成分通常都是显著性相对较高的成分。因此，在间接回指关系中，先行语的选择首先要尽量保证其所激活的某一认知域要有足够的显著性，以便后续回指项能够比较容易地与其建立起匹配关系，从而实现回指释义。在前面的 2.4.3 这一小节的语料分析中，我们把间接回指的先行语和回指语之间存在的不可剥离或非常密切的语义关联称作"紧密型"关联，事实上这种语义关联也就是回指语与其所激活的具有较高显著性的某一认知域之间的关联，这种类型的语义关系在英汉语篇中均居主导地位（英语语篇中所占的比例为 74.6%，汉语为 83.2%）。虽然"松散型"和"可推导型"的间接回指实例在英汉语料中也各自占到了一定的比例，但比例相对较低，究其原因，主要是因为在先行语未能适时有效地激活某一认知域的情况下，如果仍要使用对应这一认知域的语言形式做回指语，通常需要语篇提供足够的语境支持，或者需要经过相对费时费力的语用推理方能完成回指释义。下面这一著名的心理实验就很好地说明了这一问题（见 Brown & Yule, 1983: 245-246）：

（a）**题头：在法庭上**
　　正对福雷德进行问询。
　　他以谋杀罪受到指控。
目标句：律师在努力证明他是清白无辜的。

（b）**题头：说谎**
　　正对福雷德进行问询。
　　他不说实话。
目标句：律师在努力证明他是清白无辜的。

实验结果表明，在（a）、（b）两种情形下，受事在对目标句"律师在努力证明他是清白无辜的"进行解读时所花费的时间是不一样的：在情形（b）中所花费的时间要比在情形（a）中长。究其原因，是因为情形（a）中的话语提示"在法庭上"能够直接激活"法庭"的情景，而在这一情景中，"律师"、"证明某人清白无辜"从常规关系上看都是比较突显的认知域，因此，对目标句的识别比较容易。而在情形（b）中，尽管"说谎"也与法庭活动有关，但由于各种说谎的性质特点差别甚大，它并不能轻易地激活"法庭"的情景，结果就导致在对目标句进行识别时需要花费较多的努力。

　　关联理论（Sperber & Wilson, 1986）的核心思想是，在处

理信息时,人们总是试图以最小的努力来获取最大的语境效果。我们所收集的英汉语篇间接回指语在"紧密型"、"松散型"和"可推导型"三方面所分别占有的比例就能很好地说明这一问题。此外,"可推导型"的数据还表明,即便在先行语几乎无法适时激活某一先行项的情况下,在一定程度内,依据一定的语境所做的推理努力,也可以帮助建立起回指语与其先行语之间的回指关联来。关于这个问题的详细讨论将在后面进行。

在先行语上需要给予关注的另外一个方面是先行语的语言表达形式,即先行语通常是倾向于使用名词,还是动词、形容词、副词等词类。此外,先行语通常是采用较简单的综合性结构(synthetic structure),如短语结构,还是采用相对较复杂的散乱结构或分析性结构(analytic structure)。因为先行语采用不同的词类或结构,将会在很大程度上影响先行项的显著程度。

首先,先行语的词类对于回指对象概念的激活状况有很大的影响。Radford等(2000: 151)把词分为了内容词(content word)和功能词(functional word)两大类,前者能够表达事物、思想等具体的概念,而后者主要起语法功能作用。尽管从语法化的角度看,功能词基本上都来自于内容词(或实义词),但在现实情况下,功能词的概念表达功能已渐渐退化了。所以,若要承担起激活概念的功能,主要还是依靠内容词。但内容词中也有名词、动词、形容词、副词和介词之分,它们虽然均能激活相应的概念,但这些所激活的概念的性质是不同的,某些类型的概念更适合引出间接回指项,而有些效果则要差一些。根据Langacker(1991b: 18),词类是由突显侧面的本质决定的,并非是由其概念内容决定的。例如,名词用于勾画某一事体（profile a thing），突显其事件性和空间的有限性，该事体可具体可抽象，可单数表达可复数表达，可表可数的对象也可表不可数的对象。总之，名词是各种词类中最适合表达某一事件或某一空间概念的词，而事件和空间范畴恰恰最适合引出间接回指语的先行概念框架。我们先期收集的语料显示，在英汉语篇中，只有名词（短语）和动词（短语）适合做先行语，而其中名词（短语）占压倒性的多数。在第二章的表9中，英语名词（短语）先行语占所有先行语形式的93.5%，而汉语名词（短语）先行语则占所有先行语形式的89.9%，可见两者均在各自的语言中占到了绝对的多数。这一现象也可以在直接回指的研究中得到印证。尽管广义的直接回指的先行语会采取各种各样的形式（详见许余龙，2004: 2-6），但使用最多的还是名词性的先行语以及名词性的回指语。而在理论语言学的研究中，说到回指，"最常用的用法是指两个名词性词语被赋予相同的指称值或范围"（Reinhart, 1999: 20）。

其次，词化（lexicalization）效应也在一定程度上影响着先行语的语言形式。对于某一个语义复杂的概念，我们既可以用一个词来表达，也可以用一个短语来表达，前者称为综合型表达法（synthetic expression），后者称为分析性表达法（analytic expression）。（许余龙，2001: 127）综合型表达法是一种词化了的表达法，往往意味着该词所表达的概念已经发展得比较成熟，已经被广为接受，即便使用非常简约的语言方式表达亦不会引起歧义。在对词化问题的研究中人们往往比较关注文化因素的作用，如不同的文化总有一些值得特别关注的现象，这些现象会比较自然地在该语言中以词的形式沉淀下来。如果这些现象的内涵丰富，相应的词化表达也丰富。如爱斯基摩人用于指称雪的词有几十个之多；中国烹饪技艺中仅表示水煮的动词就有至少十二个，而英语对应的动词却仅有三个（王宇，2001: 31）。可见，词化是对概念的高度概括和浓缩。如果我们不仅仅关注词化中的文化因素，而是把词化放到概念的一般语言表达方式上去考察的话，我们会发现，尽管某些概念既可以使用综合型表达法，也可以使用分析型表达法，但由于前者形式更简洁，所以概念表达起来更直接，更容易激活某些人们普遍认可的常规性概念。我们前面的语料显示，间接回指的先行语和回指语之间通常都是一种人所共知的常规性关系，既然如此，如果没有其他的考虑，简洁而直接的综合型表达法就成为一种最好的选择。实际情况也的确如此。在第二章的表9所显示的数据中，英汉语使用综合型表达法①的比例分别为97.8%和95.7%，而使用句子或零星散乱表达法的比例则非常低。

综上所述，作为一个间接回指的先行语，它要尽量为回指语（回指项）的回指成功创造良好的条件，这就要求先行语要尽量使用综合型表达法，特别是使用名词短语结构，以便在其所表达的概念结构中回指项的所指对象能够处在一个比较突显的位置上。当然，这些都是比较理想的状况，在实际的语言表达中，完全可能会因为某些因素的影响而采用相对比较特殊的表达方式。

---

① 此处所说的综合型表达法并非严格意义上的一个词，它可能还带有一个简短的修饰成分，从而构成一个简单的短语结构。尽管在绝大多数情况下先行语都是由一个词来表达的，但为了表达更全面，人们通常都是使用名词短语（noun phrase）、动词短语（verb phrase）等来指称同时包括单一的词和短语的结构。

3.1.2 回指语因素

间接回指的回指语都是有定名词短语形式,在英语中一般可表现为定冠词加名词短语(the+NP)、代词、指示词加名词短语(that/this/these/those+NP)、所有格形式加名词短语(his/her/their/its+NP)等,而在汉语中也采用大致对应的形式。只是由于汉语中无对应于英语定冠词的形式标记,汉语在表达这类有定形式时通常采用的是光杆名词短语的形式。

间接回指中的回指语与直接回指中的回指语在形式上基本一致,但在使用频率上却存在很大的差异。比如代词,在直接回指中,无论是英语还是汉语,代词的出现频率都非常高,而且在汉语中还大量地使用零代词(zero pronoun)进行回指。但在间接回指中,使用代词进行回指的比例是非常低的,使用零代词进行回指的情况更是绝无仅有。我们在 2.4.2 中已经提到,在我们所统计的英汉语语料中,仅发现了一例(第二章中的例(23))回指语使用代词的实例。再比如"指示词加名词短语"和"所有格形式加名词短语"的情况,在我们所收集的各种语料以及已知的所有其他人的研究当中,仅分别发现过一例(王军 2004a: 96-97):

(1) He went down to the steamboat landing ; learned that the trifle of money in his pocket would not carry him to Boston; however, it would carry him to New London; so he took passage for that port, resolving to trust to Providence to furnish him means to travel the rest of the way.

(*A Curious Experience*)

（2）　　　"I've been very sick," she said. "This is the first time I've been out of bed in two weeks. I've been terribly sick."

"I'm sorry that you've been sick, Miss Dent," he said in a voice loud enough to be heard by Mr. Watkins and Mrs. Compton. "Where are you working now?"

"What?"

"Where are you working now?"

"Oh, don't make me laugh," she said softly.

"I don't understand."

"You poisoned their minds."

He straightened his back and braced his shoulders. These wrenching movements expressed a brief—and hopeless—longing to be in some other place. She meant trouble.

(*The Five-Forty-Eight*)

that+NP 的形式通常是用来强调所指对象的，所以所指对象在正常情况下要以显性的方式来表达，而例（1）中的先行项却是隐含的，其之所以并未因此影响话语的连贯，根本原因在于先行语起到了一种一语双关的效果：New London 既可指城市，也可指该城市的港口，故使用 that port（那个港口）来进行强调性回指，不存在任何问题。而使用所有格加名词短语的形式进行间接回指会更加困难些，因为间接回指的概念要求所有格的主体和中心词的主体在上下文中均不应直接提及。在例（2）中，无论是 their

所指的人,还是 minds 所代表的思想,均未在上下文中出现,人们只能依据 Where are you working now?(你在哪儿工作?)和 don't make me laugh(别逗了)这一问一答来模模糊糊地推断 their minds 的所指,尽管这种推断很可能得不出任何明确的结果。然而读者推断的失败并不意味着当事人双方交际的不成功,更不意味着这是作者描写上的败笔。恰恰相反,这种打哑谜般的对话方式能与当事双方的身份及情景相吻合。由此可见,上述两种类型的间接回指语只有在极个别、极特殊的情况下才会出现。

根据上面的解释以及以往的研究来看,人们似乎只关注两种类型的间接回指语:有定形式的名词短语和代词。

对有定形式的名词短语给予关注,主要是因为这是一种最常见、最普通的回指语形式。间接回指的基本构成决定了回指语应该使用一个信息含量比较丰富的普通名词短语形式,因为间接回指关系中的先行项是隐含的,为了把这一隐含的先行项准确无误地激活,必须使用足够多的与其相匹配的信息,而回指语信息含量的匮乏会使建立与先行项内容匹配的努力变得比较困难。代词的信息含量比较少,它无法像多数其他的指称词语那样提供较多的信息量,因此在语篇中通常都是作为高可及性的标示语(high accessibility marker)来进行直接回指。(Ariel, 1990, 1994)也许正因为如此,有些学者(例如 Erkü & Gundel, 1987; Charolles, 1999: 313; 桂诗春, 2000: 420)甚至否认代词有充当间接回指语的可能性。但代词间接回指语的确是存在的,对其进行专门分析研究的人也在逐渐增多,如 Emmott(1999)、项城东(2004)和 Cornish 等(2005)。项城东(2004)所收集的语料并非来自正式的书面体,而是来自口语体和非正式的书面体,总共有100例。数据表明，在非正式文体中，使用代词做间接回指语的现象还是比较常见的。这些代词既有表第三人称的，也有表第一和第二人称的，但以表第三人称的代词占大多数。项文得出的结论是，文体正式程度的差异对间接回指代词的使用影响甚大，因为在正式文体中，代词的所指对象一般不能过于隐晦，其对语言语境的依赖非常大，而在非正式文体中，非语言语境信息则起着非常大的作用，只要交际双方心知肚明即可，不必使用语词来进行明示。Cornish 等（2005）研究的是非重读第三人称代词（unaccented third person pronoun）的间接回指问题。他认为，非重读第三人称代词完全可以应用于间接回指关系中，但条件是，隐含的所指对象不能处在激活的边缘（peripheral）位置，而是要处在中心（central）或"核心"（nuclear）位置，换句话说，由先行语所激活的回指对象必须处在突显（salient）的位置上。因此，代词回指不是不可能，而是要受到比有定名词短语更为严格的限定。

回指语另外一个需要关注的方面是，与先行语通常都是由某一个语言成分承担不同，在同一个先行语的引导下，可能会出现多个回指语。这些回指语往往呈辐射状展开，共同建构起一幅内涵丰富的表达情景。例如：

（3） The Young Woman scans the restaurant with this new information. She sees all the patrons eating, lost in conversations. The tired waitress, taking orders. The busboys going through the motions, collecting dishes. The manager complaining to the cook about something.

英汉语篇间接回指

A smile breaks out on the Young Woman's face.[①]

下面的简图能更清楚地反映出间接回指的先行语与各个回指语之间的对应关系：

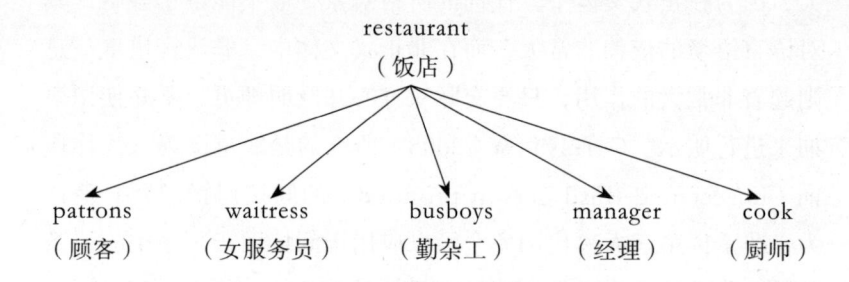

```
                    restaurant
                     （饭店）
       ┌──────┬──────┼──────┬──────┐
       ↓      ↓      ↓      ↓      ↓
   patrons waitress busboys manager  cook
   （顾客）（女服务员）（勤杂工）（经理）（厨师）
```

只需稍加思考，我们就能从例（3）中意识到，概念之间的连通并不一定总是需要在形式上给予充分的关照，因为隐含的概念一样可以有效地与其他相关概念进行沟通，从而实现连贯的表达，反而是过于注重形式衔接的表达方式会使文本显得啰唆累赘。例如，根据例（3）改造的例（3）'就属于这种情况：

(3)' The Young Woman scans the restaurant with this new information. She sees all the patrons of that restaurant eating, lost in conversations. The tired waitress of the restaurant, taking orders. The busboys of the restaurant going through the motions, collecting dishes. The manager of the restaurant complaining to the cook of

---

[①] http://www.paablik.wz.cz/wp-content/uploads/pulp-fiction-scenar.pdf

the restaurant about something. A smile breaks out on the Young Woman's face.

关于回指语，另外一个值得关注的问题是：能够进行回指的名词短语，是否必须是有定的（definite）？我们在给间接回指下定义的时候，以及绝大多数学者在研究回指问题的时候，基本上都非常明确地把有定性视作回指语的本质属性之一，或者说，无定的名词短语是不能用来进行回指的。然而，这一看法正在受到有些学者的质疑。

许余龙（1992：18）指出，有定和无定与其说是一对绝对的概念，似乎不如说是从有定到无定组成的一个连续体（continuum）。Gundel 等（1993）的"已知性等级"（the Givenness Hierarchy）就显示，有定与无定并非一正一反、泾渭分明的两极，而是呈等级状排列，体现出一种程度的变化。汉语的语言事实也表明，汉语中名词性成分的有定性也呈现出一个渐变的过程，从人称代词的高有定性逐渐过渡到量词加名词的高无定性。（陈平，1987）对于汉语光杆普通名词来说，因为其自身无法体现出任何有定或无定的特征，需要由其所处的不同的句法位置或与其他不同成分之间形成的语义关联来体现有定性，而这种有定性必然带来有定或无定程度高低不等的特征。然而，回指（包括间接回指）研究长期以来的实际状况是，人们通常只关心承担回指功能的成分（即回指语）是否有定，并不关心其有定程度如何。一旦把有定程度的问题考虑在内，我们就会发现，所谓不定的形式似乎也不完全是不定的，而既然不定的形式存在一定的有定性，它也就必然会具有一定的回指功能。例如：

（4） a. I received a letter this morning. The envelope was crumbled.
b. I received a letter this morning. I opened it and found that a writing paper was broken.

（转引自刘礼进，2004: 32）

例（4a）是一个普通的间接回指的实例，定冠词 the 隐含着一个 "一对一"（one-to-one）的关系义：the envelope（of the letter）（信的信封），而（4b）则隐含着一个 "一对多"（one-to-many）的关系义：one of the writing papers（of the letter）（信中的一张信纸）。因此，刘礼进（2004: 32）认为，"这一点说明不定名词短语一样具有照应功能，完全可充当照应成分，通过依附对象（间接）建构语篇照应关系"。

回指本质上是一种认知语义关系，回指项的有定性并非是回指的本质特征，只是由于人们在对回指的研究中一般都把研究范围限定在对有定名词短语的范围之内，于是就给人留下一种有定性是回指的本质特征的假象。根据 Werth（1999）（转引自张晔，2005: 42-44），语篇衔接关系涉及两种基本的要素：首先是空间构筑元素（world-building elements），相当于 Fauconnier（1985）所说的空间构造词（space builder），也就是回指关系中的先行语；其次是功能推展命题（function-advancing proposition），表现为回指关系中的回指语。当语篇空间里的各项空间构筑元素形成后，回指关系就表现为一种由空间构筑元素和回指语等情节推展元素所共同形成的参照链接（reference-chaining），并体现在三类 "指称或意义等同关系"（identity of reference or of sense）之中，即完全等同（full identity）、蕴含等同（implied identity）和否定等同（denial identity），所有这三类等同关系均为回指关系。例如，在以 tools（工具）做先行语的情况下，后续成分如果使用 a hammer（锤子）、a saw（锯）或 a screwdriver（螺丝刀），前后两个成分就会形成一种蕴含等同关系，自然也就属于回指关系。（张珺，2005: 43）

对于不定名词短语进行回指的问题，由于这是一个相对较新的话题，对其功能作用的认识尚存在一些争议，相关研究也比较少（国外研究还可参见 Fraurud（1996）），同时还考虑到我们目前研究内容的局限性，因此暂不把这一现象纳入到我们的分析框架之中。

3.2 关联因素

间接回指关系中最为重要的因素是先行项与回指项之间的关联性因素。这种因素主要包括两个方面，一是语义关系，一是篇章距离关系。篇章距离关系比较单纯，体现为先行语与回指语之间的篇章距离的远近，这在一定程度上反映出先行项与回指项之间语义关系的密切程度。语义关系是间接回指关系的根本，它可以从多个不同的层面进行分类。如把先行项和回指项之间的关系用"多分法"进行划分，区分为"整体-部分"、"实体-属性"、"行为-目标"、"行为-场所"、"属性-实体"等关系，或者用"三分法"分为"紧密型"、"松散型"和"可推导型"关系，或者用"两分法"笼统地分为"常规关系"和"非常规关系"，等等，不一而足。（王军，2004a）为了能够比较全面细致地反映已有研究成果之间交叉重叠的内容，我们选用"两分法"所设定的两个范畴，即常规关系与非常规关系，来深入分析间接回指中的语义关联，同时把篇章距离作为一个并列的话题来进行讨论（尽管三者并非处于同一类别层面上）。

3.2.1 常规关系

很多研究都认为，在间接回指的先行项和回指项之间都存在着某种常规性关联，这种关联是维系间接回指存在的基础。(Epstein, 1999: 54) Prince (1981: 242) 认为，间接回指中的推理行为往往具有文化基础 (mostly culture-based)，其中包括某种常规关系 (stereotypic relations)（如房间通常都有门窗，厨房都有厨具等）。不可否认，常规关系是间接回指最常表现出来的一种关系，而且我们时常遇到的含有常规关系的实例一般都比较典型，例如：He went to a restaurant last night. The waiter was from Russia. 其中 restaurant → waiter 构成了典型的常规性关联。然而，我们在注意常规关系具有典型表现形式的同时，还应该看到常规关系和非常规关系之间的界限往往是比较模糊的，其根本原因在于常规关系都是由非常规关系以重现的方式逐步转化来的，我们无法判定某一非常规关系是在其第几次重现的时候才开始转化成为常规关系。在下面例（5）中 restaurant 对应的各对关系中，我们可以比较肯定地说 restaurant → waiter, restaurant → cashier（出纳）之中均含有常规关系，所以前后句子的语义关系均是连贯的，而 restaurant → ambulance（救护车）则不属于常规关系，所以前后句子是不连贯的。现在关键的问题是 restaurant → door keeper（门卫）和 restaurant → poison（毒药）是否均含有常规关系呢？如果两对的关系不同，造成这种差别的原因又是什么？在我们试图用频率效应做出解释时，恐怕不太可能确定转换完成时具体的频次究竟已有多少。

（5）He went into a <u>restaurant</u>. { The waitress was a college student.
The cashier was very friendly.
The door keeper was very strong.
? The poison was on the floor.
?? The ambulance was a Rover.

虽然常规关系是语篇生成与理解中非常重要的一个因素，但当常规关系和间接回指结合在一起时，我们一定要具体分析一下常规关系是如何在间接回指关系中发挥作用的。

人们在间接回指的研究中所提到的常规关系通常是指存在于回指项（anaphor）和先行项（antecedent）之间的一种抽象的语义关联，这是一种人们普遍认可的常规关系信息。除非另有说明，一提到"树"，人们都会想到它会有"树干"、"树枝"和"树叶"等，而通常不会想到与树无关的事物。常规性关联越紧密，其间的联想越容易形成，所需的认知努力也就越少。与直接回指（direct anaphora）中的语义重心基本都落在先行项上不同，间接回指的语义重心既可能落在先行项上，也可能落在回指项上，而不同的语义重心会导致不同的推理努力。当语义重心落在先行项上时，即间接回指的释义主要依赖于先行项触发语激活的某一确定的认知情景（scenario）时，回指释义就会被认为是自动的或快速的；反之，语义重心若落在回指项上，就意味着先行项触发语未能激活合适的认知情景，受话者需要依据回指项的语义内容，以及回指项与先行项之间的语义关联，甚至根据其他的语境线索进行推断才能最终确定回指项与先行项之间究竟属于何种常规关系。有鉴于以上差别，Sanford & Garrod（1981, 1989）把间接回指中那些据认为是可以自动和迅速做出的推理活动称为"首要加工"（primary processing），而把那些相对比较费时的推理活动称为"二级加工"（secondary processing）。但不管是哪种加工，或者说不管回指释义是自动的或快速的，还是比较费时费力的，常规关联都被认为是间接回指赖以存在的基础。

为了更好地体现先行项和回指项之间语义关系的紧密程度，我们前面已经根据关联由强变弱的顺序把这种关系划分为了紧密型、松散型和可推导型三种类型，并考察了英汉语中这三种类型间接回指的出现频率（见第二章中的表16），结果表明，无论是汉语还是英语都强烈地倾向于使用紧密型的间接回指关系，并以可推导型关系的使用为最少。何自然（2006: 399-401）在谈到间接回指（原文称"联想照应"）问题时，也把其中的语义关联划分为类似的三类，它们分别是必然的联想照应、可能的联想照应和诱发的联想照应。

常规关系之所以能够把两个认知实体以间接指称的方式联接起来，根本原因在于两个认知实体之间存在着一定强度的关联性，我们暂且称之为"关联度"（associative strength）（王军，2004b: 239-247）。restaurant → waiter 之间显然有着较高的关联度，而 restaurant → door keeper 之间的关联度显然要低很多。没有任何关联度的两个认知实体是无法构成间接指称关系的。

无论从关联性上讲，还是从语言使用的经济性上讲，尽量使概念的连通具有较高的关联度应该是语言表达所遵循的基本原则之一。英汉语较高频率出现的紧密型间接回指关系就是一个很好的证明。而当我们再进一步考察间接回指的先行语和回指语之间的关系时就会发现，表达空间和实体（包括人与物）关系范畴的概念连通方式要远比表达其他范畴的方式使用得更频繁。尽管第二章中的表14和表15中的语料统计显示出英汉语在某些方面存在着较大的差异，但两种语言在表达空间和实体范畴方面总体来看还是比较一致的。

从某种意义上说，间接回指中最重要的常规关系是"整体-部分"关系。间接回指关系就是整体与其部分之间关系的一种体现。如下图所示：

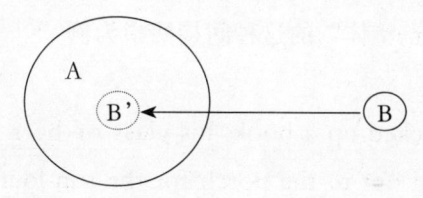

先行项A中原本就包含成分因素B'（此为间接回指的真正先行项[①]），只是B'在A中通常都是处在一种半激活（semi-active）的状态，只有当出现回指项B时，先前处于半激活状态的B'才可能会被完全激活，从而实现A与B之间的概念连通。A与B'

[①] 在直接回指关系中以及在讨论一般性间接回指关系时，我们只需区分回指语、先行语与回指项、先行项这些概念。"语"意味着这是一种语言表达形式，而"项"是指一种心理实体（mental entity）。但在对间接回指做深入分析的时候，我们还需区分先行项与真正先行项。直接回指的先行项与回指项具有共指（co-reference）的特征，而间接回指的先行项与回指项并不共指（如"饭店"和"服务员"），两者只是具有某种语义关联。间接回指中实现共指的成分是真正先行项与回指项，即先行项（如"饭店"）所激活的真正先行项"服务员"与后续话语中的回指项"服务员"。用本部分的图示符号表示的话，A为回指项，B'为真正先行项，而B为回指项。

之间的整体-部分关联的性质有多种：最紧密的"整体-部分"关联是 A 中只有唯一的 B'，而且 B' 在 A 中的显著性还非常高。如"脸"之于"鼻子"与"嘴"之间的"整体-部分"关联，或"房子"与唯一的"天花板"之间的"整体-部分"关联。其次是整体与其某种成分的全部或某一角色之间的关联，如"饭店"这一整体与其全部的"服务员"之间的关系，或是与"服务员"这一角色之间的关系。用英语表达上述两种关系会更清楚一些，即一种是 restaurant — the waiters，另一种是 restaurant — the waiter。第三种"整体-部分"关系是指所有那些从表面上看并不能构成这种关系，但其认知机制中仍以这种关系为基础的结构。以形式为"部分-整体"的这种间接回指为例：

（6） He picked up a book, his glass of beer and the bottle, walked out to the porch for the sun-lounge and carried them outside to a shady corner of the garden.

（*Retiring Man*）

在上例中，很显然 beer（啤酒）是从 the bottle（瓶子）中倒出来的，两者之间是部分与整体的关系，然而常识告诉我们，beer 通常都是存放于 bottle 之中的，beer 的出现能够激活（更准确地说是半激活）一个包含 beer 自身以及 bottle、drinker（饮酒人）、alcohol（酒精）等成分的认知框架或认知域，这是包含了各种成分而这些成分的显著度又各不相同的一个整体，这一整体与后续话语中出现的成分 the bottle 构成的也是"整体-部分"关系，只是这种"整体-部分"关系的性质与前两种"整体-部分"关系存在明显的不同。第三种"整体-部分"关系由于必须依赖于激活扩散这一认知机制后形成的认知域整体，因此整体与部分之间的关联度就会明显降低，这一方面反映出在这种情况下回指释义相对困难一些（如在例（6）中对 the bottle 的回指释义需要付出相对较多的推理努力），另一方面反映出在这种情形下使用的间接回指的比例通常都比较低①。

尽管常规关系是间接回指关系形成的极为重要的因素，但并非不可或缺的因素。常规关系能使间接回指的先行语与回指语形成较高的关联度，但较高的关联度并非只能依赖常规关系才可获得。研究表明，特定篇章中所形成的非常规关系一样也可维持先行语与回指语之间较高的关联度。

3.2.2 非常规关系

常规关系是人们通过实践在头脑中形成的关于现实世界关系的一种抽象性认识，它存在于人们的长时记忆（long-term memory）中，依靠外部刺激的激活作用被调入到工作记忆（working memory）中，与新信息发生相互作用，进而实现对话语篇章的理解。间接回指中的待释成分（名词词组）和先行项

---

① 王军（2004a:91）在基于英语叙事性篇章的间接回指研究中，把先行语与回指语之间形式上的常规关系分为八种，分别为"整体-部分"(whole-part) 关系、"平行共现"(parallel co-occurrence) 关系、"实体-功能/属性"(entity-function/attribute) 关系、"动作-目标/工具"(action-target/tool) 关系、"部分-整体"(part-whole) 关系、"动作-结果"(action-result) 关系、"动作-地点"(action-place) 关系以及"属性-实体"(attribute-entity) 关系。其中使用"整体-部分"关系的间接回指实例在所有的语料中占 77.8%，而使用"部分-整体"关系的仅占 2.4%，两者比例相差悬殊。

触发语均是用来激活相关长时记忆中的内容，没有这两个触发语，特定的常规关系则无法得到激活。然而，触发语激活的长时记忆中的内容并不仅限于常规性的关系。心理学试验已经证明（Carroll, 1999: 49-50），长时记忆中的信息是以两种方式保存的：一种称作语义记忆（semantic memory），储存的是常规关系信息，另一种称作情节记忆（episodic memory），它来自个人的经历（personal experience），与某些具体的时间和地点相关联。常规关系是语义记忆的内容，与情节记忆无关。那么，情节记忆是如何被激活，又能否出现在间接回指语句中呢？

Emmott（1999: 5-27）和 Epstein（1999: 53-74）通过对实际的话语篇章进行分析，发现非常规关系信息的确可以用在间接回指语句中。例如：

(7)　　'I know what loneliness is, Ida' *the somber man* said. 'I've been alone a month now.'
She took no notice of *him*: she [trigger] was back at Brighton on Whit Monday [triggers] thinking how while she waited there, he [Fred] [trigger] must have been dying, walking along the front to Hove, dying, and the cheap drama and pathos of the thought weakened her heart towards him. ①

（选自 Emmott, 1999:14）

---

① 为了与原文完全保持一致，该例中的各种符号标记均未作变动。

如果以常规关系为基础进行回指释义，第二段中出现的代词 he 应该回指上文中出现的 the somber man，此为直接回指。然而事实并未如此。第二段第二次出现的代词 she 以及 back at Brighton on Whit Monday 作为触发语激活了一个特定的时间、地点和人物，Emmott 称之为"语境框架"（contextual frame）。在这一语境框架激活的基础上，随着待释成分 he 的出现，立刻就可以激活其所指称的人物，即该语境框架中的 Fred。所以，从认知的视角看，在对待释成分 he 的释义中，以常规关系为基础的语义记忆并未发挥主导作用，倒是情节记忆被适时激活，成为了释义的关键。如果我们抛开常规关系和非常规关系（或语义记忆和情节记忆）中各具特质的东西不谈，转而寻求它们在间接回指释义中发挥作用的共同因素的话，那么这种因素显然还是关联度。

　　间接回指中非常规关系的发现使我们对间接回指的认识更趋全面，也使得对间接回指的解释更符合记忆的激活理论。然而，Emmott 等人对间接回指中非常规关系的界定存在一个不容忽视的问题。根据他们的解释，对待释成分进行释义的先行激活的框架应该存在于语境之中，是在前文中提到过的，为交际双方所共知，被称为"篇章中特有的内容"（text-specific knowledge），而根据我们曾经收集到的语料发现，篇章中特有的共享内容并非总是必要的，有时虽然进行间接回指释义的基本信息仅为言者（addresser）所知，如果受话者（addressee）可以依据篇章线索推断其存在的话，回指释义仍可以实现。例如：

（8）　　He heard from off the dark river the drone of an

outboard motor, a sound that drew slowly behind it across the dark water such a burden of <u>clear, sweet memories of gone summers and gone pleasures</u> that it made his flesh crawl, and he thought of dark in <u>the mountains</u> and <u>the children</u> singing.

(*The Five-Forty-Eight*)

尽管 clear, sweet memories of gone summers and gone pleasures （逝去的夏天和逝去的快乐中清晰而甜蜜的记忆）的内容在前文中从未提及，这仅是一些存在于言者头脑中的经历，然而，受话者仍可推断待释成分 the mountains（群山）和 the children（孩子们）所代表的已知信息一定能在先行激活的情景中得到释义。在例（8）中，memories（记忆）是个至关重要的触发词，它既可以激活前述篇章中出现过的情景（即 Emmott 所说的 contextual frame），也可以激活一个仅为言者所知而受话者可以推断其中一定存有某些内容的情景或事件。从功能上讲，memories 类似于 Fauconnier（1985:16）所讲的"心理空间构造词"（space-builders）。在这种特殊的非常规关系构成的情境中，对于受话者来说，这一情景或事件究竟是什么并不重要，重要的是待释成分 the mountains 和 the children 触发的已知信息可以从中得到释义。我们可以把回指项与先行项之间存在的这类关联称为"主观性关联"（王军，2004b: 242）。这是非常规关联的一种特殊表现形式，其之所以能够建立，关键在于先行项触发语（主要是 memories）和待释成分（the mountains, the children）之间存在着一种天然的关联性，这种关联性即意味着所需关联度的存在,这就保证了回指项和先行项虽然看似没有任何常规关联但仍可联结在一起。

人们在进行概念连通时的目的各不相同,常规关系引导下的概念连通省时省力,便于交际双方把注意力放到其他更值得关注的方面,而非常规关系引导下的概念连通通常需要受话人付出更多的认知努力,这就直接导致受话人能够对这种概念连通关系进行更多更深入的思考,而这恰恰可能是文学语言所要追求的一种表达效果。

3.2.3 篇章距离

所谓篇章距离,是指在以线性方式展开的篇章中两个语言项目(回指语与先行语)之间其他语言项目的多寡:中间间隔的语言项目多,则篇章距离长;语言项目少,则篇章距离短;其间无语言项目,则篇章距离为零。(王军,2006:26-29)

人们之所以在回指研究中把篇章距离作为一个独立的因素分离出来,一般是基于这样一种考虑,即人的工作记忆的容量是有限的[①]。作为以线性方式展开的篇章话语,随着新信息的不断出现,旧信息会不断被遗忘,越是先加工的信息,越容易被压到记忆的底层,遗忘的几率也就越大。当回指语与先行语处在同一句内或两者被多个句子(或小句)分隔开的时候,似乎自然是在前一种情况下先行项的可及性更高。篇章距离因素的作用究竟有多

[①] 工作记忆的容量据认为只有7±2个单位,Miller(1956)用"块"的概念来表示单位,一个块是指一条有联系的信息。在语言理解中,言语信息可在工作记忆中保存约几秒钟,如果不进行复述,就会在30秒钟内丧失。(桂诗春,2000:106)

大，我们不可一概而论，毕竟这只是影响回指关系的众多因素中的一个，并且会随研究视角以及研究对象的不同相应地发生很大的变化，但篇章距离能够对间接回指的先行项与回指项之间的语义关系产生影响这是毋庸置疑的。

说到篇章距离，必然首先涉及计算篇章距离的单位。

英语以字母或单词为计算单位，汉语用字来做计算单位，都有明显的缺陷，因为其中无意义干扰的成分较多，在以往的回指研究中似乎并未有人把其用作计算单位。

Givón（1983: 13; 1992: 16）认为，对回指释义或者说对指称对象可及性产生影响的一个很重要的因素是回指语与先行语之间小句（clause）的数目。为了对回指释义进行量化处理，Givón对各小句分别赋值1~20。1表示回指语与先行语所在的小句之间只有一个小句，2表示中间有两个，以此类推。考虑到间隔的小句数目如果超过某一限度对回指释义所起的影响就可能没有明显的差别这一情况，他把间隔20个小句设为最大值，即便间隔小句数目超过20，所获得的赋值也仍然是20。

Fox（1987）和Mann等（1992）认为，篇章距离应该与篇章的等级结构紧密相关，这种等级结构是类似于小句的语篇单位，各个单位靠所谓的修辞关系相互连接，如序列关系、原因关系、目的关系、条件关系、让步关系等。例如：

0101 This is a story of a wish come true.
0102 Margaret Barnstable wished on a star one night —
0103 *"North Star, star of the sea, I wish for a ship named after me*

0104　*To sail for a day, alone and free, with someone nice for company."*

0105　And then she went off to bed.

0201　When she woke up,

0202　she was in the cabin of her own ship.

0203　It was named The Maggie B. after her,

0204　and the nice company was her brother, James,

0205　who was a dear baby.

（选自 Kibrik, 1999: 50，有删减）

上例是两个自然段落（分别用前两位的 01 和 02 表示）中的篇章单位，每一段各包含五个单位，虽然仍然是按线性篇章顺序排列的，但由于划分的标准不是单纯以语法结构为依据，而是加入了关系因素，这就使得邻近篇章单位之间的相互依赖性更强，相对较远的关系则联系微弱，甚至可以忽略不计。传统的线性顺序关系是以视各语言单位同等重要为其根本划分基础的，所以此处被称为修辞距离（或等级距离）的断句方法具有更多合理的成分，被认为是各种篇章距离参数中最具价值的一种。（Kibrik, 1999: 41）

此外，段落在篇章距离中的作用也曾经比较受重视（如 Tomlin, 1987），但这一标准有两个致命的缺陷，令其在单独使用时所发挥的作用大打折扣。其一，对段落的划分往往不如对句子（或小句）的划分那么明确。我们知道新闻报道中的段落大都比较简短，一句一段的现象比比皆是，而在非新闻类的说明文体中，较长的段落往往占主流。这也就是说，至少文体因素对段落的划分具有很大的影响。其次，回指语与其先行语即便分处两个不同的段落，也并不一定意味着两者的篇章距离就一定远，例如先行语处在上一段的末尾而回指语处在下一段开头的情况。（许余龙，2000：324）因此，有鉴于段落这一参数的局限性，对它的使用往往要与其他的距离参数结合在一起进行综合考虑。（如 Ariel，1990；许余龙，2000）

在我们前面所进行的实证研究中，我们采用的是一种混合参数[1]，即把几种不同的参数综合在一起，最近的距离为同句内，较远的距离依次为前一句、同段内和跨段。采用相同方法测量回指篇章距离的学者还有 Ariel（1994）、许余龙（2000，2001）等。

在我们所收集的语料中，回指语几乎均为普通名词的有定形式。根据 Ariel（1990），有定名词短语属于低可及性的标示语，通常用于指称处于较长篇章距离内的对象。然而，这只是针对直接回指而言，并不完全适用于间接回指。间接回指的真正先行项是隐含的，这种隐含的特性大大降低了该先行项在篇章话语中的可及性，这就要求回指语需要使用一个信息含量比较丰富的词语，即有定名词短语。因此，直接回指在较早时间内的提及所导致的低可及性与间接回指的隐含特点所导致的低可及性在性质上是相同的。之所以这么说，根本上是因为可及性是一个心理学的问题，它指的是"在大脑记忆系统中提取一个语言或记忆单位的

---

[1] 同样是称作混合参数，但有的学者在同时使用几个参数时，会对每一个参数单独进行赋值，然后进行综合平衡。例如，Kibrik（1999）分别使用了修辞距离、线性距离和段落距离三个参数，并对这三个参数分别进行赋值（对先行项的可及性影响大的给予较高的正值，如 +0.7，对先行项可及性起反作用影响的给予较低的负值，如 -0.5），最后把统计结果相加，从而得出篇章距离对先行项可及性的实际影响值。

便捷程度"（许余龙，2000: 321）。信息提取的困难是因为信息在大脑系统中的模糊造成的，而这种信息的模糊在直接回指中反映为较远的篇章距离，而在间接回指中反映为先行项的隐含性，而从分布特征这一个指标来同时审视英汉语篇自然就会看到较大的差别来。

在直接回指中，较近篇章距离（同句内及前一句）通常是代词或零代词的专属区，然而在间接回指中（根据第二章表10的数据），特别是对于汉语来说，绝大多数有定名词短语（84.2%）都处在同句内这一篇章距离内；在英语中，这一比例也有35.2%。这充分说明，在间接回指中，先行项的隐含特性是导致先行项可及性水平较低的根本原因。

英汉语间接回指的篇章距离特点并不一致。英语在同句内、前一句、同段内和跨段中的分布比较散乱，以跨段和同句内所占的比例相对较高，然后为前一句和同段内；而汉语则高度集中在同句内。这当然在很大程度上是由英汉语的不同语言特点所造成的，但同时也反映出篇章距离因素对英汉语间接回指的使用具有不同的影响，或者更准确地说，对汉语的影响要更为突出一些。

3.3 影响因素

所谓影响因素，是指除了前面提到的间接回指的成分因素和关联因素之外的其他影响间接回指关系的因素。这些影响因素主要来自语言语境（linguistic context），是一种语义因素，其作用既可以直接作用于先行项，也可以直接作用于回指项，但结果都会直接影响到间接回指的先行项和回指项之间的语义关系。

虽然任何间接回指关系都必须置身于一定的语言语境之中，但并非任何语言语境都会影响或改变先行项和回指项之间的关联度。例如：

（9） When I go into a bank I get rattled. The clerks rattle me; the wickets rattle me; the sight of the money rattles me; everything rattles me.

（*My Financial Career*）

（10） We arrived in a village. The church was closed.

（Mieville, 1999: 328）

众所周知，凡是"银行"（bank）都有"职员"（clerks），都有"服务窗口"（wickets），更不用说有"钱"（money）了，因此，例（9）中的先行项 bank 与其三个回指项 clerks、wickets 及 money 之间存在一种非常密切的常规关系。正是由于这种常规关系的存在，尽管其他语言语境信息基本上影响不到先行项与回指项之间的关联度，但回指释义依然能够很容易地完成。例（10）是一个非常经典的间接回指实例，使用这个句子的研究者通常都认为读者在理解时不会产生任何理解上的障碍。这也就是说，该例中先行项和回指项以外的语言语境信息对先行项和回指项之间的关联度产生不了什么影响。然而事实并非如此，来自不同文化背景的人对此话语片段的可接受性可能会有不同的判断。对于大多数西方国家的人来说，"村庄"（village）里有"教堂"（church）是再普通不过的事情了，所以对他们来说 village 和

church 之间的常规关联度很高，他们对此话语片段的理解不会有任何问题。但对大多数中国人来说，village 与 church 之间的关联度却非常低，再加上该例中的其他语言语境信息并未对先行项和回指项之间关联度的提高产生多少影响，因此这两句话理解起来就会有些令人费解。可以假设一下，即便只是简单地提醒读者说，例（10）这两句话的背景是某个西方国家，这一简单的提示也能在很大程度上促使读者去进行合理的推断，把此教堂看作是村庄的一部分，尽管读者可能以前根本就不知道西方国家的村庄里是否会有教堂。因此，上述两例，特别是例（10），非常清楚地表明，对于受话人来说，先行项与回指项之间如果存在紧密的常规关联，回指释义可以在很大程度上不依赖于其他语言语境的支持；反之，必要的语言语境的缺失就会造成理解上的障碍。

　　间接回指的先行项与回指项之间的语义关联有时会受到语言语境很大的影响，这种影响可能会直接作用于先行项，也可能会直接作用于回指项。

（11）　Wash and core six cooking apples. Put them in a fireproof dish.

（Halliday & Hasan, 1976: 2）

这是一句颇受争议的例句。Halliday & Hasan 认为在上例中 them 与 six cooking apples 系直接回指关系，而 Brown & Yule（1983: 201）则认为两者的关系并不对等，原因是 six cooking apples 是刚从市场买来的新鲜水果，而 them 指的是已被洗过并被挖去果心

的水果。为进一步证明自己的观点,他们又举了下例:

(12)　　Kill an active, plump chicken. Prepare it for the oven, cut it into four pieces and roast it with thyme for 1 hour.

(Brown & Yule, 1983: 202)

Brown & Yule 认为,后面三个 it 与 chicken 并不能画等号,尤其是最后一个 it,它所指代的事物已与最初的 chicken 大相径庭。针对这一观点,朱永生等(2001: 54)提出了不同看法,他们一方面赞同 it 与 chicken 指代不同的说法,但又认为用例(12)来证明例(11)有些"牵强附会",而且他们还认为,由于鸡块"与鸡仍然有着紧密的联系……在语言交际过程中,受话者根本不会想到其他地方去"。这种解释显然并无助于解决上述分歧。

我们先从 Halliday & Hasan 的判断入手,考察以上两例中回指项与其先行项之间的关系。为什么例(11)会被认为是直接回指呢?我们认为,这个问题的答案涉及常规关系和语言语境的修正作用这两个至关重要的因素。

我们知道,代词的指称作用主要有三种:篇章内直接回指、篇章内间接回指和语外指称。语外指称主要用于口语体,往往需要交际双方的共同参与,而例(11)和例(12)是叙述者的单方面描述,不可能进行语外指称,所以这种情况可以排除在外。由于代词语义内容空泛,所以也较少用来进行间接回指。(王军,2003b: 4)代词在语篇中最主要的用途就是进行直接回指,这可以称作是代词的无标记指称功能,而代词与其先行成分构成的直接回指关系是一种常规性关系①。Halliday & Hasan 大概正是受到这种常规关系思维的影响，做出了例（11）中 them 系直接回指的判断。但令人遗憾的是，他们在做出上述判断时忽略了语言语境可能对常规关系所带来的影响。在例（11）中，由于 wash and core 的影响，six cooking apples 的性状发生了变化，当下一个动作 put them in a fireproof dish（把它们放在一个耐高温的盘子里）出现时，them 不可能再维持原状，这也就是说 them 的真正所指与前述话语中出现的 six cooking apples 的所指出现了偏差。客观地说，该例既不是严格意义上的直接回指，也不是严格意义上的间接回指（但认为 them 的真正所指在前述话语中根本未出现过的说法也很值得商榷）。如果说更倾向于像哪一种回指的话，我们认为该例更像直接回指，只是因为语言语境的修正作用，使得先行项的概念特征发生了某些变化。例（12）也是如此，由于 kill 这一语言语境的作用，chicken 的概念状态发生了变化（鸡由活变死），随着在后续动作中 cut it into four pieces 的出现，chicken 的概念状态又一次发生了变化（由完整到不完整），这就导致了在后续话语（也是后续动作）中再一次提及 it 时，it 只能指经过语言语境修正后的状态。此外，从语用角度看，无论是英语还是汉语，我们都可以用 chicken 直接指代 chicken meat（如：I don't like eating chicken.），或用"鸡"直接指代

---

① 代词用于直接回指时与先行项之间构成的常规关系有别于普通的间接回指中的常规关系，前者是人们对代词用于指称用法的常规性认识，即代词一出现，就通常意味着与前述话语中的某个成分构成同指关系，而后者中所讲的常规关系，一般是指回指项和先行项之间构成的人们普遍认同的某种概念关联性，如汽车-轮胎、餐厅-服务员、房间-窗户，等等。

109

"鸡肉"(如:你鸡吃完了吗?),这种由 chicken 到 chicken meat 或"鸡"到"鸡肉"的自然转化模糊了两个概念之间的界限,使得使用同一个代词进行指称成为可能。例(11)也属于相同的情况。

例(11)和例(12)中语言语境的修正作用是通过对先行项施加影响,从而导致回指项和先行项之间的常规关系发生了某些变化,尽管这些变化并未使释义的方向发生转变。例(13)中语言语境的作用则不是通过对先行项,而是通过对回指项施加影响,从而带来回指项与其先行项之间常规关系的变化:

(13) She didn't want to talk about the operation but she couldn't think about anything either. Maybe it would turn out to be benign; on the other hand, maybe they would open her up and find that she was permeated, riddled, rotting away from the inside.

(转引自 Emmott, 1999: 9)

人们对回指代词 it 和 they 的常规功能定位是它们一般都用于进行直接回指,然而语言语境 turn out to be benign(结果是良性的)对 it 进行了限定,使其在前述话语中寻找同指先行项的预期发生了逆转,即由寻找直接回指的先行项变为寻找间接回指的先行项。同样,语言语境 open her up(为她开刀)也对 they 产生了相同的影响。可以想象,如果缺少了 turn out to be benign 和 open her up 这类语言语境对回指项在概念语义上所做的限定,我们也就无从知道 it 最终应该是指"肿瘤",而 they 应该是指

"医生"。与 village 与 church 之间的常规关联截然不同，例（13）中的先行项 operation 与 it 或 they 之间无法直接建立起明确的语义关联来，因为在脱离语言语境的情况下来看这两对回指关系，代词的指称是不确定的，因此，必须要借助于语言语境信息才能对代词的语义进行限定，从而明确代词与其先行项之间的语义关联，而这种明晰化了的语义关联也同时具有了常规关系的特性，即"手术－肿瘤"和"手术－医生"。

影响性因素所起作用的大小，或者说对间接回指关系另外施加影响的语言表达内容的多少在很大程度上要取决于先行项和回指项之间语义关联的密切程度如何，而这其中尤以先行项概念的性质最为关键。相对于回指项，若先行项的激活能够适时激活回指项成分，则回指项与先行项之间的语义关联非常密切，在这种情况下，回指释义往往比较迅速、准确，释义过程对语境的依赖也会最小。相反，先行项与回指项之间比较松散的语义关联会增加回指释义的难度，而为了保证回指释义的顺利完成，充分的语境支持就变得不可或缺。Givón 对上述问题做了一个很好的总结，他把与回指项关联密切的先行项概念称作"核心概念"（central concepts），而把与回指项关联松散的先行项概念称作"边缘概念"（peripheral concepts），认为，"……无论语篇特点如何，核心概念均可充当先行项。与此形成对照的是，边缘概念需要依赖篇章内容来取得充当先行项的资格……"（Givón, 1992: 33）

3.4 小结

我们对间接回指关系中诸要素的分析均是从回指释义的角度

来进行的，或者说是从受话人的视角来进行的。之所以如此，一方面是为了要与我们前期的语料分析视角一致，另一方面，无论是取发话人视角，还是取受话人视角，其中所涉及的主要成分要素基本都是相同的。事实上，采用受话人视角，还可以保证我们用相对静态的方式来考察间接回指中的各种成分因素与关系，这样会更有利于对间接回指进行客观深入的分析和研究。

成分因素、关联因素和影响因素的划分，可以使我们从三个显著不同的层次来仔细观察它们各自所起的作用。事实上，正如前述分析所显示的那样，成分因素是回指关系建立的基础，关联因素是回指关系建立的根本，而影响因素是一种调节性的因素，对回指关系施加或强或弱的影响。所有这些因素的分析都是为了最终服务于回指释义（仅从受话人的视角看），即为间接回指的回指项找到其真正的先行项。这似乎是一个无可争议的目的。然而，语篇的衔接有时不单单是为了明确无误地连通和传递概念，事实上，当为了明确无误地传递概念而使用某种衔接手段时，这种衔接手段仅仅是一种服务于语篇其他目的的手段，而当回指语与先行语的衔接无法一对一对应时，此时产生的亦此亦彼的衔接本身也能够成为语篇表达效果的一部分。例如：

(14)　　There is no frigate like a book
　　　　To take us lands away,
　　　　Nor any coursers like a page
　　　　Of prancing poetry.
　　　　This traverse may the poorest take
　　　　Without oppress of toll;

第三章 间接回指关系中诸要素的分析

How frugal is the chariot
That bears a human soul!

（没有一条船能像一本书，
使我们远离家园，
也没有任何骏马，
抵得上欢腾的诗篇。
这旅行最穷的人也能享受，
没有沉重的开支负担；
运载人类灵魂的马车，
取费是何等低廉。）

这是美国 19 世纪最著名的女诗人 Emily Dickinson 的经典诗句，尽管本篇的主题是歌颂具有无与伦比价值的"书籍"，但因为作者是借题发挥，假借生动具体的"船"、"骏马"以及"马车"的形象，更加富有感染力地凸显了"书籍"的价值。在这里，us（我们）与 frigate（船）和 book（书）这两个先行语之间均构成间接回指关系。在 us—frigate 关系中，us 是指"船员"，而在 us—book 关系中，us 是指"读者"。更准确地说，是 us 借虚指 frigate 中的"船员"来映射并实指 book 的"读者"。间接回指关系本身就具有一定的指称模糊性，而 us 一语双关的用法以及隐喻与非隐喻表达的先行项，更使得这种指称关系具有了进一步的朦胧感。正是这种亦此亦彼的间接指称关系，才实现了化抽象为具体，变平乏为生动的转变。同样的关系也存在于 This traverse（这旅行）或 the chariot（马车）与 coursers（骏马）和 page（书页）之间。这种具有两个先行语的间接回指关系在诗歌中非常常见，因为诗性的语言往往委婉曲折、亦明亦暗，直截了当的表述难以带来耐人寻味的美的感受，朦胧且合理的描写却能激发读者无尽的遐想。有鉴于这是一种相对特殊的间接回指表达形式，我们在对其进行构成要素分析的时候，一定要特别关注这种形式的修辞效力，对其中使用的修辞手法（明喻、隐喻或其他）进行详尽的分析，同时还要特别注意这种情况下回指语的"分指"功能。

上述例子说明，对间接回指关系中诸要素的分析一定要结合实际的篇章语境，不同的语篇体裁或不同的回指构成都可能对各个回指要素在回指释义中的权重产生影响，甚至在某些特殊的间接回指结构中，某些要素还会出现增多或减少的情况。

对间接回指诸要素的分析除了可以采用本章所述的三分法外，也可以根据研究目的做二元划分。二元划分既可以是形式与功能的区分，也可以是显性与隐性的区分。这里我们只简单地说明一下后者，因为这与我们随后的研究有更直接的关系。

所谓显性研究，是指对语言进行的形式与功能方面的研究。语言外在的形式结构是显性的，这一点无可置疑。我们之所以把功能也视作是显性的，是因为语言功能是语言形式在实际的话语活动中所体现出来的使用价值，这往往是可以直接感知得到的。而隐性研究是指大脑的活动，涉及信息的存储与提取、认知方式、认知过程等，其中绝大部分的认知内容、方式或过程甚至连认知主体都无法意识得到。Halliday & Hasan（1976）对英语衔接关系的研究属于我们所说的显性研究，我们前面所进行的基于英汉语篇的间接回指的对比研究也基本上属于显性研究，这种研究的价值是显而易见的。但是,我们必须清楚,隐性的认知机制研究也同样甚至更加地重要。事实上,只有深入探讨显性现象背后的认知发生机制,我们才能真正对显性的现象做出全面合理的阐释。语言学科研究的发展说明了这一点,对回指问题的研究历史则令人更加印象深刻。有鉴于此,我们将在后面的章节中对回指,尤其是间接回指问题从认知的视角进行进一步的探讨。

第四章

间接回指的释义机制

　　尽管回指问题既可取发话人视角进行回指产出的研究，也可取受话人视角进行回指释义的研究（Chen, 1986: 8），但综观以往林林总总的国内外研究文献，回指释义始终是最受青睐的一个研究方向。

　　回指释义在语言学领域的重要性是显而易见的。无论是形式学派脱离语境以句法为中心的研究，语用学家强调篇章语境效果的探讨，还是当代认知语言学家对语言处理心智过程的探索，无不需要给回指释义留出足够的阐释空间。诸多较新推出的语言学理论，或者语言学科的最新发展，只要可能，都会很快被拿来检验以往的回指释义理论，或成为回指释义的新的理论框架。

　　当今对回指释义研究的发展推动最大的非计算机科学的迫切要求莫属。

　　对于人类的大脑而言，绝大多数的回指释义都可以瞬间自动完成，完全不需要或者只需付出极少的推理操作的努力，但对计算机而言，这却是一项极具挑战性的任务。在语言学对回指释义的研究中，只要人们能设计出一套推理规则，并按照这些规则一步步进行推理操作，最终找到回指语真正的先行语，回指释义的任务就算成功完成了。在这一过程中，推理规则的设计允许涉及句法、语义、语用甚至认知等各方面的因素，然而这其中某些因素（特别是语用、认知因素）的存在却为计算机的程序化操作处理带来了几乎无法逾越的障碍。此外，以往大量的回指释义研究往往需要研究者针对特定的任务使用人工手段输入相关材料，这不但费时费力，而且解决问题的范围也受到极大的限制。(Mitkov, 2001) 如此就形成了一种奇特的现象：同样是研究语篇中的回指释义，语言学领域和计算机科学领域似乎在各走各的路。语言学领域的研究可以充分利用人脑的认知力，而这却是计算机运算中最大的软肋。计算机拥有人的大脑所不具有的对海量信息的高速处理能力，而人脑却可以对各种杂乱、模糊的信息进行反复推理操作。计算机和人脑既各具优势，又在很多方面截然不同。因此我们可以看到，目前计算机界相对比较成功的回指释义自动处理模型大都是基于某一庞大的数据库建立起来的，如WordNet[①]、英国国家语料库（the British National Corpus）或在线互联网信息（Poesio, Vieira & Teufel, 1997; Bunescu, 2003），因为只有这样，才能充分发挥计算机的优势。

全自动化的回指释义必须首先进行语料的先期处理，因为先期处理效率的高低直接决定了回指释义的成功率。到目前为

[①] WordNet 于 1985 年在心理学教授 George A. Miller 的领导下在普林斯顿大学的认知科学实验室创建，主要由对机器翻译感兴趣的政府机构资助。WordNet 是一个只针对英语的语义词库，它把英语单词按同义词分门别类，称作"同义组块"（synsets），提供一般性的、简短的定义，同时还记录下这些"同义组块"之间各种各样的语义关系。创建 WordNet 的初衷有两个：一是该词库把一般性词典和同义词词典（thesaurus）结合在一起，使用起来更贴近直觉，二是为自动文本分析（automatic text analysis）以及人工智能（artificial intelligence）领域服务。

止，在语料处理过程中仍然存在的几个棘手问题包括：形态分析（morphological analysis，也称词类标注 part of speech tagging，简称 POS）、具名实体辨认（named entity recognition）、未知词汇辨认（unknown word recognition）、名词短语的提取（NP extraction）、分解（parsing）、冗余代词识别（identification of pleonastic pronoun）以及选择限制（selectional constraints），等等。（Mitkov, 2001: 111）尽管计算机领域的专家们一直在不遗余力地进行相关研究，而且在各个领域也不断地取得新的进展，但离较理想的先期语料处理目标仍相去甚远，因此，回指释义作为计算机语言处理方面的一个很难突破的瓶颈问题还会长期存在。

虽然语言学对回指释义的研究更强调理论的建构及理论的阐释力，而计算机更加侧重于具体的应用，但谁都无法否认理论对实践的指导价值。尽管目前语言学领域的回指研究离实际应用往往都会有一定的距离，但我们不应就此放弃这方面的探讨，相信随着语言学及计算机科学的不断发展，人们会找到更多的途径把两者紧密地结合在一起。

以下所述的间接回指的释义机制概括来说包含两种情况，一是在某一特定的理论驱动下的回指释义，如可及性理论、情景理论、关联理论等；二是严格来讲并不存在某一理论的驱动，而是有某一因素在回指释义过程中起主导作用，如果抓住了这一因素，就能比较合理地阐释回指释义的过程。这些因素可从不同的角度去分成多个种类，但我们仅关注最为关键的一个类别：整体-部分关系因素，因为我们认为，整体-部分关系是统领所有间接回指关系的核心问题。

4.1 理论驱动下的间接回指释义

4.1.1 可及性理论

Ariel（1990,1994）在前人研究基础上提出的可及性理论（Accessibility Theory）对直接回指的研究起到了极大的推动作用。

所谓"可及"（accessibility），是指在篇章话语中，相对于某一个回指项，其先行项在人的大脑中被提取出来的容易程度。通俗地说，就是在我们刚刚读过的语篇中，并非所有的信息都能同样容易地被适时回忆起来，容易回忆起的信息和不容易回忆起的信息，当再一次被提及时，应该使用不同的提及形式。反过来说，当使用不同的提及形式时，就表明其所指的对象能被回忆起的难易程度。用 Ariel 的话说，指称可及程度比较高的先行项是需要使用高可及性的标示语（high accessibility marker），如代词或零代词；指称可及程度比较低的先行项时需要使用低可及性的标示语（low accessibility marker），如有定描述语（definite description）；而指称可及程度适中的先行项时要相应地使用中可及性的标示语（intermediate accessibility marker），如指示词语。

根据 Ariel（1990: 28-29），对先行项的可及性能够产生影响的因素主要有四个，即间隔距离（distance）、竞争度（competition）、显著性（salience）和一致性（unity）。间隔距离是指先行语与回指语之间在篇章中的线性距离，距离短往往意味着先行项可及性较高，回指语为高可及性的标示语；相反，间隔距离长则先行项的可及性往往较低，需要使用信息含量丰富的低可及性标示语。竞争度表现为可能成为某个回指语的先行语的数量，因为通常情况下先行语都是唯一的，但有时还会有其他的表达成分或多或少具有成为先行语的可能，这样就对真正先行语的确定带来了干扰，增加了释义的困难。显著性是指作为先行语的指称词语在句子或语篇中的显著性，这种显著性往往反映在篇章或句法结构的布局上，如处在主题或主语位置上的先行语通常要比处在其他位置上的成分更为显著。许余龙（2004）充分挖掘和利用了直接回指关系中的显著性因素，提出了基于篇章实体主题性的回指释义新机制，在特定体裁的篇章中获得了比较理想的回指释义成功率。最后，一致性是指"先行语是否与回指语同处于一个相同的认知心理框架／世界／观点／语篇片断或段落中"（许余龙，2004: 89），这是基于人们的一种惯常的思维，即同一辖域（domain）内的概念成分的相关性要比不同辖域内概念成分的相关性来得更高。

虽然可及性理论在直接回指释义中的阐释力有时会遭到质疑（如 Reboul, 1997；高卫东，2008: 24-45），但不可否认，可及性理论的可及性等级阶、回指语的编码三原则（即信息度（informativity）、严格度（rigidity）和削弱度（attenuation））以及刚刚提到的影响先行项可及性的四因素等，对直接回指的释义还是具有相当的阐释力的。

然而，间接回指毕竟在某些方面不同于直接回指，对于可及性理论是否适用于间接回指，我们可以通过对影响间接回指先行项的四因素分别进行分析来说明。

第一，间隔距离。根据可及性理论对直接回指的分析，有定描述语（如 the + NP）属于低可及性标示语，它与其先行语之间的篇章间隔距离通常比较远，这一点早已在英语语料中得到证实。根据 Ariel（1990: 18）（另参见许余龙，2004: 91），有定描述语以及专有名词这类低可及性的标示语在英语较长篇章距离的两个指标中分别占 45.8%（同段内）和 37.3%（跨段），合计占到全部的 83.1%，显著度非常高。汉语语料有所不同。根据许余龙（2004: 93）对汉语民间故事和报刊语料所做的统计，有定描述语和专有名词在同段内和跨段两个较长篇章距离中的分布分别为 10.9% 和 42.2%，合计为 53.1%，远低于英语同类情况的分布比例。然而，这并不意味着可及性理论的阐释力不适合汉语，因为造成这种统计结果的一个非常重要的原因是汉语语言结构的特殊性。更准确地说，是由于汉语标点符号对句子的切分方式与英语不同造成的。在英语明确需要用句号断句的地方，汉语可能会选择使用逗号，这就使得整体上看汉语的句子要比英语的句子包含的词语要多。尽管人们早已意识到使用句子作为对比研究的单位的局限性，然而却一直没能找到一个更加简便可行的计量单位。（许余龙，2004: 93）

间接回指中的回指语绝大多数都是使用有定名词短语的形式，在极少数情况下会使用代词，而使用其他有定形式的情形则极为罕见，这种情况已在我们的语料中清楚地反映出来，而且英汉语的情况也大致相同。

我们先期的语料显示（见第二章的表 10），英语间接回指的实例在最短的同句内的分布比例是 35.2%，在最长的跨段距离内的比例是 45.1%，而在前一句和同段内的比例分别为 15.3% 和 4.2%，四种篇章距离情况大致呈 U 字形布局。这与英语语篇中直接回指的分布状况完全不同，这也就是说，在间接回指中，以有定名词短语为主的回指语既可指称长距离篇章内的实体，也可指称较近篇章距离内的实体,这似乎与 Ariel 对有定名词短语的判断并不吻合。汉语的情况更加特殊。汉语间接回指在同段内和跨段这两个较长篇章距离中所占的比例仅为 6.9%,甚至远低于直接回指在这两种篇章距离中的比例 53.1%。这说明,在间接回指中,英汉语篇都习惯于在较短的篇章距离内使用有定名词短语,这对汉语来说尤其如此。关于这一点,王军(2004a:100)已经在基于英语叙事篇章所做的间接回指研究中予以证实。他根据实际的篇章语料所反映的状况,归纳出了英语叙事篇章中最为典型的间接回指形式,其中最典型的篇章距离就是同句内(same sentence),如例(1):

(1) He went into a restaurant and found the waiter was from Bangkok.

毫无疑问,最典型的汉语间接回指形式肯定也是先行语与回指语处在同一句内的情形。

然而,可及性理论在间接回指中并未失去效力。Ariel 以及其他学者在回指研究中使用篇章距离这一参数的根本目的,并非是证明只有篇章距离远,先行项的可及性程度才会降低,因而就需要使用一个低可及性的标示语。事实上,篇章距离只是一种形式,表示已读取的信息在大脑中停留时间的长短。篇章距离长,前述信息在大脑中停留的时间也长,被遗忘的可能性就越高,或者说可及性就越低,这时就往往需要使用一个低可及性的标示语。因此,距离并不是关键,关键是可及程度。在间接回指关系中,回指项的所指对象(即真正先行项)并未在前述话语中以直接对应的先行语的形式表现出来，而是通过另外一个语言形式（即先行语）的激活扩散效应得以间接激活。由于在先行语的激活扩散效应中被激活的对象涵盖的范围很广，回指项的所指对象只是其中之一，因此，为了把这一所指对象在许许多多的实体中明确无误地标示出来，回指语必须使用信息含量丰富的有定名词短语形式。总而言之，直接回指是利用较长篇章距离来标示先行项较低的可及性（当然，篇章距离并非唯一导致可及性变化的原因），而间接回指是由于先行项的非直接唤起特点迫使回指语必须使用低可及的形式进行编码。直接回指和间接回指采用不同的形式手段来使先行项的可及程度降低，从而配以使用低可及性的标示语。因此，用可及性理论来阐释间接回指依然是完全可行的。

  代词是高可及性的标示语，它也可以出现在间接回指关系中充当回指语，这是否与上述的阐释相悖了呢？其实并非如此。

  尽管代词可以承担间接回指的回指语，但我们必须看清楚两个事实。其一，代词充当间接回指语的情况在英汉语中都非常少见，这实际上在某种程度上支持了高可及性标示语通常不适合充当间接回指语的观点；其二，凡是使用代词充当间接回指语的实例，要么情况比较特殊（如第二章中的例（24），常识告诉我们，一场普通的婚姻中除了"他"就是"她"，"夫""妻"角色并不一定非得明说），要么回指语的语义性质得到了强化（参见 3.3 中对影响性因素的讨论）。而作为回指语的代词的语义一旦得到加强，代词在形式上仍为代词，但作为回指项，在语言语境的强化作用下，其信息量已变得足够丰富，能够胜任如同有定名词短语指称低可及性先行项一样的任务。

第二，竞争度。回指释义最为棘手的问题之一，就是在存在多个可能先行项（possible antecedents 或 candidate antecedents）的情况下，如何挑选出真正的先行项。

直接回指面临的这个问题与间接回指相比有很大的不同。试比较：

（2） John likes Mary and he gives her a valentine.
（3） John does not like swimming with Tom. He is very independent.
（4） ?Nigel bought a fridge and put it in the caravan. Three weeks later the door fell off.

直接回指的回指语和先行语指称的是相同类别的实体，从回指释义的角度看，回指语的属性限定了先行语的范围。he 是用来指称某一男性的，凡不符合"某一"和"男性"两属性中的任何一个条件的可能先行语都会被排除在外。her 也是如此，它只能用来指称某一女性。因此，尽管在例（2）中有两个表示人的先行语 John 和 Mary，在对回指语 he 和 her 进行释义时并不会产生任何问题。同为直接回指，例（3）与例（2）不同的是，在先行小句中有两个表示某一男性的词 John 和 Tom，这就为回指语 He 的释义带来了困难，因为从句法成分突显的角度看，John 由于处在主语的位置，而 Tom 处在宾语的位置，John 的显著性更高，故应该成为 He 的所指对象。然而从线性距离的角度看，由于越是离回指语近的先行语显著性相对越高，因而 Tom 应该成为 He 的所指对象。这样一来，不同视角下的考虑带来对两个可能先行语不一样的突显判断，使得回指语 He 的释义变得难以确定。例（4）是一个有两个可能先行语的间接回指实例。由于间接回指的回指语和先行语必须是非同质的，这就使得先行语的存在有了更大的空间。fridge（冰箱）有门，caravan（大篷车）也有门，而且，如果语篇范围再进一步扩大，还很可能会出现其他的有门的东西，这样就对 the door 的回指释义带来了很大的困难。

然而，正如可及性可以用来帮助解决直接回指中多个可能先行项的选择问题一样，在处理间接回指中多个可能先行项的问题时，可及性依然能起关键的作用。我们在王军（2004a; 2004b: 239-247）中曾提出关联度（associative strength）的概念，指的是在任何类型的间接回指关系中，回指项与其先行项必须维持一定程度的关联度，否则回指释义就无法完成。当存在两个或两个以上可能先行项时，关联度的高低决定最终先行项的取舍。而当出现关联度不相上下的情况时，回指释义就会出现困难，此时的语句就会变得不容易被接受。例（4）就属于这种情况。事实上，关联度从本质上看就是一个可及性的问题。当存在唯一的可及先行项时，该先行项自然就是回指的对象。如果在综合考虑句法、语用、认知等影响先行项可及性的因素之后得出某一可能先行项的可及程度最高，则该先行项被选为最终的先行项。若难以确定在两个或两个以上的可能先行项中哪个的可及程度最高，就会出现先行项摇摆不定的情况，从而导致这类句子理解起来比较困难或根本无法理解。

当然，我们也要看到，不同于间隔距离，竞争度往往反映的是一种关联的程度，事实上是很难具体量化的，有时对关联度的判断还会带有一定的主观性，这就使得在把竞争度因素纳入可及性理论探讨时，经常会出现针对同一个包含间接回指的语句有人会认为是适切的，有人认为可接受性值得商榷，另外还可能有人会认为根本无法接受。

第三，显著性。显著性既可以是一个句法概念，也可以是一个篇章概念。

从句法层面上讲，处在不同句法位置上的名词性成分的显著性存在着很大的差别。根据 Keenan & Comrie（1977），在句子的内部，显著性遵循以下的语法关系体系：主语 > 直接宾语 > 间接宾语 > 旁语（oblique）。当两个或两个以上的可能先行项处在不同的句法位置上时，按照上述语法关系体系的顺序，主语位置上的显著性最高，而旁语位置上的显著性最低。尽管先行语（项）的显著性是决定可能先行语（项）取舍的最为根本的因素，但先行语（项）的最终显著性并不一定完全是由句法位置来决定的。句法位置所体现出的成分概念的显著性差异只是促成可能先行语（项）最终显著性高低的因素之一，因为除了句法因素以外，语义、语用、认知等方面的因素也可能会对可能先行语（项）的显著性造成影响。Chomsky（1981: 188）的约束原则（Binding Principles）之所以在推出之初给人感觉对句内回指具有较强的阐释力，很大程度上是因为他在阐释中剔出了语义、语用等方面的不定因素，而也正是由于他的这种做法，后来的语言学家对这一理论提出了诸多的挑战，发展了更多的基于语用、认知的更具阐释力的回指解决方案。

由于回指研究在句法层面上存在着显而易见的局限性，特别是随着人们对篇章话语研究的重视，越来越多的语言学家认识到，回指更主要的是一种语篇现象，语篇的组织构架对回指释义更具有决定性作用。

　　正如在句子中最显著的结构成分是主语成分一样，语篇中最显著的成分是主题。抓住了主题这一至关重要的因素，就仿佛抓住了回指释义的龙头，其他的问题就能迎刃而解。然而，尽管回指中的主题因素在回指释义中受到了极大的重视，并在主题统领的框架下比较成功地处理过一些实际的篇章语料（如许余龙，2004），但由于人们对主题的界定始终莫衷一是（Brown & Yule, 1983: 68），类别划分又千差万别（如 Shi, 1989；徐烈炯、刘丹青，1998；van Dijk, 1981），因此从不同的主题视角入手进一步开展研究应该还会有更多更新的发现。

　　前面所讲的内容都是针对直接回指，而对于间接回指来说，主题性依然是个非常重要的因素。

　　较早利用主题性因素对间接回指进行阐释的有 Sidner（1983a；1983b）和 Erkü & Gundel（1987）。以 Sidner 为例，他把话题（topic）等同于焦点（focus），认为话题即人们谈论或关注的焦点。他认为焦点有两种主要类型：施事/执行者焦点（agent/actor focus）和主题/语篇焦点（theme/discourse focus）。如果从语篇焦点的角度来解释间接回指，对焦点的选择需要按照如下的先后等级顺序来确定：受事＞其他主题角色＞施事＞动词短语。这里有两个问题需要说明：(1) Sidner 提出的这个焦点选择的等级顺序与前面提到的 Keenan & Comrie（1977）所提出的有明显的不同。原因一是 Keenan & Comrie 所提出的显著性关系仅限于名词性的成分，而 Sidner 的等级顺序并无此限制。另一原因是 Keenan & Comrie 的结构侧重于语法成分的显著性，而 Sidner 聚焦的则是概念的表达。(2) 尽管 Sidner 认为焦点的选择对间接回指释义很关键,但如果焦点选择与人的百科知识体系发生了冲突,还是应该以后者为主。

在我们前面所进行的实证研究中,为了方便起见,我们把主语和主题这两个原本不属于同一分析平面上的概念进行了整合,考察了英汉语间接先行语在此位置上的分布情况,结果如第二章中的表12和表13所示。尽管主题/主语通常是处在篇章语句显著性最高的位置,但英语中处在这一位置上的间接回指语仅占所有情况的13%,而处在宾语位置上的比例最高,为54.3%。汉语中的统计结果则强烈地支持在主语/主题的位置上使用先行语,这显然与汉语作为主题显著的语言有很大的关系。由此可见,把间接回指的先行语放在语篇中最显著的位置是汉语非常突出的一个特点,而英语则不同,这表明决定英语语篇中先行语显著性的因素要从篇章句法位置之外去寻找。然而,这并非是说英语篇章句法体现出的显著性不起作用了,而是作用相对于汉语来说要小得多。

第四,一致性。根据许余龙(2004: 89)的解释,一致性是个包容性很强的概念,它既可能指相同的认知心理框架、相同的世界观,也可能指同一个语篇片段或段落。在话语交流过程中,我们通常都是在谈论一个或几个话题。当话题发生转换时,我们需要使用某种手段及时提醒对方,换句话说,在无明显话题转换标记的情况下,交际双方都默认仍在谈论相同的话题。只有把交际的内容限定在一定的范围内,交际的双方才可能拥有更多的共有知识基础,交际也才能在信息相互明晰的基础上顺利进行。

直接回指的先行语和回指语要求具有多个层面的一致性。首先,在句或段的结构布局上,回指语与其先行语所处的辖域内

（如小句、句子或前后句），通常不宜有可能产生竞争的可能先行语。其次，回指语与其先行语在有些情况下会表现出形式上的一致性，如先行语是 a dog，回指语是 the dog，但更多的情况却是两种形式的部分一致或不一致。用廖秋忠（1992: 30）的话说，可大致分成同形表达式、局部同形表达式和异形表达式。关于回指形式与意义的进一步探讨，我们将在后续章节中进行。再次，回指项的语义表达必须要与先行项一致。以代词 he 为例，其语义信息可大致分解为：第三人称、男性、单数。这些语义信息要与其所指的对象一致，所以 he 可以指称前述篇章中的人物 Tom，但却不能指称 Mary，因为 he 与 Mary 的性别信息不一致。最后，交际双方的共有知识是否一致也会影响到回指释义的顺利完成。如先行语为 Jesus Christ（耶稣基督），而回指语使用 the Lamb of God（上帝的羔羊）时，如果交际双方的任何一方不了解相关的宗教信息的话，该先行语与回指语的同指关系就无法建立起来。由此可见，一致性是间接回指的回指语与先行语沟通联系的一条关键纽带，不同层面的一致内容越多，先行项的可及性就越高，就越容易顺利实现回指释义。

间接回指与直接回指的不同首先体现在表达形式上。间接回指的先行语与回指语不存在形式上的一致性，即便在内容的一致性方面也有不同于直接回指的特点。在直接回指中，先行语与先行项（也是真正先行项）以及回指语与回指项均是一一对应的，如先行语 dog（形式表达语）对应于先行项 DOG（概念实体）；而在间接回指中，先行语可能是 domestic animal（家养动物）（形式表达语），但真正的先行项却可能是 DOG（概念实体），此时先行语与真正先行项是不一致的。然而，间接回指的先行语与真正先行项以及先行语与回指语之间的不一致并不能否定一致性概念在间接回指关系中的作用。事实上，间接回指中最重要的一致性关系是回指项能否被纳入到先行语所激活的认知框架中去，而且回指的对象能否是先行语所激活的认知框架中较凸显的成分。每当我们提到 domestic animal（家养动物），我们首先想到的可能就是 DOG，因此在 domestic animal 所激活的认知框架中，DOG 是一个比较显著的成分，这是保证间接回指释义顺利完成的至关重要的因素。此外，与此相关的还有共有知识所起的作用，这也是一致性的体现之一。例如中西方社会文化的差异可能会导致我们对某些事物的判断出现偏差，也就是说在某些方面缺乏共有的知识。中国的村庄里通常都没有教堂，所以中国人就可能无法理解 We arrived in a village. The church was closed. 这样的句子。

上述分析表明，可及性理论不仅可较好地应用于对直接回指进行阐释，也同样适合解释间接回指。我们在这里仅仅是利用可及性理论中的四个参数对间接回指释义做了一点粗略的分析，更多相关研究仍需要人们给予关注。

4.1.2 情景理论

情景理论既可指某一特定的理论，如 Scenario Theory（Sanford & Garrod, 1981），也可以视作与"情景"这一理念密切相关的多个理论的总称，主要包括：框架理论（Frame Theory）（Fillmore, 1975）、脚本理论（Script Theory）（Schank & Abelson, 1977）、图式理论（Schemata Theory）（Anderson, 1977）、心理模型理论（Mental Model Theory）（Johnson-Laird,

1983），等等。尽管术语各异，而且这些理论各有侧重，但它们所描写的内容"在相当多的方面都是重叠的"（Tannen, 1979）。因此，"不同术语的使用，以及对不同类型知识的关注，并不表示这些理论彼此间存在着冲突。我们最好把这些不同的术语理解成不同的隐喻表达法，它们描述的是记忆中的世界知识是如何组织的，以及在语篇理解过程中是如何得到激活的"（Brown & Yule, 2000: 238）。

对情景理论的基本构架最早进行描绘的当属 Minsky（1975），因为他最早提出"记忆中储存的知识是以数据结构的形式留存的"，将其称之为"框架"（frame），其所代表的是各种各样的常规情景（stereotyped situations）。每当我们遇到一个新的情景，就会立即把记忆中的相关"框架"提取出来，根据需要改变其中的一些细节，以便其能适合现实的情景。每一个"框架"都包含一些"槽位"（slots），上面贴有标签以表明其身份，"槽位"只有被"填充"（fill）时才能获得实际的意义，而"填充"进去的成分称作"填充物"（filler）。"填充物"本身也是一个"框架"，只是所属的层次不同而已。例如，在代表"房子"的"框架"中包含这样一些"槽位"，如"厨房"、"卧室"、"客厅"、"地址"等，它们代表的是一个抽象的结构成分关系。当我们在话语篇章中遇到"房子"这一词语时，该词语能够激活大脑中业已储存的"房子"这一框架，以及"房子"所包含的许多的"槽位"。我们之所以能够理解话语篇章中的某一个词语，根本原因是因为我们大脑中已经储存好了与其密切相关的信息，我们是基于已有信息来对新信息进行解读。因此，"框架是关于某一常规主题的静态的数据结构信息"（Charniak, 1975: 42）。

需要注意的是，Minsky 对框架的阐释主要是一种心理学意义上的探索，他感兴趣的是知识的表征方式，尤其关注视觉感知与视觉记忆问题。虽然我们可以说 Minsky 是系统地提出框架概念的第一人，但第一个把框架理论引入语言学研究领域的却是 Fillmore（1975）。他最早从语言学的角度对框架理论进行系统界定的时间是 1975 年，与 Minsky 在心理学领域对框架理论进行详细论述是在同一年。

框架理论以及后来在此基础上发展起来的其他相关理论对间接回指的研究具有极其重要的意义。有鉴于框架理论与其他相关理论并无实质性的区别，我们暂且把这些理论统称为情景理论。情景理论是一典型的认知阐释理论，其认知的本质不仅在于其对记忆结构的分析，更重要的是它对新旧知识、深层表层信息如何结合进行了较为合理的阐释。根据情景理论，我们对新知识的获取始终与大脑的激活状态密切相关。比如，在阅读过程中，我们对某个词语的提取不单单是提取它的基本含义（即词典义），而是利用该词语所起的触发语（trigger）作用，激活大脑中相对应的概念，形成一种心理表征（mental representation），并在此基础上触发一系列与其相关的概念。因此，情景理论视角下对某个词语的认知，不只是形成对该词语的心理表征，而是能够形成对该词语更为丰富的识解（construal）。间接回指之所以被认为是间接的，根本原因就在于先行语所直接对应的心理表征并非是回指项的所指对象。但既然是回指，必然要求有同指（co-reference）的存在，但这种同指是如何建立的，也就是它的形成机制是什么，如果离开了情景理论则很难给予解释。

(5) He went into a restaurant. The waitress was from Hong Kong.

(6) We held the paper close to the fire and watched for the characters to come out, under the influence of the heat; but nothing appeared but some faint tracings, which we could make nothing of.

（转引自王军，2004a: 108）

在例（5）中，先行语 a restaurant（饭店）作为触发语激活的不仅仅是一个抽象的 RESTAURANT 的心理表征，而且还激活了作为 RESTAURANT 构成要素的一系列的成分，其中就有WAITRESS。正是由于该成分被激活，当后续话语中出现 The waitress（女服务员）时，两个成分就形成了一种同指关系。在例（6）中，由于在 the paper（报纸）所激活的比较显著的成分中有 the characters（字符），但却没有 the heat（热），而在 the fire（火）所激活的比较显著的构成成分中有 the heat（热），但却没有 the characters。因此，不同的激活状况把同指关系做了清楚的区分，两对关系互不干涉。所以，即便在两对间接回指关系交织在一起的情况下，我们依然可以获得正确的释义：the characters 回指 the paper，而 the heat 回指 the fire。

当然，某个成分先行激活的情景并非是无所不包的，即便是包含其中的成分，其显著性也会参差不齐，对回指释义或语句的解读也会产生不同的影响。例如：

（7）He went into a restaurant.
- a. The waitress was a college student.
- b. The cashier was very friendly.
- c. The door keeper was very strong.
- d. ? The poison was on the floor.
- e. ?? The ambulance was a Rover.

（王军，2004b: 240）

在常规知识中，restaurant（饭店）中通常都离不开 waitress（女服务员）和 cashier（出纳），所以例（7a）和例（7b）与先行句建立间接回指关系非常自然。door keeper（门卫）并非是每个饭店都有的，但也不能算是少见，restaurant 与 door keeper 之间有一种较为松散的关系，但这依然可以维持两者之间的间接回指关系，但这种关系的强度显然要低于例（7a）或例（7b）。poison（有毒物品）虽不能说饭店里绝无仅有，但却极为罕见，在缺乏适当语境的情况下，其很难作为一个比较明显的成分保存在人们关于饭店的常规知识体系中，因而例（7d）与先行句的关联性就非常地微弱，释义理解就比较困难。此外，在我们关于饭店的常规知识中，ambulance（救护车）是一个极为边缘的构成成分，这就直接导致了例（7e）几乎无法与其先行句建立起间接回指关联。

在间接回指研究中最推崇情景理论的主要是 Sanford & Garrod（1981, 1989）、Garrod & Sanford（1990, 1994）、Sanford（1989）等。然而，其他的一些间接回指阐释理论也都或多或少地有情景理论的影子，包括激活扩散理论（Spreading Activation Theory）、关联理论（Relevance Theory）等。我们可以说，情景理论思想是间接回指理解和释义的最为基本的思想,但过度依赖这种思想而忽视其他因素的作用也会带来一些难以解决的问题,而这些问题的出现成为人们质疑情景理论视角下间接回指研究的主要原因。Matsui(2000:106)就曾明确地指出,间接回指阐释的情景模式所暴露出的最大问题是"过度依赖语言信息"(an over-dependency on linguistic information),对语境、常规知识等因素重视不够。

(8)　　A car went by. The dog was barking.
(9)　　John stopped for coffee at a cappuccino bar before having dinner at a restaurant. The waiter was an Italian.

根据情景理论,在 car(汽车)所激活的情景中允许有可能的成分 dog(狗)的存在,因为在我们的常规知识中,汽车里有时会有宠物狗在里面,因此,The dog 应该是用来间接指称 a car 的。然而,或许还会有另外一种情况。正在叫的那只狗并非是在车内,而是在车外的路上或路边。由于例(8)是两个孤立的句子,缺乏足够的语境信息表明或暗示 car 与 dog 之间的关系,最终就会因为语境信息的不充分而导致指称对象难以确定。在例(9)中,在 a cappuccino bar(卡布奇诺咖啡吧)和 a restaurant(饭店)激活的情景中都会有 WAITER(服务员)这一常规成分存在,但直觉和常识告诉我们,The waiter 只能间接指称二者中的一个。究竟是 a cappuccino bar 显著性高,还是 a restaurant 显著性高,情景理论在这里提供不出任何的帮助。事实上,是句法因素在很大程度上影响了上述两个先行成分的显著性。此外需要强调的是,像例(9)这样的话语片段是不太可能在实际的话语篇章中存在的，它通常都会有一个更大的语境，其中的某些信息将会决定哪一个先行成分的显著性更高，哪一个更低。我们之所以从一开始就反对使用人为杜撰的例子来阐释某些间接回指现象，根本原因就在于我们为了达到说明某种现象的目的，可能会有意无意地剔除某些语言语境信息，这样做或许对特定的问题阐释得比较清楚，然而我们却往往不会留意用来说明问题的例句本身尚存在问题。

如果说直接回指可以在一定程度上仅仅停留在语言形式层面上进行回指释义操作的话，间接回指如果离开了大脑中已有知识结构的帮助，其释义则寸步难行。基于语义关联的解释从本质上说也是一种认知解释，因为所谓的语义关联，实质上就是大脑中业已存在的两种事物之间的常规关系。因此，不管间接回指的释义操作完成时最终涉及多少因素，最为基础的过程始终是情景理论所描述的认知过程。

4.1.3 关联理论

大脑中的信息从一个人传递到另一个人的方式有两种，一是使用严格的编码和解码方式，即使用外显的符号、规则以及语言。其次是进行阐释性推理（interpretive inference），受话者以此获得隐含的信息[1]。关联理论（Sperber & Wilson, 1986）主要是为第二种交际方式服务的，即服务于隐含推理（implicit inference）。根据这一理论，新信息和旧信息相互作用并产生各种语境效果，这就是所谓的关联，而且语境效果越大则关联性越

---

[1] http://www.answers.com/topic/relevance-theory

强。关联理论的核心是:所有的信息传递行为都是为了保证达到最佳关联度,即既要保证产生足够的语境效果,又要把认知努力减少到最低限度。

关联理论模式就是利用关联理论的基本原理来对间接回指语进行解释,其基本的思想是,伴随着受话者对话语信息沿线性结构依次进行认知理解。如果接触到的是全新的信息,大脑就会为其建立起一个新的情景框架,以备接纳与之相关的其他信息。然而,很多新出现的信息并不都是全新的,它们会或多或少地与受话者已有的信息或者说已经建立起的情景框架产生某些重叠。所以,当这些已知或旧信息被输入时,原有的情景框架就会由于新输入的信息而得到某种程度的改造,继而产生出新的认知语境,去吸纳后续的各种信息,如此循环往复下去,使认知语境总是处在一种不断变动的状态之中。作为间接回指的理想的成分通常都被认为承载的是旧信息,这些旧信息需要与在前述话语中建立起来的认知语境产生一定的关联,这种关联建立的基础就是回指项与先前认知语境中的某一成分所呈现的同指关系。但在前述话语中的间接回指的同指成分并不是明示的,需要通过一定的推理才能确定下来,由此需要付出一定的加工努力(processing effort)。如前所述,关联理论要求受话者对信息的加工处理力求达到一种最佳关联,而与此同时只需付出相对较小的加工努力。所以,努力使关联效果和认知努力两者保持某种平衡是话语交际,同时也是间接回指释义得以顺利进行的一种保证。

在利用关联理论来对间接回指进行阐释方面,Tomoko Matsui 可以说是做出了比较突出的贡献。Matsui(1993a)在分析批判 Erkü & Gundel(1987)、Sidner(1983a, 1983b)等的话题/焦点（topic/focus）模式的基础上，提出可以利用关联理论的思想来对间接回指进行阐释。而在 Wilson & Matsui（1998）中，Matsui（Wilson & Matsui, 1998）更是与关联理论的初创者之一 Deirdre Wilson 合作，深入探讨了真值（truth）、连贯（coherence）、关联（relevance）与间接回指的关系。在2000年，Matsui 根据自己的博士论文，整理出版了间接回指研究专著 *Bridging and Relevance* 一书，对关联与间接回指做了迄今为止最为详尽的阐述。

根据 Matsui（2000），在间接回指释义中，有两个至关重要的因素：候选所指对象的可及性（the accessibility of candidate referents）和语境假设的可及性（the accessibility of contextual assumptions）。事实上，上述两类可及性因素早已引起了不少学者的关注，但 Matsui 认为，上述两类可及性因素尽管很重要，但最终的回指释义还必须考虑某些语用因素，如真值或连贯。回指释义通常不可能仅仅依靠两个孤立的因素来发挥作用，更多的情况是，各种不同的因素都在或多或少地施加影响，继而影响到认知效果（cognitive effects）和加工努力（processing effort）的付出，并最终获得一种成功的释义解释。（Matsui, 2000: 197-198）我们也可以进行反向理解。回指释义是一种在各种因素作用下的认知操作过程，它受认知效果和加工努力平衡效果的支配，而对于如何判断认知效果的好坏或加工努力的大小则需要分别分析每一个影响因素是如何作用于间接回指关系的。例如：

(10) a. The man drove past our house in a car. The exhaust fumes were terrible.

b. *The man drove past our house in a car. The screws are rather loose.

c. ?The man drove past our house in a car. The dog was barking furiously.

（转引自 Hawkins, 1984: 625）

在例（10a）中，由于 The exhaust fumes（废气）显然是 a car（汽车）的一个显著性成分，在进行语用推理时，受话者几乎不必付出多少认知努力就可以轻而易举地建立起回指项与先行项之间的关联。例（10b）则不同，尽管 The screws（螺丝）也是汽车里必不可少的零件，但由于其在汽车这一实体中的显著性非常低，在没有特殊语境支持的情况下，对 a car 的激活就不太可能激活 The screws 这一成分。在没有其他可能关联选择的情况下，要建立起 The screws 和 a car 之间的关联，受话人必须付出很大的认知努力，而最终认知效果却依然不会理想，因为汽车上的螺丝非常多，究竟是哪些螺丝松了，受话人无从得知。由于这种认知推理的结果明显违背了关联原则的要求，因此例（10b）中的间接回指关系就会被判定为不可接受。例（10c）存在的问题是，The dog（狗）既可能是车中的，也可能是路边的，而且这两种不同的推理判断都不需要受话人付出多少的认知努力。可以说，在该例中，两种情形下的认知加工努力都是比较小的，认知效果也都比较好，但关键是当两种情形结合起来需要做取舍时，就会面临哪种情况下关联强度更高的问题。这种模棱两可、难做取舍的状况就导致该例句在对 The dog 进行回指释义时会产生歧义。

尽管关联理论还有某些不尽如人意的地方（Levinson,

1989; Giora, 1997, 1998），但总体而言，该理论仍可视为一种解释力很强的语用认知理论，因为它揭示了话语认知心理中最为基本的东西，即篇章之所以成为篇章的根本原因就在于篇章概念之间的关联性，只要篇章延续下去，关联性这一纽带就会伴随始终。

如果我们仔细审视一下可及性理论、情景理论以及其他一些我们未深入讨论的间接回指的释义理论（如焦点理论（Sidner, 1983a, 1983b）），就会发现，所有这些释义理论都可以被纳入到关联理论这一统一的理论框架之中，从而使关联理论成为一个更为抽象的释义理论。如果有人对关联理论的阐释力提出质疑，这恐怕主要是由于关联理论一方面解释力过于强大，而另外一方面又往往难以具体操作。比如，谁都不会否认话语篇章中概念之间关联的重要性，也不太会否认关联的建立需要追求最大的语境效果与最经济的认知努力，但是当各种影响因素同时发挥作用的时候，究竟如何来衡量某一因素作用的大小，恐怕是一个极难解决的问题。事实上，我们无须去正面回答这个问题，只需简单思考一下语言与思维的根本属性就能明白：思维事实上是无法量化的，语言永远都是思维不完备的一种反映。某一成分的显著与否，显著程度的高低完全都是特定语境下的一种相对的特征，而且往往只能用抽象笼统的手段去对其进行评判。人类的大脑拥有这种综合抽象的判断能力，我们称其为主观判断，若把这种主观判断转化为类似计算机程序般的刚性操作程式，即使不是根本不可能，至少也是极为困难的。

4.2 回指释义的关键性条件：整体-部分关系

我们在前面的 3.2.1 中曾简要地谈到间接回指中的整体-部分关系，提出了一个重要的观点，即所有间接回指中先行项与回指项的关系都可归结为整体-部分关系。整体-部分关系一般来说有三种表现形式：一是回指项的所指对象（真正先行项）是先行项中的唯一成分，如"鼻子"（回指项）相对于"脸"（先行项）来说，前者是后者中的唯一构成成分；二是回指项是先行项概念中的一个角色（role）或所有同类成员的集合，如"某一服务员"或"服务员们"（回指项）相对于"饭店"（先行项）来说；三是认知视角下形成的整体-部分关系，这是概念激活扩散所造成的结果，是对间接回指关系的一种广义理解。由于前面的讨论相对比较粗略，而整体-部分关系又是间接回指关系中至关重要的关系之一，所以有必要把这个问题进一步展开，进行较为深入的讨论。

间接回指的先行语和回指语之间的"关联是极其丰富的"（extremely vast range of relations）（Mieville, 1999: 328）。事实、事件、物体等之间的任何关系都有可能形成间接回指关系。因此，假如我们归纳出间接回指的先行语与回指语之间究竟存在多少种语义关系，想必这一数字一定会非常庞大。即便我们使用概括的方式来归纳这些关系，恐怕也需要最终留出一个开放的类别，以防不可预知的关系的出现。但有一种概括既对间接回指关系的阐释意义重大，又可基本体现出间接回指关系的本质特征，这就是整体-部分关系（whole-part relation），又称部分-整体关系（part-whole relation, 或 'part of' relation）。

为揭示英语中词与词之间的语义关系，语言学家 Cruse（2000: 153-156）指出，词与词之间存在着一种局部整体关系，称为 meronymy。所谓局部整体关系，就是某些词作为某一整体的局部而存在。作为某一整体的局部的词就是局部整体关系词，而那些属于局部的词被叫做"共局部词"（co-meronyms），而属于整体的词叫做"整体词"（holonym）。plant（植物）的局部整体关系如下图所示（详见王文斌，2001: 231-232）：

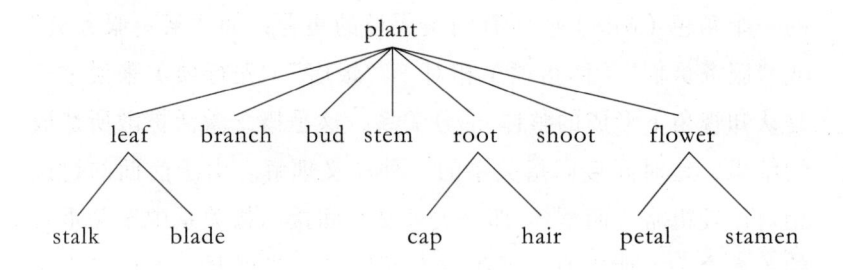

```
                        plant
        ┌───┬───┬───┬───┼───┬───┬───┐
       leaf branch bud stem root shoot flower
       ╱ ╲              ╱ ╲         ╱ ╲
    stalk blade        cap hair   petal stamen
```

我们对 plant（植物）这一整体概念的理解总是与对其局部构成成分的认识紧密联系在一起，换句话说，plant 之所以是可辨认的，是因为人们都知道它通常有 leaf（叶子）、branch（枝条）、bud（芽）、stem（主干）、root（树根）、shoot（幼苗）以及 flower（花朵）等常规性成分。这种整体与局部之间的关系反映的是客观世界中某一实体的实际构成状况，这也是构成间接回指关系最为重要的关系之一。

当然，词汇学中的整体与局部关系并不一定表示作为整体的概念与其构成成分概念之间关联强度都同样强。因为局部整体关系是客观存在的，而关联强度是人的大脑对客观关系的一种主观认识。但不可否认，主观性的判断必须以对客观世界的认识为基础，客观世界原本存在的关系对人的认识有至关重要的影响。因此，我们在对整体-部分关系进行深入分析时，要按照从客观到主观、从常规关系到非常规关系、从关联密切到关联松散、从显性关系到隐性关系这一顺序进行。按照这一思路，我们把整体-部分关系细分为四种：关联整体-部分关系、形式化整体-部分关系、先行激活整体-部分关系以及逆向激活整体-部分关系。

4.2.1 关联整体-部分关系

从物理学的角度讲，自然界物质的最小单位是分子、原子或夸克一类的微观构成成分。这些成分从当代科学的水平判断已经小得难以再进行分析了。在日常生活中，我们所接触到的各种各样的事物大都是由显而易见的各种成分构成的。人的脸是由眼睛、鼻子、嘴、脸颊、额头等部分构成的；桌子总是要有桌面、桌腿这些不可或缺的构成成分；书籍则通常要有封面、主体内容、封底、目录、出版信息等内容。在上述这些关系中，脸、桌子和书籍均属于整体，而各自所包含的内容属于整体中的部分。在这种整体-部分关系中，有些成分是整体所必需的，缺少了任何一个这类成分，整体的性质也将发生变化。例如，没有桌面或桌腿的桌子是无法想象的，同样，没有眼睛、鼻子、嘴、脸颊或额头的人脸将是何等地怪异。当然，有些成分存在与否并不一定会改变整体的性质，如抽屉相对于整体的桌子而言是可有可无的，而电脑键盘架则是大多数桌子所不具备的。

现实中客观事物与其构成成分的结合程度在很大程度上决定了人们对这种整体-部分之间关联度强弱的感知。认知语言学最基本的原则之一是所谓的体验观（experiential view），即人类最基本的认知经验源于身体对外部世界所进行的直接的感知,而且这些感知是所有抽象思维的基础。(Ungerer & Schmid, 2001: F37)认知语言学还认为,人对客观事物的感知是丰富多彩的,也就是说,所感知的内容不仅仅是通常意义上的构成成分,而且还包括各种各样基于经验的联想。所以,从认知的视角看,饭店不仅仅是一个提供餐饮的服务单位,它还与顾客、服务员、点菜、用餐、账单等有着密切的关联,而这些关联并非是基于上下义关系、通常意义上的局部整体关系(meronymy)、反义关系或任何其他的结构语义关系。(Croft & Cruse, 2006: 7)我们这里所说的整体是一个放大了的整体,而该整体的部分囊括了所有与整体存在关联的成分。例如(以下各例均转引自 Charolles, 1999: 312-319):

(11) A letter was awaiting Sherlock Holmes. The envelope was crumbled, the stamp was half off and the postmark indicated that it had been sent the day before.

(12) A letter was awaiting Sherlock Holmes. The signature was clearly an imitation and the greeting was in the wrong place.

(13) A letter was awaiting Sherlock Holmes. The postman must have deposited it in the morning and the secretary/ the housekeeper must have taken it up in the afternoon.

(14) ?A letter was awaiting Sherlock Holmes. The rubber band was broken.

例（11）中的 A letter（一封信）与 The envelope（信封）、the stamp（邮票）、the postmark（邮戳）构成了一般意义上的整体-部分关系，因为这其中的每一个部分都是整体不可或缺的；而在例（12）中，The signature（签字）和 the greeting（问候）并非是信件所必需的成分，但由于其经常出现在我们所写的书信中，因此与信件的关联非常强。例（13）中的成分 The postman（邮递员）和 the secretary/the housekeeper（秘书/门卫）已不再局限于信件本身，而是经常与信件发生关系的人（邮递员），以及有可能与信件发生关系的人（秘书/门卫）所形成的联想关系。当然，由信件延伸出去的联想也是有限度的，一旦超出了某种界限，即便某一成分的出现仍存在一定的可能性，但却很难建立起与整体之间的关联。例（14）中 The rubber band（橡皮）的出现有点让人莫名其妙，就说明了这个问题。

根据前面的分析，我们可以把间接回指的整体-部分关系做狭义和广义的区分。

狭义的整体-部分关系仅指客观现实中某一实体、事件或场景等与其直接构成成分之间的关系。王军（2004a: 91）曾把这种关系进一步细分为两种：地点-成分关系（place-component relation）和实体/事件/场景-不可分割的部分关系（entity/event/scene-inseparable part relation）。前者的例子如：restaurant（饭店）— table（桌子）/waiter（服务员）/menu（菜单），后者的例子如：face（脸）— nose（鼻子）/mouth（嘴）、war（战争）— soldier（战士）/weapon（武器）。在我们曾做过的基于英语叙事篇章语料的间接回指研究中（王军，2004a: 91），狭义的整体-部分关系占到了所有间接回指实例的 77.8%。虽然我们没有统计过汉语语篇中的这种情况，但考虑到汉语语篇中的间接回指仅以人物和场所情景做先行语的比例就已达到了71%（59.4%+11.6%），我们完全可以据此推测，汉语语篇中狭义的整体-部分关系的比例也应该是非常高的。

广义的整体-部分关系实际上包括了我们所谈论的所有间接回指中先行语与回指语之间的关系。因为间接回指的回指语与先行语之间是一种间接的指称关系，而回指项与真正先行项之间却是直接的同指关系，这就表明任何一个先行语概念都必须要包含一个回指对象以及其他一些与先行语概念相关联的成分。这是一个各种概念成分的集合，它为后续话语中各种可能的回指成分的出现提供释义支持。

需要指出的是，狭义的整体-部分关系并不一定比其他的整体-部分关系的关联度更高，因为即便是现实中不可分割的整体-部分关系也未必能在人的大脑中建立起较密切的关联，这关键要看这种现实的关系是否能得到大脑的反映，并且是高频次的反映；同样，通过联想建立起来的整体-部分关系的关联度未必就低，这同样也取决于大脑对这种关系的反映状况。

狭义的整体-部分关系是直接的、显性的，而包括在广义的范畴之内的其他整体-部分关系则是间接的和隐性的，后者需要借助于激活扩散机制来帮助理解。

整体-部分关系建立的难易程度直接反映了回指语与先行语之间关联度的大小，而与回指项关联度最大的可能先行项通常就是回指释义的最终对象，这一回指策略是语篇自然衔接的重要保障。因此，辨别出回指项与先行项之间的整体-部分关系，并继而确定最密切的整体-部分关联，是间接回指释义不可回避的一条基本思路。

4.2.2 形式化整体-部分关系

这是广义的间接回指整体-部分关系中的一部分，之所以把其单独列出来讨论，一是因为其表达形式上的独特性，二是因为这种形式能更加生动地说明整体-部分关系对间接回指理解以及间接回指释义的重要性。

对间接回指进行研究的学者普遍认为，通过先行语所体现出来的对回指项的可预测程度（predictability）越高，越有利于形成间接回指关系，或者从相反的方面讲，越容易完成回指释义。心理试验表明（Vitu, 1991），在包含间接回指关系的句子中，被试的目光停留在可预测的词语上的时间（270ms）要少于停留在不可预测的词语上的时间（285ms）。在一般的间接回指关系中，如"汽车－发动机"、"饭店－服务员"、"房子－窗户"等，回指项都在先行项的激活效应中具有较高的可预测性，所以，我们在理解包含诸如此类间接回指关系的语句时不会遇到任何问题。相反，如果回指项的可预测程度非常低，受话人就要花费较多的时间去进行推理识别，而且即便如此，受话人也有可能根本无法建立起回指项与其真正先行项之间的关联。作为搭建一个整体认知框架的先行语，在通常情况下要确保将要成为回指项的成分是其中的一个显著成分，因为只有显著成分的可预测性才高。一般而言，一个成分如果要在某一个整体概念框架中地位比较显著，实现的手段往往是部分与整体两者结合的频率（frequency）。"汽车"与"发动机"经常同时被谈及，"饭店"与"服务员"以及"房子"与"窗户"似乎总是形影不离。这种概念的共现，一次次被我们的大脑记录下来,逐渐在大脑神经网络上形成比较稳定的关联。当一个概念被激活,激活效应就会立即传递到与该概念关联密切的另一个概念上去,在语篇理解中就形成了对扩散激活所及概念的期待。

然而,先行语概念与回指语概念的不断重复出现并不是保证回指项可预测性高的唯一条件。在下面的实例中,整体-部分关系的建立并非主要是依靠先行语和回指语两个概念的结合频率完成的。

(15) John became a guitarist because he thought it was a beautiful instrument.(it = guitar)

(16) Shakespearean imitators usually fail to capture his style.(his = Shakespeare's)

(17) Even those who were not dogmatic surrealists were influenced by its spirit.(its = surrealism's)

(18) Surrealism was new and appealing partly because they were acquainted with Freud's discoveries about dreams.(they = surrealists)

(以上各例均转引自 Garnham, 2001: 113-114)

需要特别注意的是,在上述各例中,回指语均为代词或代词的所有格形式。我们知道,无论是英语还是汉语,代词的使用通常意味着其所指的对象具有较高的可及性,或者反过来说,正是因为先行项具有较高的可及性,其回指语就可以使用一个信息含量比较低的代词来进行回指。我们反复说过,间接回指的最大特点是真正先行项的隐含特性，因其是隐含的，其可及程度自然也就比较低。所以，在绝大多数情况下，间接回指的回指语都是由信息含量丰富的有定名词短语来承担。那么为什么在上述四例中回指语可以使用代词的形式呢？答案就在先行语的单词拼写形式上。在例（15）中，guitarist（吉他手）是在 guitar（吉他）这一词根的基础上加后缀 -ist 构成的，因此 guitarist 中有清晰明确的 guitar 的形象，由 guitarist 到对 guitar 的意识不单单是激活扩散的结果，还有大脑对词根 guitar 直接进行表征的因素在起作用，这就使得由 guitarist 激活的 guitar 概念具有了不同于一般间接回指真正先行项的较高的显著性，因而使用代词 it 来进行回指也就成为了可能。例（16）和例（17）中的回指语是所有格形式 his 和 its，这种间接回指类型虽然并未列入本研究的范围之内，但由于它们能够较好地用来说明此处所提出的问题，我们暂且使用之。Shakespearean（莎士比亚的）是一个形容词，是在名词 Shakespeare（莎士比亚）后面加后缀 -an 构成的，这种形式构造使得 Shakespeare 这一人物具有了很高的直观显著度，因此使用回指词 his 进行回指是可行的。例（17）略有不同，先行语 surrealists（超现实主义者）中并未有 surrealism（超现实主义）的完整形式，但却有 surrealism 中最为关键的语义表达形式 surreal 的存在，这一真正先行项主体形式的存在使得真正先行项具有了较高的认知显著性，于是可以使用 its 来回指 surrealism's。既然 surrealists 由于与 surrealism 共享关键的语义成分从而导致前者可以很容易地激活后者，反过来由 surrealism 激活 surrealists 也是合情合理的，因此例（18）使用代词 they 回指 surrealists 就不困难了。

需要特别指出的是，尽管先行语的形式特征使得真正先行项的显著性大为提高，但使用代词进行间接回指还是需要有一些明显的限制。试想，如果例（15）中没有了 instrument（乐器）对代词 it 进行明确的语义支持，it 回指的有效性可能就会大打折扣。同样，例（16）中的 style（风格）与单数所有格形式 his 的结合，使得所指方向得到了明确；例（17）需要依靠 spirit 与单数所有格形式 its 进行结合，利用 spirit 的语义内涵来限定 its 的指称范围。而在例（18）中，由于 Surrealism 和 they 同处同一句子的两个小句的主语位置，而且两个小句还同为系表结构，这就使得主语位置上的这两个成分具有了很强的对应性。此外，由于复数代词 they 在前述语境中没有其他可能先行项的存在，这就使 Surrealism 成为唯一能够提供为 they 进行回指释义的先行成分。

我们分析例（15）到例（18）的根本原因是想说明，在间接回指的先行语-回指语以及相对应的整体-部分关系中，先行语对整体的贡献或对真正先行项显著性的贡献，除了常规关系之外，还有一个很重要的因素，就是先行语的形式特征。与先行语的形式特征不能直接提示真正先行项相比，包含真正先行项形式特征的先行语可以更显著地激活真正先行项，这也就是说真正先行项的可及性会更高，因而允许相应地使用高可及性代词或所有格代词进行回指。

我们也可以这样看待例（15）到例（18）中的先行语。所有四个实例中的四个先行语都是一个词包含两个词的形式，尽管例（17）和例（18）除了主体形式以外只是包含了另一个词的部分形式，但这种一分二、二分多（激活扩散的效果）所构成的整体显然不同于一般的间接回指的整体-部分关系。在一般的间接回指关系中,真正先行项没有直接对应的语言形式,而在直接回指关系中,(真正)先行项总是直接对应于自己的语言形式即先行语。因此,从某种意义上说,上述四例中的间接回指关系可被视作介于间接回指和直接回指之间的一种形式。这也许能在一定程度上说明,间接回指和直接回指之间或许并没有泾渭分明的界限。我们通常所说的两者在某些方面存在很大的不同,实际上都是指典型的直接回指和典型的间接回指之间所存在的差异,而且这种差异主要体现在形式层面上。

4.2.3 逆向激活整体-部分关系

间接回指的先行语与回指语之间所存在的显性的整体-部分关系在间接回指的构成中起着至关重要的作用,这主要是因为,在这种关系中,由先行语激活所形成的期待中往往含有认知地位显著的回指语概念,这就使得先行语与回指语能够建立起较密切的语义关联。也正是由于这种关联,无论是英语还是汉语都倾向于大量使用这种类型的间接回指。在王军(2004a: 100)中,研究者根据大量的英语叙事篇章语料总结出英语中最典型也是出现频率最高的间接回指形式,并用以下范例表示:

(19) He went into a restaurant and found the waiter was from Bangkok.

上述范例中先行语(a restaurant)与回指语(the waiter)之间的关系就是典型的整体-部分关系。事实上,在当前基于英语民间故事语料的数据分析中,我们也得出了相同的结论,认为英语典型地采用场所/情景-可感知实体的对应模式,即整体-部分模式。尽管在汉语民间故事语料中,人们往往采用人物-可感知实体的对应模式,但这依然属于整体-部分模式,如例(20)中的先行语"他"与回指语"鞋子"之间的关系:

(20) 这时候,他忽然觉着脚有些痛,把鞋子脱下一看,脚上起了泡……

(二郎捉太阳的故事)

由此可见,作为一种最有效、最省力的间接回指方式,英语和汉语语篇大都倾向于使用语言形式上能直接体现出整体-部分关系的模式,这就是我们前面刚刚提到的狭义的整体-部分关系。狭义的整体-部分关系一般都是以常规关系为其主要特征,体现为回指项具有较高的可预测性。然而,在有些情况下,回指项的可预测性会非常低,甚至是不可预测的,而这却不一定会影响间接回指关系的建立。例如:

(21) "God knows," exclaimed he, at his wits' end; "I'm not myself — I'm somebody else — that's me yonder — no — that's somebody else got into my shoes—I was myself last night, but I fell asleep on the mountain, and they've changed my gun, and everything's changed, and I'm changed, and I can't tell what's my name, or who I am!"

(*Rip Van Winkle*)

第四章　间接回指的释义机制

（22）　　I never thought I'd like to say this, but I've grown to love World Cup soccer.

　　　　It's as deliciously wacky as a Keystone Kops movie. The Marx Brothers have a ball. Everything but the pie in the face. What they used to call in Carole Lombard's day screwball comedy.

　　　　You watch <u>the World Cup</u> and you figure <u>the guy</u> got the idea for it from "Alice in Wonderland."

　　　　Get a load of these guys! I ask you, was Chalin ever funnier?

（转引自 Epstein, 1999: 62）

（23）　　"What the hell is so funny?" Frank asked.

　　　　"<u>I was just thinking of Clark</u> trying to get into <u>the cab</u>," Jake said, wiping at his eyes. "He slipped on the ice. He sprained his wrist, but nobody knew it at the time. The poor bastard! ..."

(*Gay*)

例（21）取自美国著名短篇小说 *Rip Van Winkle*，是故事的主人公在跟别人讲起自己在山谷中的奇遇，I fell asleep on the mountain（我在山里睡着了）作为先行语所触发的情景中并不存在一个相对显著的"其他人"的成分，但当后续话语中出现回指代词 they（他们）时，结合相关的语言语境信息 've changed my gun（调换了我的枪），读者可以进行推断 they 所指的那些人应该就是"我"在山里睡着以后来的人。由于这种

153

推断的结果仅仅是存在这种可能性，而且对这些人的其他信息依然一无所知，这就造成了这些人的出现具有了一种神秘感，而这恰恰是作品所要努力制造的文学语言效果之一。由此可见，先行语所激活的情景有时具有极大的包容性，在这个作为整体的认知框架中，即便其中的某个成分显著性极低，但在某种特殊的情况下，在语境的协助和人的推理努力下，这个显著性极低的成分也可以与先行语建立起某种关联，并获得某种特殊的语言表达效果。换句话说，间接回指的先行语仿佛是个母体，回指语与其建立起间接回指关联的不可或缺的手段是在母体中找到自己的映射对象。

在例（22）中，先行语 the World Cup（世界杯）能够激活一系列显著性相对比较高的相关概念成分，如"足球"、"运动员"、"比赛"、"射门"、"冠军"等，但这一整体情景与作为回指语的 the guy（老兄）却基本上建立不起任何有意义的关联来。然而，语言语境 got the idea for it from "Alice in Wonderland"（从《爱丽丝梦游仙境》中获得了举办这一活动的灵感）却能够帮助读者大致确定 the guy 的身份，即"他是个搞创意的人"，并继而推断出此人应该是一位策划世界杯比赛的人。只有通过这种逆向的推理，我们才能最后明确在先行语所激活的作为整体的认知语境中事实上包含有回指项这一概念成分。此处建立起的先行语与回指语之间的整体-部分关系并非是按由前及后的顺序建立起来的，而是通过逆向的推理过程构建成功的。

例（23）与前两例的情形大致相同。I was just thinking of Clark（我正在想着克拉克）也是一个开放性的触发语，从理论上讲它可以包容"我"所想的任何关于 Clark 的内容。然而，只有当 the cab（出租车）出现时，读者才能够依据回指语所提供的语义信息逆向推断出在 I was just thinking of Clark 这一先行语中存在"出租车"这一语义成分。如果没有逆向推理，先行语是不可能被意识到包含有回指项这一概念成分的。那么，是否可以说，逆向推理只是在特殊情况下理解间接回指的一种方式呢？一般的间接回指是否就不需要进行逆向推理了呢？下面我们将就这两个问题再进一步进行讨论。

4.2.4 整体-部分关系中的推理

　　Clark（1978: 313）认为，在间接回指释义过程中，"找出有定名词短语的先行项是一需要进行大量推理的活动"。他通过一个实验证明，在例（24）和例（25）这两种情形中，同样是让受试者找到回指语 The beer（啤酒）的先行语，结果受试者在例（25）中所花费的时间要明显长于在例（24）上所花费的时间，原因就在于例（24）是直接回指，而例（25）是间接回指。较长的时间花费表明进行了较多的推理活动。

（24）　　a. Mary got some beer out the car.
　　　　　b. The beer was warm.
（25）　　a. Mary got some picnic supplies out the car.
　　　　　b. The beer was warm.

　　然而，Sanford & Garrod（1981）所做的实验却表明，受试在完成间接回指释义的任务时并不需要耗费时间，因为这一任务的完成完全是"自动的"（automatic）。他们在解释他们的实验为何与 Clark 的实验结果不同时指出，在 Clark 的实验中，间接回指的回指语（The beer）与其先行语（some picnic supplies）之间不存在"常规性关联"（stereotypic association），因此需要付出一定的推理努力才能完成回指释义。他们的实验语料全都涉及常规性关联，常规关系下的间接回指释义是可以自动完成的。这一观点也得到了 Brown & Yule（1983: 259）的明确支持，他们认为，间接回指释义应分为两种：一种是能够自动完成的回指释义，这不需要花费额外的时间，因而不存在推理的问题；另一种是非自动完成的回指释义，需要额外花费时间来进行推理判断。

毫无疑问，当间接回指的先行语和回指语之间不存在常规关系时，受话人必须要进行从回指语到先行语的逆向推理才能完成回指释义，但在常规关系中难道就一定不需要进行逆向推理吗？Matsui（1993b，2000）坚持认为，任何形式的间接回指释义都需要进行推理。其理由是：预期往往是不可靠的。这也就是说，尽管有时先行语和回指语之间存在着常规关系，但对先行语激活后并不总是意味着在后续话语篇章中一定要使用某一特定的回指语。先行语与潜在的回指语之间总是存在一种一对多的关系，而其中的每一对关系都可能是常规性关系。因此，Matsui 指出，先行语的激活作用只是为某一回指语的使用提供了一种可能性，而要把这种可能性变为现实，只有等待某一确定的回指语的出现。预期中的回指语出现了，就对先前的预期进行了确认，而这种确认也是一种推理过程，只是推理时间极为短暂罢了。

为说明先行语激活所产生的预期的不可靠性，Sanford & Garrod（1981: 10）和 Brown & Yule（1983: 34）都曾举过这样一个例子。当我们听到 John was on his way to school（约翰走在上学的路上）时，根据常规知识，我们大多数人可能都会想当然地认为 John 是一名学生，然而当我们紧接着听到 Last week he had been unable to control the class（上周教室乱得让他控制不了）时，我们最初的判断就会被推翻，继而确定 John 的真实身份是老师。

此外，我们认为所有间接回指关系都离不开推理过程的另一原因是常规关系的建立。当有些学者提出含有常规关系的间接回指释义不需要推理的时候，他们事实上并未对常规关系的性质做必要的说明。徐盛桓（2005: 11-12）认为，"常规关系是事物自身的关系，包括客观世界自主的规则和人世间自为的规则……（它）作为认知世界的一种方式，是对认识事物的具体方法的反思后形成的一种思维方法，成为自觉或不自觉地认识事物的一种视角，或称一种图式、一种框架、一种模型"。这一定义非常清楚地表明，无论是"客观世界自主的规则"还是"人世间自为的规则"，都需要通过"反思"形成一种"思维方法"，而这一过程和结果均表明最终所建立的所谓的常规关系是一主观性的存在。常规关系的强弱会因时间而异，因人而异，因不同的社会群体而异。常规关系强的不需要进行任何的推理过程就能建立起来，这恐怕只能是一种永远无法达到的理想状态。既然常规关系的内部有关系的强弱之分，体现为关系强度的一种渐变特征，那么常规关系与非常规关系之间自然也就不存在泾渭分明的界限。所有的间接回指关系都离不开意识的干预，离不开程度各异的推理过程的参与。

4.3 回指释义的决定性因素：关联度

无论是间接回指的回指产出还是回指释义，先行项和回指项之间必须要维持一定强度的关联度（associative strength）。常规关系下的间接回指的先行项和回指项之间自然存在着比较紧密的关联度，而非常规关系或者说是语篇中临时建立起来的先行项和回指项之间的关系也需要具有足够的关联度。此外，相对于某一个回指项来说，其潜在的先行项很可能不止一个，而在诸多潜在先行项中挑选出与回指项构成间接回指关系的主导因素依然是具有"相对优势的关联度"（comparatively-privileged associative strength）。因此，关联度不仅是维系间接回指的先行项和回指项之间关系的主导因素，而且是在诸多潜在先行项中选择真正先行项或淘汰其他可能先行项的决定性因素。

把关联度作为间接回指释义的决定性因素也许会给人一种概念过于宽泛的感觉，因为如果我们仔细分析一下就会发现，在我们前面提到的各种间接回指的释义理论中，任何一个理论实际上都是在围绕关联度做文章。以可及性理论为例。可及性的根本含义是对于回指项来说，其所指对象或其真正先行项在大脑中的可及程度，而这种可及程度体现在语篇中就是先行项和回指项之间的关联度。此外，无论是我们所说的间接回指中广义的整体-部分关系，还是狭义的整体-部分关系，关联度都始终扮演着重要的角色，因为部分之所以能成为整体的一部分，从根本上说都是依靠关联度来维系的。如果我们把关联度仅仅理解为一种关系，那么这一概念的使用就印证了人们对其阐释力的怀疑。而如果把关联度视作一种普遍的选择性机制，这就真正抓住了间接回指的本质，从而能够拨开弥漫在间接回指关系中的迷雾。

4.3.1 常规关系下的关联度

徐盛桓（2003: 113）认为，"常规关系作为事物自身的关系，在人们认识以后，通过抽象，成为社会群体以'关系'的形式来把握世界图景的认知方式，又成为先民们设计语言时的总体理据。现在我们运用语言，也是以常规关系作为我们理解话语的总体理据"。无论在现实世界中，还是在语言世界中，常规关系不仅是无所不在，而且是我们认识世界以及相互交流的一个"一般性的前提和普遍的语用基础"（徐盛桓，2003: 114）。当然，我们都知道语言并非是现实世界的简单临摹，语言作为一种形式化的表达手段，其对世界的反映总是不完备的。然而，我们唯有借助于语言这种手段才能认识世界，才能在彼此之间进行信息交流，为了让"只言片语"能够有效地承担起认知和沟通的重任，我们必须借助于人的认知推理能力，而我们赖以进行认知推理的基础依然离不开常规关系。徐盛桓（2003: 115）所提出的"语句解读常规关系分析理论模型"清晰明了地向我们展示了常规关系在话语理解中的作用：

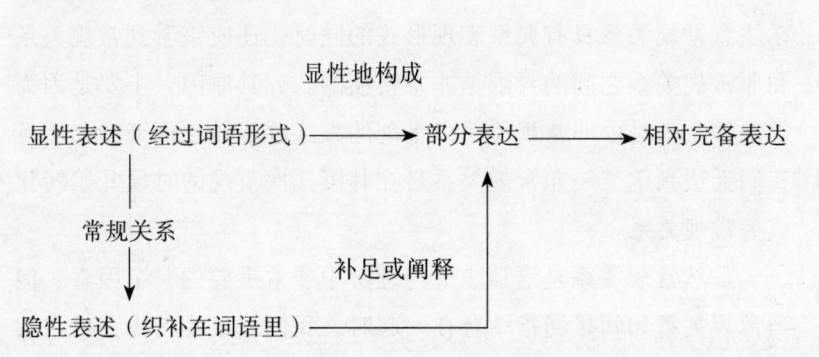

```
                    显性地构成
显性表述（经过词语形式）——→ 部分表达 ——→ 相对完备表达
      │                          ↑
  常规关系                    补足或阐释
      ↓                          │
隐性表述（织补在词语里）—————————┘
```

从上图可以看出，显性表述只能部分地表达某些含义，但基于这种表达的直接理解并不能获得表达者的全部真实含义。我们必须要依赖表达者的显性表述，利用常规关系去挖掘"织补在词语里"的隐性表述，并用其去"补足或阐释"不完备的"部分表达"，只有这样才能获得相对完备的表达思想。上述分析模型具有语言理解的普遍意义，自然也完全适用于间接回指的理解与阐释。

大多数的研究都认为，常规关系是维系间接回指关系的根本因素（Epstein, 1999: 54）。Prince（1981: 242）认为，间接回指通常都要涉及推理行为，而这种推理行为又往往具有文化基础（mostly culture-based），其中包括某种常规关系（stereotypic relations，如"房间"通常都有"门窗"，"厨房"都有"厨具"等）。不可否认，常规关系是间接回指最常表现出来的一种关系，而且我们时常遇到的含有常规关系的间接回指实例一般也都比较典型。例如：

(26)　　He went to a restaurant last night. The waiter was from Russia.

其中 restaurant → waiter 构成了典型的常规性关联。然而，我们在注意常规关系具有典型表现形式的同时，还应该看到常规关系和非常规关系之间的界限是非常模糊的。究其原因，主要是因为常规关系都是由非常规关系以重现的方式逐步转化而来的，而且我们无法判定某一非常规关系是在其第几次重现的时候开始转化成为常规关系。

虽然常规关系是语篇生成与理解中非常重要的一个因素，但当常规关系和间接回指结合在一起时，我们一定要具体分析常规关系是如何在间接回指关系中发挥作用的。

人们在间接回指的研究中所提到的常规关系通常是指存在于回指项和先行项之间的一种抽象的语义关联，这是一种人们普遍认可的常规关系信息。除非另有说明，一提到"树"，人们都会想到它会有"树干"、"树枝"、"树叶"等，而通常不会想到其他与树无关的事物。常规性关联越紧密，其间的联想就越容易形成，所需的认知努力也就越少。与直接回指中的语义重心基本上都落在先行项上不同[1]，间接回指的语义重心既可能是在先行项上，也可能是在回指项上，不同的语义重心会导致不同的推理努力。当语义重心落在先行项上时，即间接回指的释义主要依赖于先行项触发语激活的某一确定的认知情景（scenario）时，回指释义往往被认为是自动的或快速的；反之，当语义重心落在回指项上时，就意味着先行项触发语未能激活合适的认知情景，受话者需要依据回指项的语义内容，以及回指项与先行项之间的语义关联，甚至根据其他的语境线索进行推断才能最终确定回指项与先行项之间究竟属于何种常规关系。但无论回指释义是自动或快速的，还是比较费时费力的，常规关系都被认为是间接回指赖以存在的基础。restaurant → waiter 之间显然有着较高的关联度，而 restaurant → door keeper 之间的关联度就要低很多，然而这并

---

[1] 本文认为，直接回指的语义重心一般都落在先行项上，因为无论直接回指的待释成分（anaphor）是代词、专有名词还是有定名词短语，其作用主要是在篇章中起一种提示衔接的作用，其本身所包含的语义内容大都可以在其先行项中找到，所以直接回指中可以大量地使用语义内容空泛的代词做待释成分，而在间接回指中代词做回指语的实例比较少见，甚至还有学者（如 Charolles, 1999: 313；桂诗春，2000: 420）否认代词可以做间接回指的待释成分，其理由正是源于待释成分的语义特性。

不妨碍后一对关系也可以构成适切（felicitous）的间接回指语句[①]。没有任何关联度的两个认知实体显然是无法构成间接指称关系的。

关联度的获得是否一定要依赖于常规关系呢？答案是否定的。非常规关系一样可以使两个原本不具有常规关系的认知实体拥有一定的关联度，并生成符合间接回指概念要求的语句。

4.3.2 非常规关系下的关联度

常规关系是人们通过实践在头脑中形成的关于现实世界关系的一种抽象性认识，它存在于人们的长时记忆（long-term memory）中，依靠外部刺激的激活作用被调入到工作记忆（working memory）中，与新信息发生相互作用，进而实现对话语篇章的理解。间接回指中的回指语和先行语作为两个触发语通常是用来激活相关记忆的内容的，没有这两个触发语，特定的常规关系则无法得到激活。然而，触发语激活的记忆中的内容并不仅限于常规性的关系。心理学试验已经证明（Carroll, 1999: 49-50），长时记忆中的信息是以两种方式保存的：一种称作语义记忆（semantic memory），储存的是常规关系信息，另一种称作情节记忆（episodic memory），它来自个人的经历（personal experience），与某些具体的时间和地点相关联。常规关系是语义记忆的内容，与情节记忆无关。那么，情节记忆是如何被激活的，又能否出现在间接回指语句中呢？

[①] 在这里我们暂时假定该间接指称关系不受其他篇章语境的影响，因为一旦有回指项和先行项关系之外的其他篇章语境因素来干涉这一对关系，即便像 restaurant → poison、restaurant → ambulance 这类松散的关系也可能构成适切的间接回指语句。

第四章 间接回指的释义机制

Emmott（1999: 5-27）和 Epstein（1999: 53-74）通过对实际的话语篇章进行分析，发现非常规关系信息的确可以用在间接回指语句中。例如：

（27）　　'I know what loneliness is, Ida' *the somber man* said. 'I've been alone a month now.'

　　She took no notice of him: she [trigger] was back at Brighton on Whit Monday [triggers] thinking how while she waited there, he [Fred] [trigger] must have been dying, walking along the front to Hove, dying, and the cheap drama and pathos of the thought weakened her heart towards him.

（选自 Emmott, 1999: 14）

如果以常规关系为基础进行回指释义，第二段中出现的代词 he 应该回指上文中出现的 the somber man（清醒的男人），此为直接回指。然而事实并未如此。第二段第二次出现的代词 she 以及 back at Brighton on Whit Monday（圣灵周一回布莱顿）作为触发语激活了一个特定的时间、地点和人物，Emmott 称之为"语境框架"（contextual frame）①。在这一语境框架激活的基础上，随

---

① 之所以不直接称之为"框架"(frame)，而在其前面加一个限定成分"语境"(contextual)，是因为 Minsky（1975）所创立的"框架"这一概念，以及后人在此基础上发展的"脚本"（script）、"情景"（scenario）、"图式"（schema）等概念均是以常规关系为基础的，使用"语境"做限定，可以更好地与其他相关概念区分开来。（见 Brown & Yule, 1983: 238-256）

着回指语 he 的出现，立刻就可以激活其所指称的人物，即该语境框架中的 Fred。所以，从心理学的角度看，在对回指语 he 的释义中，以常规关系为基础的语义记忆并未发挥主导作用，倒是情节记忆被适时激活，成为了释义的关键。如果我们抛开常规关系和非常规关系（或语义记忆和情节记忆）中各具特质的东西不谈，转而寻求它们在间接回指释义中发挥作用的共同因素的话，那么这种因素显然还是关联度。

间接回指中非常规关系的发现使我们对间接回指的认识更趋全面，也使得对间接回指的解释更符合记忆的激活理论。然而，Emmott 等人对间接回指中非常规关系的界定存在一个不容忽视的问题，那就是根据他们的解释，对回指语进行释义的先行激活的框架应该存在于语境之中，这在前文中提到过，为交际双方所共知，被称为"篇章中特有的内容"（text-specific knowledge）。而根据我们曾经收集的语料，篇章中特有的共享内容并非总是必需的，有时虽然进行间接回指释义的基本信息仅为言者（addresser）所知，如果受话者（addressee）可以依据篇章线索推断其存在的话，回指释义仍可以实现。例如：

(28) He heard from off the dark river the drone of an outboard motor, a sound that drew slowly behind it across the dark water such a burden of clear, sweet memories of gone summers and gone pleasures **[triggers]** that it made his flesh crawl, and he thought of dark in the mountains **[trigger]** and the children **[trigger]** singing.

(*The Five-Forty-Eight*)

尽管 clear, sweet memories of gone summers and gone pleasures 的内容在前文中从未提及，这是一些仅存于言者头脑中的经历，然而，受话者仍可进行推理，认为回指语 the mountains、the children 所代表的已知信息一定能在先行激活的情景中得到释义。在例（29）中，memories 是个至关重要的触发词，它既可以激活前述篇章中出现过的情景（即 Emmott 所说的 contextual frame），也可以激活一个仅为言者所知而受话者可以推断其中一定存有某些内容的情景或事件。对受话者来说，这一情景或事件究竟是什么并不重要，重要的是回指语 the mountains、the children 触发的已知信息可以从中得到释义。我们可以把回指项与先行项之间存在的这类关联称为"主观性关联"。这是非常规关联的第二种表现形式，而这种关联之所以能够建立，关键在于先行语（主要是 memories）和回指语（the mountains、the children）之间存在着一种完全可能的关联性，这种关联性意味着所需关联度的存在，保证了回指项和先行项虽然没有任何常规关联但仍可联结在一起。

4.3.3 相对优势关联度

无论是以常规关系还是以非常规关系为基础的间接回指都需要以关联度作为回指项与其先行项之间衔接的黏合剂。在只有一个候选先行项的情况下，回指项与先行项之间的关联度可强可弱，而当存在两个或两个以上的可能先行项时，在回指项与每个候选先行项所构成的各对关系中，应该只有回指项与其最终的先行项之间的关联度为最高。（详见王军，2004b）

(29) I locked <u>the car</u>, went <u>inside</u> [the hotel], arranged <u>a cheaper room</u>, and brooded at the <u>bar</u>.

(*Rider*)

在上例中，回指语 the bar（酒吧）有三个可能的先行语 the car（汽车）、inside（里面，即指宾馆里）和 a cheaper room（便宜的房间）。从常规关系的角度看，汽车里有酒吧的可能性是最小的，房间里有酒吧的可能性也不大，尤其当这是比较便宜的房间时就更不可能了，而宾馆里有酒吧的可能性是最大的，因此，inside 与 the bar 之间的关联度应该最大。然而，仅从回指项与其先行项之间的语义关联角度来判断两者之间的关联度的大小是不够的，因为篇章中的很多其他因素都有可能影响这种关联度。在上例中，若仅从回指语与先行语之间的篇章线性距离来判断，关联度最高的应该是距离最近的 a cheaper room，其次分别是 inside 和 the car。然而，这一因素的作用一般不大，尤其是当三对关系同处于一个句子内时更是如此。即使退一步讲，由于线性因素所起的作用 a cheaper room 处于较之 inside 的关联度相对较高的地位，但语言语境 cheaper 的语义限定作用会排斥 a cheaper room 成为先行语的可能性。此外，在 a cheaper room 后面紧随使用的逗号也在暗示，逗号前后的行为是相对独立的，这也在一定程度上降低了 a cheaper room 与 the bar 之间的关联度。在综合了各种语言与非语言语境信息之后，最大的关联度最终归属于 inside 和 the bar 这一对关系。由于这一关联度只是相对于其他较低的关联度而言的，并非是一个绝对的关联度值，因此我们可以把这一最大的关联度称为"相对优势关联度"（comparatively-privileged associative strength)。这里我们仅以例(29)来说明各种语言及非语言因素对关联度的大小所产生的影响,其中所涉及的影响性因素有限,在其他的实例中,情况很可能会有所不同。Matsui(2000: 52-73)曾总结出七条主要影响间接回指关联强度的因素,分别是:提及顺序(order of mention)、句法位置(syntactic position)、提及的临近程度(recency of mention)、主要动词的语义(semantics of main verb)、平行功能及关联词的选择(parallel function & choice of conjunction)、提及方式(manner of mention)以及总显著性(overall salience)。这些因素的特点也提示我们,在对待间接回指释义的问题上,要想设计出一套类似于计算机程序一样的刚性的释义规则是几乎不可能的事情,而这成为人工智能领域一个长期难以获得重大突破的瓶颈问题也就不足为奇了。

相对优势关联度还可以用来解释间接回指关系中的某些不适切(infelicitous)句的问题。例如:

(30) ?We stopped for drinks at the New York Hilton before going to the Thai restaurant. The waitress was from Bangkok.

(选自何自然,2000: 2)

根据Sidner(1983)的理论,句法位置和话题作用是选择信息焦点的决定性因素。由于在例(30)的前述话语中,the New York Hilton(纽约希尔顿饭店)处在较the Thai restaurant(泰国饭店)优越的焦点位置,因此前者是回指语The waitress(女服务员)的先行语,而后者则不是。然而,Matsui(2000)却不同意

Sidner 的观点，Matsui 认为例（31）的表达有问题。她从关联理论的角度对此句做了分析，认为句法位置的突显与常规关系所支持的关系形成了矛盾，这导致了该句的不可接受性。具体地说，从句法位置上讲，依然是 the New York Hilton 的显著性比 the Thai restaurant 要高，然而常规知识却告诉我们，来自曼谷的女服务员更有可能在泰国饭店而不是在纽约希尔顿饭店工作。这样，两种不同的结论产生了冲突，受话人不得不付出过多不必要的努力去为回指语 The waitress 进行释义，而且这种努力却并不一定带来最终明确的结论，由此也就导致了该句的可接受性大大降低。

我们赞同认为例（30）是不适切语句的判断，但是认为造成这种结果的原因是两对关系的关联度大致相同所导致的。即，从句法上讲，the New York Hilton 与 the waitress 之间的关联度较大，但从常规关系的角度看，the Thai restaurant 与 the waitress 之间的关联度较大。虽然关联度无法用一个绝对值来衡量，但我们却可以大致判断出与同一概念相关的两对关系中哪一对关系的关联度相对较高或者两对关系的关联度是否大致相同。本例中的两对关系的关联度是依据两个不同的标准来衡量的，而这两个不同的标准直接导致了两种不同的结果。由于我们无法确定哪种标准下的关联度更高，就只能认为两种标准下的两种较高的关联度是基本相同的，因而这种不一致的结论就导致两种力量相互制衡，使人产生一种无法为回指语进行释义的窘境。

既然找到了问题的症结，解决这一问题的方法也就不难确定。具体的做法可能有多种，但基本指导思想是一致的：要么通过语言或非语言的手段加强某一对关系的关联度，使其具有明显的相对优势关联度；要么通过类似的手段削弱另一对关系的关联

第四章　间接回指的释义机制

度,使其不会对所期待的关系产生干扰。简单地说,就是通过某种语言手段制造不同关联度之间的差异,形成唯一一个具有相对优势关联度的关系出现。

比如,我们可以把例(30)改写成例(31):

(31)　Before going to the Thai restaurant, we stopped for drinks at the New York Hilton. The waitress was from Bangkok.

虽然原有的语言成分之间的常规关系未变,Sidner所说的句法焦点也没变,但例(31)却变得似乎可以接受了。原因就在于,在例(30)中似乎未对关联度起多大作用的回指语与两个候选先行语之间的线性距离在例(31)中起到了明显强化 The waitress 与 the New York Hilton 之间关联度的作用,这导致了关联的天平倒向了 the New York Hilton。这一变化也使我们对Matsui的解释产生了一点质疑,那就是,在例(30)中,并非只有句法位置焦点和常规关系两个因素在起作用,应该至少还有线性距离的因素在起作用。如果用一个公式来表示例(30)中这些因素的作用力的话,应该是:句法位置焦点 + 线性距离 ≈ 常规关系。而在例(31)中隐含的作用力公式则应该是:句法位置焦点 < 常规关系 + 线性距离。

4.4　评述

回指作为一种典型的语言现象已经成为诸多语言学流派检

验其理论有效性的一个非常重要的试金石，而不同的语言学理论从各自不同的角度对回指现象做出的解释也是不同的。从历史上看，对回指本质的认识可以分成三个阶段：形式阶段、语用阶段和认知阶段，这三个阶段分别以生成语法、新格莱斯主义和可及性理论为代表。（高卫东，2008: 7）虽然这三个阶段在发展过程中存在一些重叠的时期，但基本上代表了当代语言学研究，同时也是回指研究的基本发展过程。可能是由于回指研究的历史发展阶段并不那么容易从时间上区分的缘故，有的学者就仅以研究角度为标准来对以往的研究进行区分，如高原（2003: 1-24）把以往的回指研究区分为句法角度、语用角度、功能角度和认知角度。而徐赳赳（2003: 12-21）的文献回顾的顺序和内容则是：句法角度、语用角度、语义角度、功能角度和认知角度。但不管怎么说，当代语言学中的回指研究始于形式句法而终于认知，这应该是件无可争议的事情。

与对很多问题的研究一样，人们最初关注的往往是相对孤立的、表面的东西，而随着研究的深入，人们会逐渐发现越来越多与之相关联的内容，越来越多地发现一些更深层次的问题，在这一过程中，人们对该问题的认识也变得日趋全面和深入。

以 Chomsky（1981）的管约理论为代表的形式学派对回指的研究主要集中在回指的句法和语义特征上，他们致力于证明语言中存在着一些结构性制约，这些制约规则决定了不同类型的名词性词语的句法分布和语义解释。他们尤其致力于在语言总的组织结构框架中，用最简洁精确的形式阐述这些制约。（许余龙，2004: 7）现在几乎所有研究回指的论著在进行文献综述时都要一一列举形式学派在回指研究中所存在的各种弊端或局限。这些批评并非完全没有道理，但除批评以外，人们却很少去思考形式学派在回指方面的研究所体现出来的价值。我们认为，从形式学派的研究结果中至少可以获得两条有价值的启示。首先，虽然从根本上说，我们都承认回指是一种心理认知现象，但句法学的研究告诉我们，在句子层面上，即便是完全摈弃了语用认知方面的考虑，仅仅依靠几条简洁的规则我们也可以对大多数句内回指完成释义。这表明，至少在句子层面上，刚性的规则在很大程度上左右着语词的排列组合。对这些规则的研究对当今人工智能、机器翻译领域有着极为重要的意义。相反，语用认知方面的规则就往往很难为计算机所识别和处理，最终可能只会成为人们的一种灵活多变的阐释工具，而不能被当今飞速发展的计算机科学所应用。其次，对语言的研究始于形式，最终往往还要归结于形式。无论心理科学、神经科学、解剖学如何发展，我们对语言的研究总归还是要从语言的基本形式入手，从音、形与义的结合去一步步挖掘更深层次的神经心理学基础，而对神经心理层面语言运作机制的了解又会反过来加深人们对语言本身的认识，为语言形式化工作提供坚实可靠的基础。

回指领域对 Chomsky 形式学派的批评还典型地反映出有些学者的一种错误的评判方式。同一个问题若从不同的角度看通常都会得出不同的结论，这实际上是一个人所共知的常识性问题，然而在学术问题上往往会有人对此视而不见。Chomsky 对回指的研究视角仅限句法学，即以句子为单位，跨句或者说篇章范围内的回指不属于他的研究范围。此外，Chomsky 的回指研究对象也与一般意义上的回指研究对象存在明显的不同，如他所使用的 anaphor 仅指反身代词、相互代词和名词短语语迹。因此，如果我们站在语篇的高度，根据在更广泛意义上的回指现象所做的研究来"批判"Chomsky 的回指理论中所存在的种种所谓的局限性，这显然有失公允。实际上，我们所做的任何研究都是在某一特定的范围内进行的，我们通常无力也无法去操控更大范围内的对象。只要我们能在自己所设定的有限范围内自圆其说，这样的研究成果也完全可以被认为是可靠和有效的。

　　间接回指的回指释义与直接回指的回指释义所存在的最大也是最重要的一点不同是，直接回指有较多的形式或显性层面的因素影响回指释义的过程及结果，所以我们可以提出"约束原则"（Binding Principles）和基于主题的回指释义解决方案（许余龙，2004），而在间接回指中更多的是隐性的常规知识因素或非常规的篇章信息因素在起作用，而且人的主观因素在某些情况下也会起到很大的作用。因此，尽管从本质上讲直接回指和间接回指都是一种认知现象，但在回指释义操作中，间接回指释义对认知心理因素的依赖性更强，而对显性层面因素的依赖性相对较小。反映在间接回指释义的各种解决方案中，我们可以明显地看出，几乎所有的释义方案都是以认知操作为基本内容的，而很难看到纯形式化的影子。

　　尽管间接回指利用操作性较强的刚性规则来进行释义比较困难，但计算机科学及人工智能领域却必须要使用这样的规则来解决篇章话语中的间接回指问题。虽然迄今为止人们已取得了一些成就，但离一个相对完美的解决方案的距离仍相去甚远。目前在回指研究领域存在着一个比较奇特的现象，那就是语言学领域对回指的研究与计算机科学领域对回指的研究几乎截然不同，两个阵营的研究均相对比较独立，双方在研究成果及研究方法等方面似乎没有太多的沟通。我们在讨论回指的语言学专著及论文中鲜见计算机科学在这方面所取得的成果，反之亦然。我们不应该在回指释义研究成果方面一方面解释力越来越强，而另一方面可操作性却变得越来越低。令人欣慰的是，国内语言学界已经有人开始在做这方面的工作，如许余龙（2005）在回指实证研究数据库建设方面所进行的卓有成效的工作，还有刘礼进（2005）利用向心理论（Centering Theory）来进行回指解析计算操作也令人印象深刻。尽管这些研究还只是初步的，还有待计算机科学方面的语言研究专家对这些成果做进一步的评判，但这毕竟是向回指的跨学科研究，特别是面向计算机应用的研究走出的非常重要的一步。

第五章
形式、功能与认知

在以往对回指问题的研究中,学者们要么只研究直接回指,根本不去考虑间接回指的问题,要么只是在对直接回指进行研究的过程中略微提及一下间接回指,并不把间接回指作为一种相对独立的现象进行深入的研究。即便是为数不多的间接回指方面的研究文献(如 Emmott, 1999; Kibrik, 1999; Mastui, 2000; 徐赳赳,2005 等),在对间接回指进行分析阐释时也往往只是局限在某一个或某几个方面,迄今未见有研究从比较宏观的视角来审视间接回指的形式、功能与认知之间的关系。

如果我们从直接回指和间接回指的一般形式、功能和认知的视角对这两种现象进行观察的话,的确可以发现许多相通的方面。在我们所研究的篇章名词性回指的范围内,从形式上看,两种回指的回指语都必须使用有定名词形式,而且两种回指的先行语和回指语都必须在语篇中出现。从回指所承担的基本功能上看,两种回指都是语篇衔接与连贯的重要手段,都承担着重要的语篇及概念连接功能。而从认知层面上看,两种回指的回指释义操作从本质上说都具有认知心理的属性,只有从认知心理的深度进行挖掘,回指释义才能获得真正圆满的阐释。此外,还有一种现象能够说明两者的相通之处,那就是对于有些实例,我们既可

第五章 形式、功能与认知

判定其为直接回指，也可判定其为间接回指，两种回指的界限似乎在这种实例中体现出一种中间过渡状态。例如：

（1） Wash and core six cooking apples. Put them in a fireproof dish.

（Halliday & Hasan, 1976: 2）

（2） Kill an active, plump chicken. Prepare it for the oven, cut it into four pieces and roast it with thyme for 1 hour.

（Brown & Yule, 1983: 202）

对例（1）来说，人们往往会依靠直觉断定回指代词 them 回指的是 six cooking apples，由此认为该例属于直接回指。但是，如果我们仔细分析就会发现，them 实际上不可能指称原有的 six cooking apples，因为这六只待烹饪的苹果已经因为"清洗"（wash）和"去核"（core）改变了原有的状态，因此 them 与 six cooking apples 的所指并不对等。而由于 six cooking apples 与 them 的直接所指不对等，但 them 的所指又必须有赖于 six cooking apples 所激活的情景，因此从这个意义上说，该例又应该属于间接回指。例（2）的情形完全相同，其中的每一个 it 都与 an active, plump chicken 的所指有所不同。受这两个实例的启发，如果我们回头去审视一下我们所接触过的许多明显属于直接回指的例子，可能就会发现，所谓的直接回指从某种程度上说也都是间接回指。例如：

（3）　　小凤凰负伤，ø 飞落到地上，……

（许余龙，2004: 65）

在该例中，从严格意义上说，零代词 ø 真正指称的对象并不是原来的活泼健康的"小凤凰"，而是"负了伤的小凤凰"。"小凤凰"与 ø 的所指对象并不完全对等，因此，更准确地说，"小凤凰"应该被视作间接回指的先行语。然而，我们通常还是把这种情况作为直接回指来处理，因为指称在一定程度上的模糊性通常都会被忽略不计，只有当两个成分的所指出现明显错位的时候才会引起我们的注意。

由此可见，把直接回指与间接回指放在一起做统一处理还是有一定道理的。但是，间接回指毕竟还是有其有别于直接回指的某些显著的特征，我们完全可以通过设定一定的标准把间接回指与直接回指区别开来单独进行研究。在前面的章节里，我们已经对间接回指进行了对比实证研究，而在本章中，我们将进一步从宏观的视角，或者更准确地说，是从间接回指的形式、功能和认知三个方面来深入剖析这种现象，探讨间接回指在这三个层面上所体现出的性质特点以及彼此之间的相互影响、制约和协同关系。

5.1　形式与功能

5.1.1　系统功能语言学中的回指

何为语言的功能？这是一个看似简单，实际上却极为复杂的问题，因为与语言研究的很多领域不同，对功能（function）的研究并"没有一个专门的功能科学"。不但不同的学科都会研究功能,而且即便是同一学科对功能的界定和研究也会有所不同。(程琪龙,2006: 45-47)因此,为了探讨间接回指的功能特点,我们暂且把功能界定为间接回指在语篇中为了意义表达的目的所起的各种各样的作用。这是一个开放式的概念,但其要义是语言形式是如何进行意义表达的。为了获得这种功能方面的认识,我们自然首先要从分析功能语言学的衔接思想入手。

Halliday & Hasan(1976)的经典之作 Cohesion in English 对人们比较全面系统地认识照应(reference)的各种形式与功能提供了非常大的帮助。在对各种衔接手段(cohesive devices)进行分类时,他们把照应、替代(substitution)、省略(ellipsis)和连接(conjunction)均视作语法手段,而把重述(reiteration)和搭配(collocation)视作词汇手段。这样划分的目的主要是考虑到前者更多地提供一些语法功能方面的帮助,词义的重要性相对较小,因此常常使用完全不同或者是简化了的形式手段进行衔接;而后者所使用的衔接词语是相对固定的,无法做灵活的变通,所以其特点在词语而非语法关系方面。有学者(如朱永生、严世清,2001: 58)认为,Halliday 和 Hasan 一方面把照应视作语法衔接手段,另一方面又明确指出"衔接是一个意义概念,指语篇中存在的意义关系"(Halliday & Hasan, 1976: 1),这种把同一种语言现象既看作语法手段又看作语义手段的做法是不妥当的。事实上,上述看法是种误解。Halliday & Hasan(1976: 6)在谈到语法衔接与词汇衔接的关系时曾特别指出,语法与词汇实际上只是个程度问题(only one of degree)。衔接中并不存在纯形式化的关系,其中总有一定的语义内容牵涉其中。在语法与语义的平衡关系上,语法的成分重要一些就给它打上一个语法的标签，反之则打上一个词汇语义的标签，语法与词汇的分类只是为了突显各自不同的主要特点罢了。

就衔接与连贯的关系来说，衔接更加注重外在的语言形式，而连贯强调的是概念语义之间的连接。没有适当的衔接手段，语篇难以甚至不可能获得连贯的表达。当然，充满衔接手段的语篇也未必意味着该语篇的意义是连贯的。但我们至少可以说，衔接是获得连贯的非常重要的一种手段。

根据 Halliday & Hasan（1976: 31），指称之所以不同于其他的衔接手段，是由其自身所具有的特点决定的，这集中体现在所需提取的信息的特定属性方面。指称关系中所需提取的信息是指称义（referential meaning），即所指的特定事物的身份或类别，其衔接特点体现在"指称的连续性"（continuity of reference）上，即通过衔接同样的事物可以再一次出现在语篇之中。这里我们一定要弄清楚这个"同样的事物"的真正所指为何物。因为在回指研究中，我们既区分了形式上的回指语和先行语，也区分了概念语义层面的回指项和先行项，而且这些区分在直接回指和间接回指中有着不同的体现。在直接回指中，回指语与回指项以及先行语与先行项都是直接对应的，但在间接回指中，回指语与回指项虽然仍是直接对应的，但先行语并不直接对应真正先行项。换句话说，先行语必须要经过激活扩散的过程才能激活真正先行项。需要注意的是，Halliday & Hasan 在谈指称问题的时候，在很多情况下并没有特别区分直接回指和间接回指，因此在这种情况下，我们可以认为他们的表述对两种回指都适用。为说明"同样的事物"再次出现，他们举了这样一个例子：

(4) Three blind mice, three blind mice.
See how they run! See how they run!

(Halliday & Hasan, 1976: 31)

Halliday & Hasan 分析认为，they 的意思不单单指 three blind mice（三只盲鼠），准确地说是指 the same three blind mice that we have just been talking about（我们一直在谈论的那三只盲鼠）。他们还指出，所有用于指称的词语都是有定的，这种有定性正说明所指对象具有"特定的身份"。我们认为，他们所说的这种"特定的身份"是指所指对象不是一个抽象的事物，而是与语境密切相关，随语境的不同而不断变化的事物。

然而，本章前面提到的例（1）这个实例，同样被认为是直接回指的例子，也出现在 Halliday & Hasan（1976）的这部著作中，他们在分析时却说："显然第二句中的 them 回指的是第一句中的 six cooking apples。"如此看来，他们在解释同为直接回指的例（4）和例（1）这两个实例时存在着明显的矛盾。那么我们应该如何来解释这种矛盾呢？

我们认为这是一个关于回指的形式与功能的问题。

从形式上讲，语篇内回指必须要有两个显性的照应成分，也就是我们所说的先行语和回指语。我们对语篇回指的照应功能的描述必须要有形式上的依托。尽管从功能意义上说，回指语所对应的回指项并不一定与先行语所对应的先行项同指（co-referential）（如例（1）和例（3）），但为了表述或描述的方便，我们通常都会简单地说回指语与先行语所指相同。这种说法尽管并不准确，但却是完全可以接受的，原因之一是语言本身永远都是其所表达思想的一种不完备的反映。其次，尽管先行语所直接对应的概念不一定是回指项最准确的指称对象，但却是最准确指称对象的主体，用主体代其全部是很自然的事情。而从功能意义上讲，回指的语篇衔接作用从根本上说是为了进行概念的传递。先行语的概念在后续话语中被再次提及时可能依然保持不变，但也可能如例（1）和例（3）那样在语篇发展过程中发生或大或小的变化，因此在后续话语篇章中使用一个回指语指称这一概念一定是指称已经变化了的原先行语概念。

英语的 reference 一词，特别是动词 refer to 能表达两种含义。第一是表示"指向"，即朝哪个目标方向指示；另一个含义是"指称"，即真正所指的对象是什么。当理解为"指向"时，我们就说某某回指语指某个先行语，而理解为"指称"时，则是表示回指项的真正所指对象是哪一个。

系统功能语言学家把语言的功能高度抽象为三种元功能，即概念功能（ideational function）、人际功能（interpersonal function）和语篇功能（textual function）。在对回指的研究中，系统功能语言学家主要是强调回指的语篇功能，对其概念功能的认识基本上就是把回指关系看作对先行概念的一个重复提及，并不涉及任何新的信息。回指的人际功能可能更多地体现在通过使用有标记的回指语来传递个人的某些情感态度。但总的来说，系统功能语言学在回指研究上的亮点无疑是在其语篇功能方面。

我们这里不准备把回指的形式类别做进一步的讨论，也不对回指的功能做更为细致的分析，我们的重点将主要放在间接回指的形式与功能方面。

5.1.2 间接回指的形式与功能

尽管我们都知道，间接回指的基本形式是由先行语和回指语构成的，其基本功能是为语篇的衔接与连贯服务的，然而这种说明显然过于笼统，不能让人们更准确、全面和深入地把握间接回指的形式功能特点。有鉴于此，我们主要从先行语、回指语以及先行语和回指语的形式关系三个方面入手来详细分析这些形式与其所承担功能之间的关系。

5.1.2.1 先行语及相关功能

承担先行语的语言成分的类别可以很灵活，既可以是普通名词，也可以是动词、形容词或其他此类的词。先行语除了可以由单个的词表达以外，还可以使用短语结构，甚至混合了单词和短语的复杂结构。总之，先行语的形式究竟如何是次要的，关键是某一形式能否激活一个适当的先行语概念，并为回指项进行回指释义做好铺垫。在绝大多数情况下，一个间接回指只包含一个先行项（注意，不是先行语，因为一个先行项可以由几个不同的先行词或先行短语来表示），但根据我们较早进行的研究发现，在特殊情况下，一个间接回指可以拥有不止一个先行项。例如：

(5) His every life was surrounded by the dentist, the department store, the osteopath, the doctor, the psychiatrist. He found no way to pay the bills.

(6) There is no frigate like a book / To take us lands away, / Nor any coursers like a page / Of prancing poetry: / This traverse may the poorest take / Without oppress of toll; / How frugal is the chariot /

That bears the human soul.

在例（5）中，回指语 the bills（账单）对应的先行语有五个，即 the dentist（牙医）、the department store（商店）、the osteopath（骨科大夫）、the doctor（医生）和 the psychiatrist（精神科医生）。从严格的真值语义条件上讲，回指语 the bills 在对应每个先行语时的含义都是不同的。此处该指称关系之所以可以成立，依靠的就是回指的模糊性。例（6）是 Emily Dickinson 的一首名诗，她在诗中把读书比作费用低廉的美妙旅行。回指语 This traverse（这旅行）从常规关系上讲既指 frigate（船）也指 coursers（马）。然而，由于明喻修辞手法的使用，a book（一本书）和 a page（一页）也都可以成为先行语，于是就产生了多重指称的效果。本例中的回指语 the chariot（马车）从常规关系上讲其先行语应该是 coursers（马），然而在语言语境（That bears the human soul（承载人类灵魂））的限定下，先行语似乎也应该是 a book、a page 等成分。这种亦此亦彼的指称效果恰恰是诗歌朦胧意境的魅力所在。

在我们前面的实证研究中，我们一开始就特别说明，我们所研究的间接回指都处于具有明显语言表达形式的情形。之所以要这样做，一是几乎所有的间接回指研究基本上都是限定在这个范围之内的，二是为了语料收集与分析的方便，同时也是为了把我们的实证研究限定在一个容易掌控的范围之内。但这样做的缺点是，某些具有特殊功能的间接回指会被忽略，特别是先行语难以确定的情况。陈岩、王军（2009）曾对弗吉尼亚·伍尔夫（Virginia Woolf）的意识流小说《闹鬼的屋子》（*A Haunted*

House）进行过回指风格分析。之所以要对意识流小说进行分析，主要是考虑到这类题材的小说往往比较注重描写人物的内心世界，并尽力再现这种内心世界的意识流动状况。人的意识流淌常常呈现杂乱、不连贯的特征，当用语言进行表现时，语言也可能会变得晦涩难懂。反映在间接回指的使用上，陈文发现，在小说第三、四段集中出现的20例间接回指实例中，有19例都无法在语篇中找到明确的先行语。究其原因，主要是因为故事的主人公在进行各种心理活动时，他对自己的思想可能心知肚明，但由于表达的跳跃性或简约性，读者于是就感到有些不知所云。因此，陈文认为，"某些回指词语的使用，与其说是指向前述的篇章，不如说是指向主人公的内心世界，只有在其内心世界中才能找到某些回指项的真正所指"（陈岩、王军，2009：64）。

从篇章理解的角度看，间接回指的先行语采用怎样的语言表达形式并不重要，关键是能否为回指语提供一个具体而明确的关联对象。如果先行语语言表达不充分，甚至没有显著的语言表达形式，对回指语的理解就会出现困难；而如果存在多个可能的先行语，对回指语的理解就会有一种模棱两可的感觉。当然，在文学作品中出现上述状况未必都是坏事，因为那可能是作者为了获得某种文学效果而有意所为。但在通常情况下，先行语还是以清晰明确为主，我们所收集的英汉语篇实例就充分印证了这一点。

5.1.2.2 回指语及相关功能

间接回指的回指语都是有定的，这一点毫无疑问。英语中这种有定性绝大多数都是由定冠词加名词短语构成的，在个别情况下还会使用代词形式，而汉语往往是使用光杆名词短语，使用代词的概率与英语相当。

根据我们所收集的语料，无论是英语还是汉语，在使用有定名词短语做回指语时，这一名词短语的语言表达形式一般都比较简单，也就是说作为中心词的该名词短语的主体部分一般没有多少修饰语。例如：

(7) We held the paper close to <u>the fire</u> and watched for the characters to come out, under the influence of <u>the heat</u>.

(<i>A Curious Experience</i>)

(8) When I came to <u>the house</u> I knocked at <u>the door</u>, but no one answered. When I opened the door, over <u>the hall</u> I saw written, 'Be bold, be bold, but not too bold'.

(<i>The Story of Mr. Fox</i>)

(9) 第二天，又来了一个大商人的儿子，<u>他眼望着黑铁</u>，<u>手拍着钱袋</u>，拉长嗓子唱道……

(一块黑铁的故事)

(10) <u>县官坐了大堂</u>，把惊堂木一拍，说："给我打！"

(枣核)

出现上述情况的原因主要与间接回指本身的特点有关。由于间接回指的回指项与先行项通常都存在较密切的常规关系，因此在提及回指项时一般不需要对其进行过多的限定或描述就能对其所指进行定位。相反，如果对作为回指语的有定名词短语增加一些修饰限定成分，就可能会出现两种情况。例如：

(11) a. <u>她走进房间的时候</u>，使劲甩着<u>胳膊</u>。

b. 她走进房间的时候，使劲甩着套着白色套袖的胳膊。
c. 她走进房间的时候，使劲甩着她的胳膊。
d. 她走进房间的时候，使劲甩着自己的胳膊。

例（11a）和例（11b）都是间接回指，只是由于在例（11b）的回指语中心成分使用了较多的修饰语（"套着白色套袖的"），使得原本"她－胳膊"之间的常规关系显得有些特别，增添了一些文学色彩。事实上，间接回指是语言使用中的一种普通的衔接手段，较少用来获取特别的文学修辞效果，所以，像例（11b）这样的句子相对少见也就不足为奇了。例（11c）和例（11d）属于另外一种情况，在这里由于各自的回指语前分别增加了"她的"和"自己的"这样与先行语同指的成分，它们也就被排除在了我们一开始所界定的间接回指的范围之外。事实上，使用间接回指的一个主要作用就是能够使表达更加简洁，避免使用拖沓累赘的语言，而之所以能做到这一点，是因为这种结构充分利用了人们交际中共有的常规知识，利用了人们交往中的一种默契，所以对于所使用的回指语，一般只需要"点到为止"就可以了。

使用间接回指语除了能够使语言表达更加简洁以外，第二个功能是能够明晰概念。

虽然通常认为回指项是一已知概念，但如果没有回指语这一语言表达形式，回指项在很大程度上仍然还是未知的。特别重要的是，一般来说，没有形式表达的概念很难在语篇中发挥明显的作用。在例（11）中，先行语"她"所激活的概念应该远不止"胳膊"一个，然而只有当出现了"胳膊"这一语言表达形式的时候，先前潜在的概念才得到完全激活。正如我们前面曾阐释过的那样，在未提及"胳膊"这一概念的时候，"胳膊"这一概念只是由于先行语"她"的激活扩散作用使其处于一种半激活的状态，只有当在后续话语中提及这一概念时，它才能真正变得明晰起来。因此，间接回指语的使用也是一种明晰概念的手段，这使得这一概念具有了被进一步谈论的可能。

间接回指语的第三个功能是扩展概念。

扩展是相对于先行语概念而言的。先行语概念为相关概念的扩展做好了铺垫，当这些概念——用有定名词短语的形式表达出来的时候，先行语概念也就得到了进一步的扩展或细化，由原本的一个概念框架发展到具体明确的某一个或多个概念实体，以先行语概念为龙头的整个概念体系变得具体丰富起来。从修辞的角度讲，间接回指语的使用往往使得概念表达更加具体化、精细化。

正是由于间接回指的间接性特点，回指项在用回指语表达的时候通常都使用有定名词短语的形式，以使概念表达明确而不产生歧义，这是间接回指表达的无标记形式（unmarked form）。如果在某些情况下使用代词来进行间接回指，往往是因为需要借代词的语义贫乏的特点避免直接提及其所指的概念，这样做，要么会形成一种委婉的表达效果（如 3.2.2 中的例（7）以及 3.3 中的例（13）），要么是出于其他的修辞目的（如 2.4.2 中的例（24）），这是导致代词间接回指在我们的语料中出现较少的一个主要原因。

5.1.2.3 先行语和回指语的形式关系及功能

由于第二章已经根据英汉语料对间接回指的各类分布情况做了统计和分析，在此就不再重复，我们现在把注意力主要放在相对比较宏观的方面来探讨间接回指的形式与功能的关系。

从篇章距离上讲，间接回指的先行语和回指语在英汉语篇中的分布状况有很大的不同。2.4.3中的表10显示，英语中的这两个成分主要分布在跨段（45.1%）和同句内（35.2%）这两个区间，而汉语则集中出现在同句内（84.2%）这一范围内，在其他篇章距离内出现的概率相对较低。当然，这样的分布状况肯定与英汉语言的特点、间接回指在英汉语中的界定标准难以对等，以及所选取的语篇的文体特点等有着直接的关系，然而根据Ariel的可及性理论，有定名词短语属于低可及性的标示语，其所指的对象通常处在较远的篇章距离内。当然，低可及性对应较远的篇章距离这种观点应该主要是针对直接回指而言的，而且很多研究也表明的确存在这种对应性。然而，Ariel在阐述这种观点时只是针对有定名词短语的篇章回指功能而言，并未说明直接回指与间接回指在这方面的表现有何不同。既然如此，我们就可以认为Ariel的观点也应该适用于间接回指，然而结果却并非她所预料的那样。在汉语语篇中，间接回指的先行语不但不是主要出现在较远的篇章距离内，而是恰恰相反，集中地出现在较近的篇章范围内。如果我们用间接回指的隐含特性可以等同于较远篇章距离所起的作用来说明，似乎这样解释汉语语篇还是有一定的说服力的。然而在把这种解释照搬到英语语篇中时，问题又出现了。尽管英语语篇中的间接回指有比较高的比例（35.2%）出现在最近的篇章距离内，但还有更高的比例（45.1%）出现在最长的跨段距离内。英汉语语篇中的这种很不一致的分布状况使我们不得不认真思考一下间接回指基本的语篇功能究竟是什么。

我们知道，在直接回指中，代词一般不适合进行长距离的篇章回指，根本原因就在于代词的语义内容比较贫乏，在回指中区别所指对象的能力相对较差。篇章距离越长，就越有可能出现多个可能形成干扰的候选先行项，而在较短篇章距离内出现这种问题的可能性就比较小。有定名词短语的信息含量要比代词丰富得多，故在回指（包括直接回指和间接回指）中可以指称较远篇章距离内的对象。同时，对于间接回指来说，其间接性特点本身就已拉远了先行项与回指项之间的心理距离，因而在较近篇章距离内大量使用间接回指也就不足为奇了。由此看来，对间接回指来说，在使用有定名词短语做回指语时，其先行语无论是出现在较远篇章距离内，还是出现在较近篇章距离内都是正常现象。英汉语语料中所反映出的差异是由间接回指关系之外的其他因素决定的。

　　间接回指的基本功能是衔接语篇，继而帮助语篇获得连贯的表达。直接回指的回指项表达的显然都是已知的概念，这也就是说，直接回指在使用回指项时并不能增加任何新的信息，这就使得直接回指的功能基本上都集中在衔接方面。如果单看回指项的形式特征，间接回指的回指项与直接回指的回指项之间并没有任何的区别，如此一来，人们就会认为间接回指的回指项所传递的信息也全都是已知信息（Halliday & Hasan, 1976: 70-74）。如果这一观点正确，那么间接回指的基本功能也就应该和直接回指一样主要是起语篇衔接的作用。

　　然而，事实并非如此。我们认为，在间接回指中，回指项所传递的信息既有已知信息，也有未知信息。

　　回指项传递已知信息这一点不难理解，因为"定冠词无语义内容，其作用仅仅是表示所谈论的对象是确定的和可辨别的，也就是说，可以在某个地方找到辨别该定冠词的信息"（Halliday &

Hasan, 1976: 71）。我们之所以说回指项也传递未知信息，是出于如下的考虑。在直接回指关系中，即便回指语不出现，也就是形成不了直接回指关系，处在先行话语篇章中的"先行语"①的语言形式和概念内容对于受话人来说依然是清晰可辨的，也就是说，对该"先行语"的形式与内容的意识并不以是否会有后续的回指语出现为转移。而在间接回指中，情况则完全不同。如果回指语（项）不出现，其真正先行项就通常不会被意识到，而意识不到则意味着该信息对受话人来说是暂时不存在的。只有当回指语（项）出现时，原来潜在的信息才能浮现出来，这对受话人来说是一个信息从无到有的过程，据此我们认为间接回指语也能传递新信息。根据上述分析，我们得出一个结论：从间接回指传递已知信息的角度看，间接回指能够起到语篇衔接的作用；而从间接回指传递未知信息的角度看，间接回指能够以一种较为简洁的方式为语篇提供新的概念信息。正如5.1.2.2中所言，间接回指不但能明晰概念，还能扩展概念，能够让先行语概念变得更加具体和丰富。

　　间接回指的回指项（除代词外）信息含量丰富，而且表达形式简洁，即便在两个不同的间接回指交织在一起的情况下，仍然可以清楚明了地进行意义表达。例如：

（12）　　He found the house gone to decay — the roof fallen in, the windows shattered, and the doors off the hinges.

(*The Magic Barrel*)

---

① 此处的"先行语"之所以要打上引号，是因为如果没有回指语，也就没有所谓的先行语，先行语和回指语是相互依赖而存在的，缺一不可。

（13） We held the paper close to the fire and watched for the characters to come out, under the influence of the heat; but nothing appeared but some faint tracings, which we could make nothing of.

(*A Curious Experience*)

在例（12）中，the house — the doors（房—门）构成一对间接回指关系，the doors — the hinges（门—合叶）构成另一对间接回指关系，其中的 the doors 既承担前一间接回指的回指语，又承担后一间接回指的先行语，它作为中间一环把两个间接回指连接起来，我们可称之为"链式间接回指"（chain indirect anaphora）。例（13）是两个完全不同的间接回指交织在一起，我们可称之为"交叉间接回指"（cross indirect anaphora）。（王军，2004: 107-108）两种情况分别可以用下图表示：

链式间接回指：

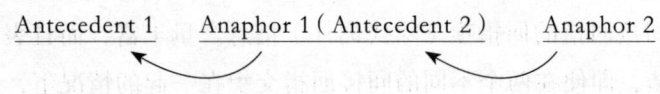

　　　　Antecedent 1　　Anaphor 1（Antecedent 2）　　Anaphor 2

交叉间接回指：

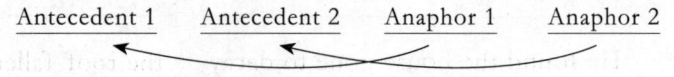

　　　　Antecedent 1　　Antecedent 2　　Anaphor 1　　Anaphor 2

链式间接回指和交叉间接回指的使用进一步表明，间接回指不但能使语言表达简洁高效，而且回指项和先行项之间抗干扰的能力也比较强，这就为在较长篇章距离内使用间接回指提供了可能。

在许余龙所著的《篇章回指的功能语用探索》一书中，他提出了一个基于先行语的主题性和回指语的可及性的篇章回指释义的新原则，为直接回指释义研究开辟了一条新路，受到相关专家（如姜望琪（2006））的高度赞扬。许文提出的主题识别的原则是：

> 在一句小句中，谓词前表示句中谓词所描述的过程中的一个参与者（即某个具体或抽象的认知实体）并充当句子的一个直接成分的名词短语，或者虽然不是过程的参与者但与它后面的主述题结构构成"关涉"关系的名词短语，都是小句的主题。
>
> （许余龙，2004: 63）

根据这一主题确定的原则，以及作者对主题类型的进一步细化（许余龙，2004: 70-79），我们可以做出如下推断：直接回指的先行语通常处在小句的较为突显（主语或主题）的位置，因而是包含该直接回指的语句中极为重要的衔接手段。而间接回指的情形则完全不同。2.4.3中的表12显示，在英语语篇中，只有13.0%的间接回指的先行语出现在主语/主题的位置，出现在宾语位置上的比例最高，为54.3%，其次是状语位置，为28.3%。这说明间接回指的先行语并不一定需要占据小句较为突显的位置。所以，在一般情况下，英语语篇中的间接回指并非是语篇中起主导作用的衔接手段，它更多时候处在一种附属的地位，协助其他衔接手段来促进语篇的衔接与连贯。汉语语篇的情况有所不同。2.4.3中的表13显示，汉语语篇中间接回指的先行语多数都处在主语/主题的位置，比例高达72.5%，其次是宾语位置，仅为14.5%，在其他位置上的比例均分别低于6%。由此可见，与英语语篇中的间接回指相比，汉语语篇中的间接回指的作用更像直接回指，其在间接回指的关系范围内可承担主要的语篇衔接功能。然而，我们必须要看到，汉语语篇中间接回指语的分布特点主要是由汉语语言表达的特点造成的。2.4.3中的表14可充分说明这一点。该表统计的是英汉语间接回指先行语的一般语义特征。数据表明，先行语指称人的比例在英语中仅占19.6%，而在汉语中却高达59.4%。在叙事性文体中，人物往往是谈论的话题，更容易出现在主语或主题的位置上。汉语在把人和人的肢体器官、个人特点及其他属性结合在一起做衔接表达时，很容易构成间接回指；而英语在这种情况下会在回指语上使用包含先行语成分的所有格形式，如 he — his hand。这样，根据我们最初确定的间接回指的概念，这种关系不属于间接回指，这就造成了英语语篇中这方面的数据比例比较低。由此可见，就间接回指的衔接功能来说，其在汉语语篇中的功能作用要大于在英语语篇中的作用，而且在汉语语篇中，这种起主要衔接作用的形式主要用于进行人物特征描写。

5.1.3 有定/无定与回指

我们在前面已经详细介绍过有定性在间接回指关系中的重要作用，此处不再赘述，我们这里探讨的是另一个较少引起关注的问题。我们在研究回指问题的时候，都会把回指语的有定性作为回指关系成立的一个必要条件，或者说，如果在回指语位置上的成分是无定的，那么该成分就不能充当回指语。例如：

(14)　　a. They came to a house. The door was locked.
　　　　b. They came to a house. A door was locked.

无论根据哪一种间接回指的定义，例（14a）毫无疑问都会被判定为间接回指，而例（14b）总会被排除在外，唯一的原因就是用于回指的名词短语必须是有定的。

　　Halliday & Hasan（1976: 70）认为，英语的定冠词 the 是从表示指示的代词 that 演化而来的，正如不定冠词 a 是从代词 one 演化而来一样。虽然人们在讨论定冠词 the 的指称功能（referential function）时会在其使用条件上贴上各种各样的标签，如唯一性（uniqueness）、可辨别性（identifiability）、唯一可辨别性（unique identifiability）、熟悉性（familiarity）等（详见 Chen Ping, 2004），但人们还是有一个基本的共识，那就是，"（唯一可辨别性）是正确使用定冠词 the 的必要和充分的条件"（Gundel et al., 1993: 277）。例（14a）中 The door 表明"门"只有一扇，而且这扇"门"是属于语境中的那所"房子"的，而例（14b）中的 a door 虽然可以判断出是属于语境中的那所"房子"，但它并不是唯一的，它仅仅是几扇门中的一扇。我们知道，有定性并非是定冠词 the 的专利，专有名词、人称代词、指示代词、指示词加名词短语等都具有有定性。我们之所以主要谈论使用定冠词 the 的回指语，一是因为这种回指语在英语间接回指中占绝大部分，二是因为这在英语中是一种"无标记的、非选择性的指示词"（unmarked or non-selective referential deictic）（Halliday & Hasan, 1976: 74）。第三，也是最为重要的一点，与英语典型地使用定冠词加名词短语结构做间接回指语不同，汉语通常使用的是光杆名词短语形式。虽然汉语缺少了定冠词的符号还可以使用语序、语义等手段来确定某一光杆名词短语是否有定，但这种确定方法通常带有很大的主观性，有定与无定的界限常常是模糊不清的。因此，用基于英语特有的定冠词（相对于汉语来说）的功能作用来分析汉语名词短语的有定性特点，其对等性有多大值得人们深思。当然，正如我们前面的实证研究所做的那样，即便会有这样那样的一些不对等的问题出现，但这也恰恰说明了英汉语在某些方面存在差异，而充分揭示这种差异是我们对比研究的重要任务之一。

根据廖秋忠（1992: 40），"有所指（referential）的名词性成分，除了泛指和任指的以外，一旦见于上文，如再现、替代或省略时，即可认为其所指有定（definite）。如果这些名词性成分出现于上文，而且在下文成为某一框-椟关系的框时，整个框-椟关系的结构及所指也是有定的，如同'张三的哥哥'和'他的哥哥'也被认为是有定的一样"。廖秋忠在这里所说的框-椟关系基本等同于我们所说的间接回指关系，其中框指的是先行语，椟则为回指语。如果按照这个标准来审视例（14b），我们就会得出该例也是间接回指的结论。然而，实际情况是，例（14b）并不是间接回指。现在问题实际上已经很清楚，涉及普通名词短语问题的时候，对英语间接回指的判断主要是有定性的标记 the 所决定的，而对汉语间接回指的判断却无法依靠类似的形式标记，而只能依靠句法关系和语义关联。此外，我们还应该知道，廖文所说的框-椟关系并不仅仅包括我们所说的间接回指关系，其涵盖的范围还要更广。廖文（1992: 30）给框-椟关系所下的定义是：

汉语语流中两个名词性成分，特别是相邻的，A和B有时存在着这样的语义关系：B或为A的一个部件/部分，一个方面/属性，或为与A经常共现的实体、状态或事件，A为B提供了进一步分解A或联想到B的认知框架，A就是这儿所说的框，B即是楔。

例如：

(15) 在英国，公共图书馆（A）遍布全国……。对于首次去公共图书馆（A）的借书者，只需填上一张只有姓名及地址的卡片（B_1），管理员（B_2）便给你四张借书卡（B_3），整个手续就此结束。以后每借一书，以卡片（B_1）为凭存在图书馆（A），这样，总共可借书四本。所有的图书（B_4），分门别类开架，随读者（B_5）挑选。
（转引自廖秋忠（1992:34），原有的各种标记保持不变）

其中的A为框，B为楔。除了B_2、B_4和B_5作为有定名词性成分可以与A构成间接回指关系以外，其他的都不符合间接回指的界定标准。第一个B_1有典型的表示不定的数词"一"进行修饰，所以整个名词短语是无定的。B_3在某种程度上说是有定的。第二个B_1虽是有定的，但其与第一个B_1构成的是直接回指的关系。总之，例（15）中的B这些成分既有典型的有定名词成分，也有典型的不定名词成分，还有在某种程度上有定的成分，但不管怎样，它们都可以纳入到框-楔关系中进行统一的解释。对于汉语语言的特点而言，过于细致的利用各种所谓精确的概念进行描述往往会产生更多的混乱。类似的例子还有，利用两分的主述题结构来分析汉语比之用复杂的主谓宾定状补来进行分析似乎更切合汉语的实际。因此，我们认为，框-楔关系虽然只是一个粗略的框架，但它值得我们认真反思应该如何来处理汉语的有定／无定问题，继而如何处理汉语中的回指问题。既然英语是靠有定性符号或显而易见的有定性特征来触发回指释义过程的，那么当汉语缺少这种有定性符号的时候，或者说当汉语的有定性不是那么显而易见，而只是表现为一种程度问题的时候，回指释义过程又该如何启动呢？这是一个牵涉面很大的问题，最终会触及语言符号与思维的关系这一宏观哲学问题。我们这里只是把这个问题提出来供人们思考，留待以后供感兴趣的同人进行进一步的研究。

5.2 形式与认知

语义三角（semantic triangle），又称意义三角（triangle of meaning）或指称三角（triangle of reference），是由 Ogden & Richards 于 1923 年在《意义的意义》（*The Meaning of Meaning*）一书中提出来的。这一语义三角关系可简单地概括为：

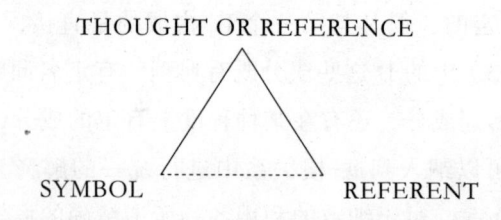

THOUGHT OR REFERENCE

SYMBOL   REFERENT

语义三角的提出意义重大,它为人们对语言形式、思维和客观世界三者之间的关系提供了一个最为基本的架构。在此基础上,不同的研究者又提出了许多不同的解释。例如,有的学者认为"思维或指称义"(THOUGHT OR REFERENCE)应进一步区分为"作者的思维"(Writer's Thought)以及"读者的思维"(Reader's Thought)(Anscombe, 1963),并在此基础上又有学者进一步发展出"言外行为理论"(Illocutional Act Theory)(Searle, 1976)等。就语言形式、思维以及客观世界三者的关系而言,普遍被认可的一种解释是:"语言形式"和"思维或指称义"之间"存在一个直接的但却是约定性的联系"(卢植,2006: 162)。以 school 为例,它能在话语使用中表达各种各样的含义:

(16) school
  a. 学习场所或建筑 Is there a school nearby?
  b. 课程 School begins at 9 a.m.
  c. 学生/教师 The school is going to the British Museum tomorrow.
    We must hand in the geography project to the school in May.
  d. 大学学院 At 18 she went to law school.
  e. 假期课程 Where is the summer school on linguistics to be held?
  f. 艺术流派 Van Gogh belongs to the impressionist school?

g. 观点　　　　　　　　There are two schools of the thought on drinking red wine with fish.

h. 一群在一起的大鱼　　A school of whales followed the boat.

（转引自卢植，2006: 166）

正是因为school这一语言表达形式与其所表达的各种概念具有一种直接的和约定俗成的关系，我们在使用这一表达语时才能完全被别人理解。然而，school毕竟只是一个由6个字母构成的书写形式，它所蕴含的丰富的含义之所以能够被受话人准确地把握，关键是还要有一个具体而合适的语境。这样一来，形式与意义之间似乎就不是一种单纯的直接对应关系了，对语言形式之蕴含意义的把握必须与基于语篇意义的推理能力结合在一起。如果我们利用上述过程来审视代词，我们所想表达的观点会更清楚一些。代词的意义被公认为比较贫乏，如代词"它"一般仅指无生命的个体，至于说这一个体究竟指什么，离开了具体的语境则无从知晓。如果代词仅以其所蕴含的基本概念义为我们所使用的话，其功能作用必然非常有限。而作为指称词语，其若不出现在特定的语境中则是毫无意义的，而其在不同语境中的存在又会使其获得不同的解读。尽管从各自研究视角出发，语义三角中的"符号"（SYMBOL）会被替换成"词汇"（WORD）、"形式"（FORM）等不同的表达语，但只有"符号"这一表述最能充分体现语义三角中的这一极。语音、词形这些语言的基本形式是符号，手语、旗语以及任何能够传递意义的现实世界中的事物也都是符号，所有这些都是符号学（semiotics）所研究的范畴。

符号都是死的，而且符号与符号往往各不相同，甚至是泾渭分明。例如：

（17） I saw a bird flying over a house.
（18） Long time no see.
（19） I 服了 You。

例（17）是一个普通的句子，若单纯从符号的角度看，这只不过是一串符号的集合，而且相邻的符号均各不相同。因此，单纯以符号排列组合的方式来考察符号，如果说有意义，其意义也是极为有限的。例（18）是一个不符合英语语符排列（即语法）规则的句子，很长时间都被当作洋泾浜英语加以冷嘲热讽，然而近些年来却意外地摇身一变，成为以英语为母语的西方人的正常问候语，这一点在美国电视剧《越狱》（*Prison Break*）第三季中得到了很好的诠释。特别是像例（19）这样英汉语符混杂的句子，语符间的差异更大。语法规则能使例（17）成为一个合乎语法继而语义流畅的句子，而例（18）和例（19）虽然以不同的方式违反了某些语法规则，却仍可以很好地传递语义。由此可见，语符形式虽然是语义表达不可或缺的载体，但其即便是存在某些缺陷，在某些情况下仍然可以很好地表达语义。形式与意义之间并非是一种直接对应的关系，它们相互依赖，又各司其职，对两者关系的揭示能更好地理解意义是如何运作的，或者说其表达机制究竟如何。

5.2.1 任意性与象似性

语言形式与概念义之间的关系本质上就是语言与思维之间的关系，然而语言形式作为一套符号系统，其本身并无意义，其意义的获得必须要与符号所指称的世界联系在一起。只有当语言形式与现实世界的关系在头脑中得到反映的时候，概念思维才能产生。因此，概念思维既是语言形式与现实世界沟通的桥梁，也是语言形式与现实世界沟通的产物。当今的科技发展水平尚无法让我们准确了解概念思维运作的机制和过程，目前唯一可行的手段就是通过分析语言形式表现特征，以及语言形式与外在世界的关系来推导发生在人脑中的认知活动规律和过程。

索绪尔的语言符号任意说为我们了解语言形式与意义之间的关系打开了一扇窗口，其意义不仅仅在于揭示了语言符号的本质，更为重要的是它进一步促使人们更加全面深入地去探究语言形式与认知思维之间的关系。

根据索绪尔（Saussure, 2001: 67），任意性（arbitrariness）是指能指（signifier）与所指（signified）之间不存在内在的关联。例如，作为能指的 table 这一语言符号（linguistic sign）与其所指对象之间不存在任何固有的或逻辑上的关联，这也说明了为什么在不同的语言中人们可以使用完全不同的语言符号来指称同一种事物。然而，索绪尔也指出了任意说中的"例外"，拟声词（onomatopoeia）就是一个很好的例子。无论是英语还是汉语，都存在不少的拟声词，然而如果我们仔细分析一下就会发现，即便是拟声效果最好的词，在某种程度上仍有任意性的影子。因为在使用语言符号进行仿拟表达的时候，除了要尽量使语词的发音与现实中的声音一致以外，还要遵循语言自身的音形组合及表现规律，而这在某种程度上就会导致拟声的失真。最典型的例子是，不同文化中的人们对狗叫的感受应该是相同的，然而汉语表示狗叫的词是"汪汪"，而英语则为 bowwow，两词的拟声效果存在明显不同。另外一个例外的情形是感叹词（exclamation）。感叹词一般是通过模仿人们感叹时所发出的声音而造的词，这"与拟声词没有什么不同"（Saussure, 2001: 69）。在不同的语言中，人们会对同一种感叹用不同的发音表示。例如，在表示出乎预料的惊讶时，汉语常用"哎呀"，而英语则会用 alas，两者的发音显然不同。事实上，有些表示感叹的词原本就是一般表达中已经存在的词，如 diable 的来源就是 devil（魔鬼）。

由此可见，虽然任意性可以有固有的任意性（intrinsically arbitrary）和相对的任意性（relatively arbitrary）之分（Saussure, 2001: 130），但任意性作为"语言最主要的和最基本的原则"这一点是不可动摇的。然而，有很长一段时间，索绪尔的任意说受到了人们各种各样的挑战，而这些挑战的一个基本思想是，语言的任意性不但不是人类语言的首要属性，而且语言的任意性是非常有限的，许许多多的不同语言层面的现象都可以或多或少地找到其形成的理据。很多学者（如王寅，1999；朱永生，2002：2-7；王德春，2001: 74-77；马壮寰，2008: 50-62 等）在探讨任意性与理据性问题时已经比较详细地把挑战任意性的各种观点做了较好的陈述或总结，本文在此就不再重述。我们的观点很明确，即索绪尔对任意说的阐述是基本正确的，后人的种种质疑及挑战在很大程度上是由于超出了索绪尔所谈话题的缘故。

索绪尔对任意说的集中阐述在他的书中只有一个小节，约两个页面的篇幅，所以他不可能把每个细节都阐释得非常清楚，而这恰恰留给了后人无限的遐想空间。例如，索绪尔说"linguistic sign is arbitrary"（语言符号具有任意性），但他并未对 linguistic sign 做严格的界定。通过他的阐述以及所举的各种例子，我们可以看出，该 linguistic sign 应该是指最基本的用于表义的语词符号，经过是一种对概念所进行的高度抽象的形式表达，其能指与所指之间的关系是任意的，也可以说是"无理据性的"（unmotivated）。然而，从词到复合词，再到短句和句子甚至篇章，随着语言构造的复杂化，语言符号的理据性或非任意性越来越强。然而，我们在把语言符号从索绪尔所谈的基本语词一步步上升到包含所有形式的语言符号的时候，我们实际上已经不是在同一层面上与索绪尔进行交流了。Haiman 是象似性研究的代表性人物，我们也都清楚象似性研究在很大程度上是对任意性的一种反叛，然而 Haiman 在其关于象似性的经典著作《自然句法》（Natural Syntax）中始终都不认为"语言符号的能指与所指之间的主要关系是象似性"（转引自马壮寰，2008: 52）。Haiman 的思想简单明了，一语中的：语言中的"词"本身是缺少理据的，但是它们的语法是有象似性的。沈家煊（1993）也认为，象似性主要是指语言的结构而言，如句法结构与人的经验结构存在一种自然的联系。胡壮麟（2006:4）也明确指出，"语言在句法层面上是非任意的"。王寅在最初对索绪尔的任意性首先发起挑战以后，也逐渐缓和了语调，提出应该用"辩证的观点"来看待索绪尔的任意观，认为"语言在音义层面存在较多的任意性，而其他层面具有较多的象似性，特别是在句法层面"（王寅，2003: 5）。

对于语言符号的任意说与象似说之争,其本身的孰是孰非也许并不重要,重要的是这场争论使我们对语言符号的各个层面与意义表达之间的关系有了更为深入和全面的认识。无论是任意说还是象似说,语言符号与所指之间的关系都不是直接的。任意说更加强调语言的符号特性,认为其既能独立于意义而存在(在无意识参与时),又可任意地赋予其指称义(在音形义初次建立关联时),而象似说则强调在语言逐级建构的过程中,人能够把各种自然的过程用语言反映出来,当然这种反映不可能是一种直接的反映,而是通过人类认识过程的抽象后概括地反映在语言中的。总之,无论是任意说还是象似说,都必须承认语言形式与意义之间的关系不是直接的,而是间接的。

5.2.2 语言的间接性

语言的物质形式是语音和词形,我们借助于语音或词形来表达一定的语义,而语义则成为我们大脑概念系统运作的基础。这里有三个至关重要且相互关联的成分,即语言形式、语义表征(semantic representation)和概念表征(conceptual representation)。语言形式是外在的,语义表征是依附于语言形式的一种相对固定的意义内容,而概念表征是大脑对意义的一种反映。

Levinson(2008: 291-301)在《语言与认知的空间——认知多样性探索》(*Space in Language and Cognition: Explorations in Cognitive Diversity*)一书中对语义表征和概念表征之间的关系做了细致、深刻的阐述。我们之所以要比较详细地介绍这部分内容,主要是因为只有弄清楚语义表征和概念表征之间的关系,我们才能最终对语言形式、语义表征和概念表征之间的关系做出正确的阐述,而这就是我们为什么提出需要在间接回指关系中要分离出先行语、先行项和真正先行项的原因所在,而不是像以往那样要么笼统使用先行语,要么笼统地使用先行项,或者只是把先行语和先行项这两个概念加以区分。

语言科学中的很多理论都认为语义表征和概念表征或概念结构(conceptual structure)是对等的,持这种观点的既有认知语言学家(如 Langacker, 1987: 5 ; Jackendoff, 1983: 95),也有心理学家和哲学家。这种观点最为吸引人的地方在于它使语言真正成为探究思维的窗口,人们透过语言所表达的含义可以了解深藏于大脑中的概念结构是什么,以及这些概念结构都是如何运作的。Levinson(2008: 292)明确指出,上述观点"显而易见是错误的"。他详细列举了五条原因来支持自己的看法。

第一,语言对概念域所进行的语义描述明显是不均衡的。以颜色词为例。客观世界的色彩五颜六色,反映在我们的头脑中必然也是色彩缤纷,然而不同的语言在对这些繁杂的色彩进行表达时却存在很大的差异。有些语言仅有两到三种颜色词,而且往往把蓝色和绿色用一个词来表达。再比如用于亲属称谓的词。英语的一个词 uncle,既可以指母亲的兄弟,也可指父亲的兄弟,甚至还可指母亲姊妹的丈夫或者父亲姊妹的丈夫,等等,而在汉语中几乎所有这些细分的亲属都可以找到专门的称谓。由此可见,仅有词和相应的义,并不能保证很好地反映人的概念结构。也许有人会说,英语可以采用描述的方式(如 father's sister's husband)来表达某一亲属关系,这样似乎就能实现与概念结构的对应了。然而英语是分析型表达法(analytic expression）和汉语是综合型表达法（synthetic expression）的这一事实就表明，英汉语在表达某些亲属关系时的语义构成是不相同的。

第二，语用学研究为"人之所述"和"人之所思"之间的差异提供了系统全面的论述。无论人们的思想是简单还是复杂，都不可能用语言恰如其分地完整表达出来，而且我们为了表达清楚，愈是多说，由此所蕴含（implicate）的信息也就越多，就越有可能无法把思想表达准确。所谓的"言为心声"，实际上只是语言对思想的一种粗略的反映，语言是不可能把思想完整准确地表达出来的。

语言与思维的错位还反映在所谓的"同义"及翻译对等问题上。synonym 在相当长的时间里都被翻译成"同义词"，然而，如果仔细思考一下的话，我们就会发现，真正的同义词实际上是不存在的。"狗"与"犬"的一般所指相同，但这并不意味着两个词的意义完全相同。我们之所以用"狗"与"犬"这两个不同的词语来表达相同的所指，根本原因是因为两者概念义的构成存在着差异。概念义除了其一般所指义以外，还附带有大量的关联信息，如"狗"的关联信息既有家养动物、主人、忠诚等，也包含有某些文化传统的特征（如汉语成语中的"狗"贬义居多）以及篇章语境特点（"狗"的语用范围要比"犬"广得多）等。人对"狗"的认识（概念）是极为丰富的，因此"狗"这一词语根本不足以表达丰富的概念义。当"狗"和"犬"都无法完全表达各自丰富的概念义的时候，这两个词也就不能称作"同义词"了，而"近义词"则是个比较贴切的说法。所谓的翻译对等，实际上是个无法完成的理想目标。当然这样说并不是否定在翻译过程中不需要坚持翻译对等这一指导原则。翻译对等与在同一语言中的同义问题的最大区别在于前者需要关注不同的语言、文化、思维方式等因素。源语（source language）的语言已经无法准确全面地反映原作者的思想，而当把源语转变为目标语（target language）时，又会发生类似于上述"同义"现象那样的语义错位，结果就会导致在经过两次语义转变之后所形成的目的语表达更难以完整准确地被译入语的读者所把握。

第三，指示语（deixis）的使用最能反映所述与所思之间的实质性差异。简简单单的一句"明天来"，在无明确语境的情况下可以表示非常多的含义，换句话说，该句可以由不同的人在不同的时间或地点表达完全不同的含义。当一个人在使用这句话进行表达的时候，发话人的意图是非常清楚的，受话人在当时当地也一般能理解发话者的意图，然而对于话语本身来讲，随着时空的变化，附着在该话语上的各种关键参照信息也会发生变化，从而导致其实际所指含义的变化。"明天"是无所指或不定指的，除非有一个时间作为参照。"来"的处所也是无所指或不定指的，除非语境或发话人提供了明确的参照系。指示语的使用更能让人理解语言作为一种符号的特质，因为符号本身并不表义，而且也无法承载无限丰富的语义，它只是为交际的双方指明了通向真实语义的方向。

第四，语言表达呈线性，而思维过程却并不一定如此。在回答为什么慢速度的人脑能够快速地加工处理信息时，连通主义（Connectionism）的观点认为，人脑处理信息时是以空间复杂性代替了时间复杂性，这也就是说，"人脑有巨大的并行处理的能力，而不是像符号主义所说的仅有那种分时处理的能力"

(程琪龙，1999: 72)。此外，人脑的神经网络还具有扩散激活（spreading activation）的特性，即信息的激活、扩散、连通等过程是呈发散状的，构成的是一幅立体的图景。但是，当大脑中的各种过程用语言进行表达的时候，全部都要遵循语言表达的线性规则来进行重新的排列组合，而这种排列组合的结果就不可能准确地反映原有的思维过程。

第五，概念表征因人而异，而话语表达却要使用通用的语言符号和规则，否则交流就无法进行，这就导致大量的概念表征的细节不得不被舍去，以此来满足一般交际的需要。

总之，概念或概念表征是一套极为复杂的系统，远非语言所能描述得清楚，因此，概念表征和语义表征是两个完全无法对等的系统：概念表征系统是基于人的大脑神经网络而建立的，而语义表征系统是基于人类所创造的语言体系所构建的；概念表征系统的存在旨在信息的存储，而语义表征系统的作用却是人际间的交流。两者基础不同，目的各异，自然也就无法实现对等。

5.2.3 间接回指表达形式的选择

虽然从根本上说，无论是直接回指还是间接回指都属于认知心理现象，但这并不排斥在处理某些回指现象时即便不考虑认知甚至是语义因素也能够获得比较理想的解释。Chomsky（1981）的"约束原则"（Binding Principles）就是个很好的例子。尽管这一原则在推出之后，不断遭到语用学家以及认知语言学家的各种批评，人们也在不断地从英语以及其他语言中找出各种反例来否定该原则的正确性，但有一点我们必须承认，那就是"约束原则"虽然并不完美，但其所选择的单一的句法约束规则的确能在很大程度上较好地解释某些类型的回指释义问题。然而，在间接回指问题上，情况则有很大的不同。句法规则虽然也会影响到间接回指的释义，但与直接回指相比，间接回指更多地利用了人的概念表征结构，这使得单纯分析间接回指的语义表征结构以及句法结构都无法准确地把握这种回指的实质，并继而获得令人满意的回指阐释。

吕叔湘（1998: 65）曾非常精辟地说过："语言的表达意义，一部分是显示，一部分是暗示，有点像打仗，占据一片，控制一片。"占据的一片显然不必大，但一定得是要害之处，否则就难以做到"控制一片"。在间接回指关系中，先行语和回指语都是显示的成分，但由于其形式相异，因而一般不存在形式上的关联。在语义表征层面上，先行语的语义表征（先行项）与回指语的语义表征（回指项）也是不一样的。虽然从一般语义分析的角度讲，两者存在着某种语义关联，但这并不能解释两者关联的本质是什么。（关于关联的本质问题，我们将在后续章节中详述。）间接回指之所以能够成立，关键是先行语能够激活一个以先行项为中心的概念表征。该概念表征的内容大都是"暗示"的成分，如果这些成分不在后续话语中被提及，一般不会被意识到。回指语（或回指项）的作用就是让"暗示"的成分变"明示"，从而建立起指称关联。

因此，在间接回指的一对关系成分（先行成分和回指成分）中，我们有必要把先行成分细分为三部分，即先行语、先行项和真正先行项，同时根据实际分析的需要把回指成分分为回指语和回指项。如下图所示：

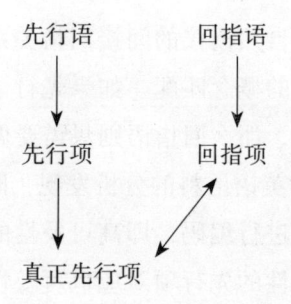

```
先行语          回指语
  ↓              ↓
先行项          回指项
  ↓              ↕
真正先行项
```

以"饭店－服务员"这一对间接回指关系为例。先行语是"饭店"这一语言表达形式,先行项是"饭店"这一语言表达形式所对应的语义内容,是一被人们普遍认可的抽象的语义信息,是"饭店"这一概念的基本内涵,而真正的先行项是指由先行项所扩散激活的心理实体"服务员"。真正的先行项与回指项形成直接的匹配关系,这是概念连通的根本基础。最后,回指语指的是"服务员"这一语言表达形式。

我们这里所关注的主要是间接回指表达形式的选择问题,更直接地说是先行语和回指语的选择问题。

根据语言符号的任意性,先行语只要能够适时激活真正的先行项,就可以采取任意的表达形式,比如可以是一(几)个词、一(几)个短语、一(几)个复杂的描述性结构,可以是名词、动词、形容词等,可以使用汉字、日语、法语等。虽然实际语料分析会发现间接回指的先行语具有某些明显的选择倾向性,如英汉语都有较多使用单一名词做先行语的倾向,但这与间接回指的构成并无直接的关系。之所以这么说,主要是因为在实际的表达中,当回指语尚未出现时,所谓的"先行语"的使用完全是为其他的语篇表达目的服务的。

但对于回指语来说,情况则完全不同。回指语的选择必须要考虑到能否建立起自然衔接的间接回指关系，而且要实现回指项与真正先行项之间的概念匹配。如果先行语需要做到"占领一点，控制一片"的话，那么回指语则只需要做到"选好一个点"。Ariel（1990）通过对英语语料的分析发现，回指语的选择需要根据先行项的可及程度进行编码，即高可及性的先行项对应高可及性的标示语，低可及性的先行项对应低可及性的标示语。如果我们把主要的回指词语用具体的实例进行表达，回指语可及程度的高低可以用下图表示（王军, 2008: 141）：

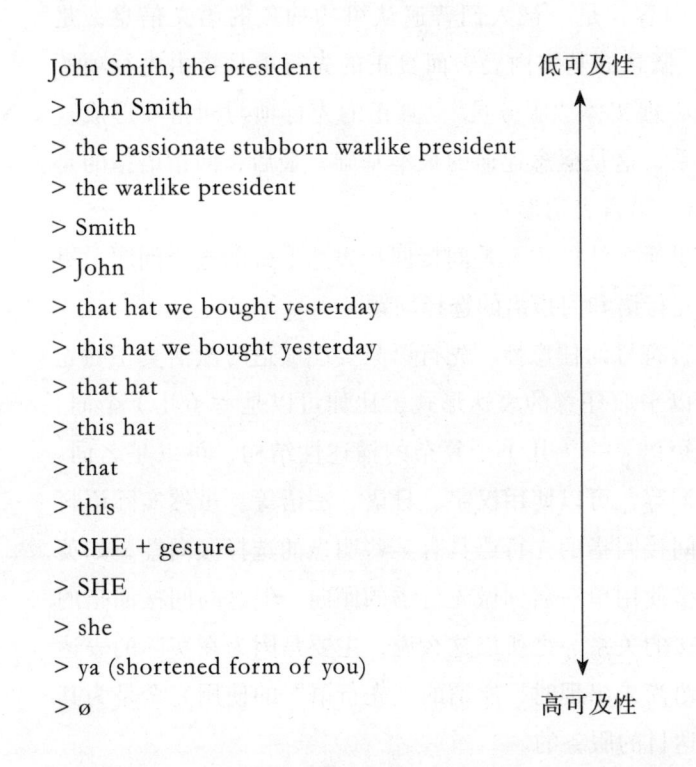

John Smith, the president　　　　　　低可及性
> John Smith
> the passionate stubborn warlike president
> the warlike president
> Smith
> John
> that hat we bought yesterday
> this hat we bought yesterday
> that hat
> this hat
> that
> this
> SHE + gesture
> SHE
> she
> ya (shortened form of you)
> ø　　　　　　　　　　　　　　　高可及性

事实上，我们无法把以上示例做得再详细或精确些了，因

为有些范畴本身就是模糊的,例如"长有定描述语"和"短有定描述语",其中的"长"和"短"都是相对而言的。但尽管如此,我们还是可以看出指称词语由低可及到高可及的基本形式变化趋势,即越是低可及性的指称词语(所含概念复杂)用词越复杂(语符数量越大),而越是高可及性的指称词语(所含概念简单)用词越简单(语符数量越小,甚至语符数量为零)。由此可见,回指词语可及程度高低的排列似乎是遵循了数量象似性的原则,因为根据数量象似性原则,"语符数量象似于概念数量"(王寅,1999: 117)。我们还发现,就英语指称词语而言,对数量象似性高低的判断似乎应该遵循两个基本原则:首先,对于不同类别的指称词语要从大处着眼,也就是说要从宏观上去把握形式变化的总趋势。例如,有定名词词组与代词这两个大类存在着整体的数量象似性,然而它们在进一步细分的层次上却未表现出数量象似性的特征,如有定名词词组中的名(John)和远称指示词+修饰语(that hat we bought yesterday)是与数量象似性原则相悖的。其次,对于同一类别的指称词语,我们应该从细处或微观角度考察其数量象似性的状况,如代词类别,其中的指称词语从重读代词+手势(SHE + gesture)①到零代词(ø)是符合数量象似性的要求的。

此外,在 Ariel 的三大可及性编码原则中,有两大原则(即信息量和简略度)似乎都支持有关回指词语象似性的推断。所谓信息量(informativity),是指指称词语表达的词汇信息的多少,

---

① 根据象似性理论,重读比轻读的形式要大(王寅,1999: 129),所以重音有类似增加语符的效果。而由于动作的形式往往比之语音形式幅度更大、更显著,动作的形式量因而要大于语音的形式量。

其基本原理是：指称词语表达的信息量越大（概念数量大），其编码为低可及性标示语（语符数量较多）的可能性就越大。简略度（attenuation）是指一个指称词语采用的指称形式的大小，一个指称词语形式的简略程度越高，其编码为高可及性标示语的可能性就越大。这里，我们前面对语言任意性和象似性分析的意义就显现出来了。简而言之，语言的任意性和象似性其实并不矛盾，原因就在于它们讨论的主题分属两个不同的语言层面。所谓象似性的东西主要是语言在逐级建构的过程中体现出来的一种形式与意义之间的象似关系，我们对所有指称词语可及性等级的讨论就属于这一层次；而任意性强调的是最基本的语言符号与意义之间的关系，如代词与所指的关系、专有名词与所指的关系等。以代词为例，虽然英语代词有 I、he、she、it、we、they 等之分，但它们只不过是单一的用于人物指称的符号而已，并不意味着包含字母多的代词信息含量就一定大。事实上，我们根本无法用信息含量的大小来对其进行衡量。

　　按照 Ariel 的看法，the passionate stubborn warlike president（热情奔放，固执而好战的总统）的信息量要比 Smith 的信息量大，因此前者的可及性要低于后者，然而 Ariel 却并未给出计算信息量的具体方法。或许她认为，语词数量越多则信息量越丰富，反之则越贫乏。那这又如何解释通常所认为的光杆名词短语的信息量要大于代词的信息量的问题呢？如汉语的"马"和"它"，同为一个汉字，如何才能判断出哪一个的信息含量更大，哪个更小呢？当我们说"他经常演武打片，扮演的都是正面的硬汉角色，还经常在内地各种场合唱歌，积极参加各种慈善活动，是位非常受观众喜爱的男演员和男歌星"时，信息量不可谓不丰富,但即便如此,这长长的一句话依然会让很多人对其所指不知所云。但若我们只使用两个简单的汉字"成龙",其指称对象则自不待言。由此可见,对于指称词语的选择来说,最重要的是"恰当",能够在特定的语境中适时唤起真正的先行项,或者达到某种特定的语用效果,而非单纯地依靠所提供的信息量的大小。

5.3 英汉间接回指异同的宏观思考

5.3.1 中西思维方式的根本差异

关于汉英语或中西思维方式的异同方面的论述非常多,严复、林语堂应该是较早系统论述中西思维差异的中国学者了。大凡一进行英汉语某一领域的对比研究,一般都要对汉英语思维方式的一般性差异做一简略的回顾,或在做总结时把所研究的结论纳入到一般性的汉英思维方式的差异上来。这里面涉及两个相互关联但又有必要加以区分的研究层面:一是一般思维方式层面,二是思维方式在语言中的具体反映层面。因为我们知道,人的思维和相应的语言表达之间并不是一种直接对应的关系。思维可以是无限丰富的、极其微妙的、立体多维的,而语言表达则是使用有限的语言形式对经过抽象的概念进行线性的一维表现。思维是基础,语言是对思维的反映,尽管这总是一种不完备的反映。

连淑能(2002,2005)曾对中西一般思维方式和这种思维方式在汉英语中的具体体现做过一个比较全面细致的概括。

根据连淑能(2002),中西思维方式的基本特征存在着很大的差异,主要体现在十个方面,如下表所示:

中国	西方国家
伦理型	认知型
整体型	分析型
意向性	对象性
直觉性	逻辑性
意象性	实证性
模糊性	精确性
求同性	求异性
后馈性	超前性
内向性	外向性
归纳型	演绎型

正如连淑能在对上述中西思维差异做总结时所说的那样,"中西思维方式的不同特征是从总体的、相对的角度而言的。采用不同的角度,考察不同的时期和民族,根据不同学科的标准,按照不同群体的观点,为了不同的研究目的,可能对中西思维方式的特征得出不尽相同的看法"。因此,我们如果在其他人的研究中发现上述十种中西思维差异之外还有其他的类型,一点都不奇怪。虽然因人而异,或因研究对象而异,或因研究手段而异等所产生的分类各不相同,但这些差异似乎都可以纳入到一个更为基本的具有高度概括性的差异之中,那就是:中国的思维方式求"真",而西方的思维方式重"理"。所谓"真",系指客观的外部世界以及心理世界能够得到思维的较为真实的反映。而所谓的"理",系指思维对客观世界以及心理世界的反映不一定要追求真实,而是要合乎逻辑与推理。连淑能的上述十种中西思维方式差异均可以纳入到"真"与"理"的二元对立之中。

伦理型与认知型。根据连淑能(2002: 264),中国人的伦理指的是基于儒家思想的社会道德观,强调三纲五常,重道德修养、人际关系、社会安定与和谐,重现实,重致用。这是一种以人为本的道德理念,而人自身以及人与人之间的关系相对于千变万化的外部世界而言是再真实不过的了。而认知型的思维强调的是对外部世界的探究。无论是千里迢迢去开垦未知的荒蛮之地,不遗余力地探究隐藏在闪烁星空背后的奥秘,还是对人的内心世界及存在的深刻哲学思索,所有这些都是存在于人的真切感知之外,但也许正是如此,它们会激发起人们无限的求知欲望。

整体型与分析型。任何事物都不是孤立存在的,或者说任何事物都存在于由各种关系编织的网络整体之中。阴与阳、天与地、人与物皆是对立统一体。在注重整体的思维方式中,事物间以及人际间的关系对于整体的感知起着至关重要的作用。没有部分之间的关系做纽带,整体则无从谈起。分析型思维是要把真实的整体解析成或许不可能独立存在的个体,以便于更加细致、深入地探究个体的特性以及个体与整体的关系。分析绝不是毫无章法的肢解,而是基于逻辑、法则、规律等的推演。它能由合及于分,亦能由分归于合。

意向性与对象性。这是一个"天人合一"的问题和"主客分离"的问题。中国传统思维里把人视作宇宙的中心,把人的内心体验视作一切认识的出发点,"万物皆备于我",以自身的体验代替对客观世界的理性认识与判断,这就使得中国传统思维更加注重直觉意向,而非逻辑推理。而西方的思维强调主客的分离,因为只有主体与客体保持一定的距离,主体才能对客体进行细致、深入、全面的观察和分析。主体与客体的分离不仅有利于更好地认识客体,同时也有利于形成清晰的主体意识,从而形成主观世界与客观世界的二元对立。概括地说，在主体与客体的关系中，中国人的思维是指向自身的，以自身为中心，而西方人的思维相对来说是指向客体的，以便于进行理性的认识。中国人思维意向性的特点也是一种求"真"的体现。虽然从当今科学研究的视角看，思维的意向性并不一定能够帮助人们真实地反映和认识世界，反倒是西方的主客分离的思维方式更易于求"真"求"实"。然而，如果从意向性思维形成和发展的历史背景方面去思考的话，从认识首先基于自身然后及至外物的一般认知规律上去观察的话，思维的意向性对于实践者来说依然是一种求"真"的探索，只是这种"真"不一定为他人所赞同罢了。

直觉性与逻辑性。直觉思维通过静观、体认、灵感、顿悟，直接而快捷地获得整体感觉和全面把握，其重直观内省，轻实测论证，重内心体验，轻实验实证，重直觉领悟，轻理论分析。（连淑能，2002：271）直觉是对真实世界最直接的感知和领悟，这种感知和领悟未加任何刻意的修饰。或许会由于主体自身的原因使得某些感知及领悟出现偏差，但直觉意识的对象无疑是客观、真实和完整的。反观逻辑性思维，它并不要求所认识的对象一定是某个自然存在的客观实体，因为这一对象既可以是直观实在的，也可以是虚拟假设的；既可以是自然完整的，也可以是人为解构了的。之所以可以如此，是系统合理的规则原理及逻辑推演在背后发挥作用。基于逻辑的思维往往可以"看"得更深更远，而基于直觉的思维却可以"看"得更真更实。当然，直觉思维的缺陷也是显而易见的，因为这种思维工具很难做到精确、深入，所以基于直觉的感知和认识往往都是模糊的、总括的。

意象性与实证性。意象性亦是整体性和直觉性的一种体现。

意象的产生首先得益于作为某一个整体的客观事物的存在，然后通过人的感知形成一种直觉反映，在人的大脑中形成关于客观事物的一种意象，而意象与意象之间的交互影响及关联就形成了意象性思维。所谓"意象"，实则以"象"驭"意"，以"象"表"意"，而非"意""象"并立。"象"是真实的，尽管其在大脑中存储时会发生某些"变形"，而在输出时又会受到语言的局限丧失大量的信息，但无论如何，基于意象的思维能够最大限度地贴近现实，这一点应该是无可置疑的。而实证性思维重视的是语言的作用，把语言作为思维的工具、概念沟通的媒介。与汉字以象形作为汉语发端及主要构成方式的事实不同，英语及其他西方的拼音文字基本上都是把字母以及字母组合作为一种符号，在理性规则的制约下，把符号与所指人为地连接起来。如果索绪尔生活在汉语环境中，或者其所分析的语言仅限于汉语，他恐怕是很难提出语言符号任意性的重要思想的。

模糊性与精确性。我们所直接感知的世界往往是模糊的，而非精确的，因此模糊性思维是对模糊性感知的一种最为直接的反映。对于认知主体来说，只有模糊性的感知才是最真实的，而精确性的思考通常都是一种基于理性逻辑和严密规则所进行的行为。我们可以听到一首美妙的曲子，但是无法清晰地分辨出其中的每一个音符；我们可以看见一片郁郁葱葱的树林，但却无法分辨不同树木之间的边界；我们可以闻到新出炉面包的甜香，但却说不出这种气味的构成。然而，科学的方法以及理性的思考可以帮助人们打破官能感知的局限，变杂乱为有序，变混沌为清晰，变肤浅为深刻。模糊性的思维是一种朴素的思维，它更加贴近现实，而精确性的思维是借助理性的手段对现实进行的深度探究，其分析对象源于现实，但分析的结果却往往要超越现实。

求同性与求异性。求同的思想在中国可谓根深蒂固，这在中国各个历史时期的治国纲领、政治体制、主流社会理念等许多重要领域都有显著的体现。信仰和观念的一元化、一体化、同步化造就了中国文化的"大一统"的思想。一方面，国家要统一，政治信仰要统一，社会价值观要统一，宗教要统一，整个社会都需要和谐统一。当今中国对外政策中"求同存异"的基本理念也是传统文化"大一统"思想的一种反映。而另一方面，"大一统"的思想也带来了很多负面的影响，如儒家思想的盛行就意味着其思想理念一统天下，而儒家思想的衰败则意味着其被另一主流思想所完全取代，很难出现几种价值理念迥异却影响力相当的思想和平共处的局面。再比如，在语言文字的使用方面，古代的科举制度强调八股文的应用，极端排斥"毫无章法"的个性化的东西。然而，西方的思维方式更趋向于多元化、个性化，大凡能解决问题，无论涉及何种人、何种手段、何种视角，以及遵循的是何种理论或规则，一概都能得到接受或赞赏。之所以可以做到这样，关键在于西方思维能够以理性的方式与规则来审视客观世界中的事物。在看似杂乱无章的各个处事环节中，处处都受到理性规则的约束或调节，这就保证了在"求异"的过程中不至于"致乱"。与"求异"的思维方式相比，"求同"会在一定程度上排斥"理"。换句话说，"求同"所表达的更多的是人的一种理念，而"求异"则是基于规则与逻辑的一种对事物的深入分析。

后馈性与超前性。中国传统思维方式具有唯圣、唯书、唯上、唯史的后馈性特征，而且中国传统历史与文化的积淀越深厚，这种后馈性的特征就越明显。"后"意味着历史，意味着曾经实实在在发生或存在过的历史事件或客观事物。圣人是曾经的贤达，书本上的说教是过往经验的总结，高高在上的官员是业已建立的权威的体现，这无一不是真实的，尽管不一定是合理的。超前性则完全相反。"前"意味着未来，意味着未知，然而这种未知可以通过理性的手段及过程加以推演，从而使未知成为可知，并有信心用将来的事实来证实。所以，超前性思维并非是一种鲁莽的冒险，而是一种在理性光芒指引下的科学探索。

内向性与外向性。"自然静，人也静，以静对静，只有静才能体悟自然、自识本心，才能悟出人生真谛、寻求人际和谐。"（连淑能，2002：282）这是中国人面对自然的一种传统的处事方式，也是一种惯常的思维方式。无论是根深蒂固的"天人合一"的观念，还是"静"、"思"、"悟"、"忍"的性格特征，它们一方面反映了传统中国人对纷繁复杂的自然世界的一种敬畏心理，另一方面也体现了中国人通过内向性的思维去认识外在世界和自身心理的一种独特的视角。真实的自然世界是无法一眼看穿看透的，对世界之"真"的揭示，中国人更多的是靠"心"的力量，而西方人则更多的是靠"理"的威力，所以西方人的思维不仅更多地指向外部的客观世界，而且可以对这一世界进行直觉无法捕捉得到的深层的解剖与分析。

归纳型与演绎型。归纳是对真实的客观世界所进行的最为直接和最为朴素的认识方式。离开了真实的客观现实，也就无所谓归纳。当然，这样说并不否定归纳也可以在抽象的事实基础上进行，但即便是基于抽象事实的归纳，其最终的源泉也一定是某些真实存在的客观事实。而演绎则是基于归纳、抽象、萃取之后对客观世界的一种推导性认识。它更强调理论、规则、逻辑以及推导等的作用，这些理性的内容及过程能够确保对过往或将来的那些无法直接触及的事物的认识。因此，演绎思维是科学探索与发现的最为重要的思维策略之一。

综上所述，中西思维方式尽管存在这样那样的一些相对具体的差异，但这些差异基本上都可以归入更为抽象的一对差异之中，即"真"与"理"的差异。中国人的思维重"真"。"真"原本应该指真实的外部世界和心理世界，指的是一种客观存在，然而，中国人思维中的"真"却是一种基于真实的客观世界却又融入了认知主体直觉意识的一种主观判断，这是一种"自以为是"的"真"。换句话说，这种"真"不一定是一种纯粹的客观真实，而是客观真实在认知主体大脑中的一种直接反映。例如，物质的东西都是由较小的部分组成的，每一较小的部分又可以进一步分解，直至分解到分子、原子、质子等等微观层面。所有这些构成成分都是真实存在的，然而只有整体以及构成整体的那些相对较大的部分才能被直接感知到，对分子、原子及质子等的感知必须借助于特殊的工具才能够实现。在中国人的思维方式中，对前者的感知才是"真"的，这是一种对事物最为直接和朴素的认识。西方的思维则可以深入到分子、原子、质子这些直觉无法直接可及的层面，因此西方的思维必须重"理"。"理"即为规则、逻辑、推理等人类意识对客观世界及其关系的一种抽象反映。西方的思维依靠"理"极大地延伸了认知触角，使得思维可以触到那些无法或不可能直接感知到的事物或现象。

5.3.2 英汉语篇章组织的根本差异

篇章组织方式是人的思维方式的一种重要反映，英汉语篇章组织的差异概括地讲就是求"真"与重"理"的差异。

与中西思维方式存在显著差异一样，英汉语篇章组织方面也存在着很大的差异，而且这种差异直接受制于基本思维方式的差异，或者说，英汉篇章组织方式的差异正是中西思维方式差异的一种直接反映。

世界是立体多维的，有时间、空间、深度、广度、宏观、微观等之分。即便是一幅一维的平面画，上面也会有图形、风格、色彩、意蕴等内容，而这些内容构成了整个平面画的整体效果。然而，当人们使用线性的语言对某一个非线性的事物进行描述的时候，篇章组织的方法就体现出来了，而当这种方法集中体现在某一语言群体中时，就会被描述成这种语言的篇章组织模式。

讨论英汉语篇章组织模式的差异，最具影响力的观点来自于 Robert B. Kaplan（1966），他基于对比修辞学角度分析后认为，英语篇章思维模式属于亚里士多德的直线型（Aristotelian-linear），而东方人的思维模式属于螺旋型（circular）。直线型的篇章组织方式往往先陈述中心思想，然后从几个方面分别阐述，重点突出，层次分明，衔接紧密。而螺旋式的结构是以一种循环往复的方式向前推进的，它不求一步到位，而是旁敲侧击，层层叠加，或明或暗，或直或曲。它不是明明白白，直截了当地展示某种观点，而是使出十八般武艺引导读者去悟出其中的要义。根据我们前面对"真"与"理"的分析，我们认为，螺旋式的思维对应的是一种寻"真"的思维，它影射的是客观世界的纷繁多变以及无序与有序的对立统一。若要刚性的篇章展开形式尽可能地对应无序或看似无序的客观世界，唯有使用螺旋递进的篇章策略方能奏效。而直线型的篇章组织模式不求与客观现实的对应，它注重的是在规则、逻辑、推理指导下的关系的重建。直线型的篇章与螺旋型的相比，前者对客观世界及其内部关系的改造要远大于后者。

直线型与螺旋型既可视作两种不同的思维模式，也可视作两种不同的篇章组织模式，但这无疑都属于一种宏观的思考。如果具体一点来考察篇章组织模式，如跨句衔接，我们依然会发现"真"与"理"所分别扮演的主导性角色。

美国著名的翻译理论家 Eugene A. Nida（1982）在其著名的《译意》(*Translating Meaning*)一书中指出，"就汉语和英语而言，也许在语言学中最重要的一个区别就是意合和形合的对比了"。所谓形合（hypotaxis），一般认为是指借助语言形式手段（包括词汇手段和形态手段）实现词语或句子的连续；而意合（parataxis）是指不借助语言形式手段而借助词语或句子的意义或逻辑联系实现它们之间的连续。前者注重形式上的衔接，而后者注重行文意义上的连贯。(刘宓庆，1992: 18-19）王力（见连淑能，1993: 57）曾经指出，"西洋语的结构好像连环，虽则环与环都联络起来，毕竟有联络的痕迹；中国语的结构好像无缝天衣，只是一块一块的硬凑，凑起来还不让它有痕迹"。此处所说的"痕迹"，实则为保证小句与小句之间衔接的关联词语。篇章之所以能够成为篇章，关键在于小句与小句之间能够存在意义的关联，而实现意义关联的手段既可能是显性的，也可能是隐性的，也可能两者兼而有之。英语通常被视作形合语言，在形义关系中是以形统义的。按照潘文国（2002: 126）的说法，若对英汉语进行语法结构分析，英语需要走"结构－语义"的路子，只有弄清其语法结构，方能获得其中的含义；而汉语则遵循"语义—结构"的程序，要从意义上把握各成分之间的关系，其后才能了解大致的语法结构。

虽然长期以来人们都基本认可这样一个事实，即英语属于形合语言，汉语属于意合语言，而且也能意识到形合对于英语来说并非是绝对的，英语中也存在很多意合表达的形式；同样，汉语尽管是以意合为主导形式，形合的情况也随处可见。然而，形合中有意合以及意合中含形合的这两种对立的情形并非只是一种程度的差异，或者说我们不能仅仅停留在程度差异的层面去看待英汉两种语言所存在的不同。形合手法毫无疑问是英语篇章表达的主导性策略，然而，一旦使用意合手法，就往往意味着是在进行修辞性表达。形合语言中最为著名的意合例子恐怕就是 Julius Caesar 所说的一句话：Veni, vidi, vici (I came, I saw, I conquered)。该话语掷地有声，无丝毫拖泥带水，充分反映出说话人作为一位统帅的刚毅、果敢和自信。根据 *The Concise Oxford Dictionary of Literary Terms* (2001; 2004) 对 paratactic 的解释，英语中采用意合法，能够获得一种"急促"或"急转"(abruptness) 的修辞效果。而著名百科知识网站 *Wikipedia* 则把 parataxis 直接定义为一种"文学手法"(literary technique)，在书面语和口语中均会出现。特别是在诗歌中，意合指的是把两种截然不同的形象或意义在不使用任何关联词语的情况下并置（juxtapose）起来。然而，对于汉语意合手段中的形合情形来说，通常并无明显的修辞含义。换句话说，汉语语篇中出现的很多关联词语一般都是可以省略的。例如，在下面的篇章片段中，"而且"的存在与否，对意义表达及修辞均产生不了明显的影响：

（20）　那两个人都板着脸一声不吭，感觉十分阴险。而且，车里的灯很暗，有一种我很陌生的杀气腾腾之感。

（张抗抗：《恐惧的平衡》）

英语与汉语的形合与意合之分，纵然与英汉语分属不同的语系有直接的关系，但这种区别也是英汉思维方式差异的一种体现。基于"理"性思维与判断的西方文化反映在语言中就是严格的形式规则和范式。只有显性的形式规则方能保证使用者在使用时不会出现明显的偏差。显性的形式规则如同矗立在路边的指示牌，它能明确无误地告知下一步前进的方向。而对中国人来说，虽然没有路边的指示牌我们依然可以前行，但前进道路选择的正确与否在很大程度上就要因人而异了。中国文化的"真"藏于心中。对汉语语言的使用者来说，表达是为了使用语言手段再现"大脑中的真实世界"。这个世界的方方面面必然存在这样那样的关联，但这些关联都是隐性的，而每一个部分本身却是显性的，甚至是鲜活和生动的。语言可以浓缩、勾勒或者提示这些部分的内容，但却不必明示部分之间的关系。在理解时，人们是依靠语言所表征或激活的形象来再现或构建语言表达者大脑中的形象，形象重建起来了，关系也自然就得到了重建。由此可见，汉语语言的表达与理解重形象与意境，关系尽在不言之中。而英语的表达与理解处处有明显人为雕琢的痕迹，规则、逻辑与推理像一把把雕刻刀，表达时把原本生动、丰富、自然的思想严格地规定下来，而在理解时，又要循着人为的线索按部就班地去重现表达者的思想。虽然两种语言风格最终是殊途同归，但基于"理"的形合表达和理解所带来的往往是统一的思想和观念，而在"真"、

"实"指引下的意合表达与理解所获得的是更为丰富多彩的个性化感受。意合与形合所带来的表达与理解的结果差异与中西文化强调"大一统"与"个性化"的思想恰恰相悖，其中所蕴含的深刻含义值得人们深思。

5.3.3 对回指形式、功能与认知的再思考

郭富强（2007: 160）认为，"英汉语篇的衔接研究就是意合和形合的对比研究"，这一点已经得到诸多研究及相关数据的支持。

任何大于一个句子的语篇都需要句与句之间的衔接，这些衔接手段既可以是显性的，也可以是隐性的。当一种语言中的语篇显性的衔接手段居主导地位时，这种语言就有了明显的形合特点，反之，则属于意合语言。左岩（1995）对四种基本的篇章衔接手段（表1）以及人称照应和指示照应（表2）进行过统计，结果如下：

	汉语	英语
四种衔接手段总数	146	162
照应	51	132
所占比例	34.9%	81.5%
替代	1	5
所占比例	0.71%	3.1%
省略	40	2
所占比例	27.4%	1.2%
原词复现	34	23
所占比例	23.3%	14.2%
句子总数	54	42

表1 四种篇章衔接手段在汉英语中的分布

		汉语	英语
人称照应	第三人称单数 he/his/him/himself	36	61
	其他人称	6	19
	人称照应总数	42	80
指示照应	这／那（儿、些、时）here, this, these, now, there, that, those, then	9	17
	定冠词 the	/	35
	指示照应总数	9	52
照应总数		51	132

表2 人称照应和指示照应在汉英语中的分布

作为四种主要的篇章衔接手段，照应、替代、省略和原词复现具有完全不同的形式表现。照应在英汉语中所占的比例分别都是最高的，然而英语（81.5%）比之汉语（34.9%）明显要高得多。如果考虑到汉语隐性的零代词使用比例远高于英语的话，单纯从照应方面看，英语形合的特征是极为突出的。由于替代在统计中出现频次过低，难以用来说明问题。省略可被视作是意合表达的一个重要特征，在这一点上，汉语使用省略手段的比例远远高于英语（27.4% 比 1.2%）。原词复现虽然属于一种显性的衔接方法，但这种衔接方法尤其不同于照应和替代，因为照应与替代的主要篇章目的就是为了实现语篇的衔接，而原词复现手段的使用除了部分地是为了获得衔接的作用外，可能更多的是为了进行明示或强调。总而言之，英语显性的衔接手段要明显高于汉语，这应该是一个不争的事实。表2显示，在人称代词和指示代词回指方面，英语（132）要远远大于汉语（51）。在过去，"汉语的第三人称在口语中采用同一形式'ta'，无性别、人与物、人与非人之分，出现于书面语中的'他'、'她'、'它'都是'五四'以后的产物"(胡壮麟，1994:53）。即便如此，现代汉语仍然不太喜欢使用"他"、"她"、"它"，其使用频率大大低于相对应的英语代词，这与汉语大量使用隐性的零代词不无关系。

谈衔接，总免不了要提到连贯。衔接通常被认为是一种语言形式上的关联，可以在很大程度上脱离意义来进行研究，如Chomsky的Binding Principles就是一个极端的例子。而连贯属于意义的连通，与人的认知机制直接相关。但我们认为，无论是衔接还是连贯，从根本上说都属于意义或概念的连通机制，只不过是一个外显，一个内隐罢了。没有意义支撑的衔接是毫无意义的，如若多层意义表达互不相关，即便使用再多的衔接手段对于思想的连贯表达也是徒劳。例（21）中，尽管充斥着各种各样的衔接手段，但读者可能仍旧不知所云。

(21) I bought a Ford. A car in which President Wilson rode down the Champs Elysées was black. Black English has been widely discussed. The discussions between the presidents ended last week. A week has seven days. Every day I feed my cat. Cats have four legs. The cat is on the mat. Mat has three letters.

(Enkvist, 1978:110)

因此，我们可以说，在篇章意义的连贯性表达上，英语倾向于使用显性的衔接手段，而汉语则倾向于使用隐性的衔接手段，而目的都是为了实现语篇的连贯。显性衔接手段的频繁使用，是在用非常明确的语言信号标记来告知信息接受者，要根据所提供的这些明确的线索进行推理、理解，不要偏离了信息发布者的初衷。因此，基于显性衔接手段所获得的理解不但准确，而且不同的人所获得的理解更容易趋于一致。而基于隐性衔接手段的理解则有所不同。由于客观事物之间以及很多概念之间的关系并非总是某一清晰明了的特定的关系，如因果关系、并列关系、让步关系、递进关系等，而是在两种不同的事物或两个不同的概念之间同时包含其他层面的关系，此时，与其明示无法言尽，不如暗含激活想象。此种想象并非天马行空，而是要受制于篇章语境、理解者的理解能力及百科知识储备。这是一种在一定许可范围内有些模糊但却具有个性化的理解。例如，当人们读到极其典型的汉语语篇"枯藤、老树、昏鸦，小桥、流水、人家"的时候，人们一方面会产生作者所预期的某些共同的心理感受，而另一方面，隐性的衔接打破了束缚人们的思维和想象的枷锁，使得不同的人在不同的时间和不同的地点能产生不同的感受。

  对于直接回指和间接回指来说，直接回指更多地体现了形合以及理性的信息表达方式，而间接回指则在很大程度上属于意合的，是一种有利于真实情景重构的信息表达方式。这是"真"与"理"的思维模式在回指这一语言层面上的具体反映。

  首先看回指的形式层面。所谓回指释义，简单地说，就是为回指语（项）找到其真正的先行语（项）。直接回指的回指语和先行语都是显性的，因而这种回指关系通常都是明显而确定的，即便从意义连通的角度看也是如此，即回指项与其先行项的关系是明显而确定的。而间接回指则有所不同：间接回指的回指语与先行语并不像直接回指那样具有同一的性质，间接回指先行语对真正先行项的激活是扩散激活的结果，这有别于直接回指的直接激活的过程。直接激活对先行语的要求比较严格，否则先行语就无法直接激活先行项。而扩散激活则完全不同。扩散激活对先行语的要求是开放的，也就是说，只要能够激活隐含的真正先行项，先行语采取何种形式并没有关系。我们前面所做的实证研究表明，无论是英语还是汉语，间接回指的先行语既可由最常见的名词短语充当，也可以由动词短语、小句或句子，甚至模糊的语言形式来表达（参见 2.4.3）。在文学语篇中，有时为了获得某种修辞效果，作者可以故意模糊间接回指的先行语，使读者产生宜此宜彼、由此及彼、彼此相通的感觉（如 3.4 中的例（14））。因此，直接回指的回指语与先行语的直接对应关系，以及回指语与回指项之间的严格对应关系，是进行理性逻辑推演的必要条件。而间接回指以其回指语与先行语以及回指语与回指项各自之间的间接连通关系，相对更真实地反映出现实世界中事物之间的关系本质。而就英汉语对比来说，如果把我们先期的英汉、汉英翻译对等语料的数据拿来对比一下就会发现，在英语语篇原文和汉语语篇原文规模大致相同的情况下（实际上英语语篇约有 75,000 单词，汉语语篇约有 65,000 汉字），英汉语篇中间接回指实例的比例为 59∶461，汉语占绝对的优势。而语域对等的数据也显示，汉语中间接回指的数量要明显多于英语（比例为 101∶71）。因此，从语言形式上看，汉语比之英语更多地使用间接回指正是汉语思维求"真"重"意"的具体体现。

其次，从回指的功能来说，尽管英汉语都假借衔接的手段来实现连贯的目的，但进一步的分析还是能够体现出两种回指在英汉语中的差异。直接回指的显性连接获得的是一种明确、清晰的连贯，它能更准确地把作者的思维过程传递给读者，而间接回指的隐性连接要求调动读者更多的认知主动性,其所获得的连贯效果既有相对一致的统一性,也有因人而异的个性。当我们读到间接回指研究中最为经典的一个实例 We arrived in a village. The church was closed. 时,西方人和中国人对该间接回指中的衔接与连贯的感受应该是不一样的,较熟悉西方社会文化的中国人和思想相对比较封闭的中国人对此句的判断也会存在差异。此外,正如我们将在下面章节中将要详细阐述的那样,回指不只是为了衔接,目的也不完全是为了连贯,回指的最终目标是为篇章的进一步发展做好准备。

再次,语言是思维的一种反映形式,但语言永远都不可能完美地反映思维。相对于极为复杂微妙的思维内容及思维过程,任何语言形式都会显得苍白无力。但思维离开了语言,其自身也将不复存在,因此我们还不得不依靠语言这种不甚理想的手段来表达思维。不同的语言在语词形式及构成、语法规则等方面均会有所不同,这种语言自身的特点必然会表现在对思维内容及思维过程的反映上。英语作为一种拼音语言,同时也是形合语言,更多地使用清晰明了的语言形式线索,依靠逻辑和规则来再现思维的主要内容及主要过程,而直接回指就契合了这种特点。汉语属于象形表意的意合语言,由于意义及思维本身的复杂性以及语言表达的局限性,汉语于是把重构思维内容及过程的权力交给了受话者,语言形式只起一种提示或激活的作用。语言形式的模糊是为了减少对受话人激活联想过程的束缚,更有利于发挥受话人的主观能动性,也更有利于还原最初真实的思维内容及过程。相对于直接回指,间接回指更适合汉语的认知方式,尤其是汉语典型的间接回指形式(即回指语多用光杆名词短语这一类型)更使得语言形式对思维的约束降到了更低的水平。

如果我们对前面的内容或思路做一个总的梳理的话,可以大致用下面图表中的关系来表示:

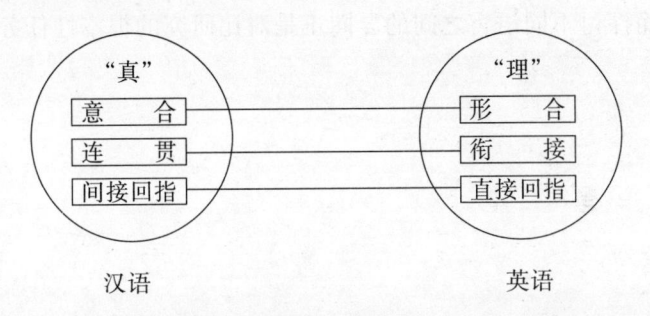

```
        "真"                    "理"
    ┌────────┐              ┌────────┐
    │ 意  合 │──────────────│ 形  合 │
    ├────────┤              ├────────┤
    │ 连  贯 │──────────────│ 衔  接 │
    ├────────┤              ├────────┤
    │间接回指│──────────────│直接回指│
    └────────┘              └────────┘
        汉语                    英语
```

最后还需要强调三点。第一,汉语思维求"真",语言表达重意合与连贯,更多地使用间接回指,而英语思维重"理",语言表达重形合与衔接,更多地使用直接回指,这些都只是反映了两种语言及思维的一种强烈的倾向性,而非有此无彼或非此即彼。第二,汉语"'真'－意合－连贯－间接回指"以及英语"'理'－形合－衔接－直接回指"这两个序列内部都体现出一种层级关系。汉语在求"真"思维下重意合表达,而意合表达必然侧重连贯而非衔接。连贯性的表达虽然可以借助于直接回指来表达,但使用间接回指更能够在求"真"的语言使用环境中获得连贯的思想表达。英语的"理"性思维也同样贯穿于各个层次的表达方式之中。第三,无论是意合、形合还是连贯、衔接,我们都可以使用基本相同的概念来对英汉语篇进行讨论,而对于直接回指和间接回指来说,由于名词的有定性在英汉语中的界定在某些方面(英语使用 the + NP,而汉语使用光杆名词短语)存在实质性的差异,这导致了即便单独谈论直接回指或者单独谈论间接回指时都会遇到其在英汉语中界定不一致的情况，而这会给对比研究带来一定的负面影响。但是，如果换一个角度看这个问题，这种不对等或不一致不也恰恰反映了英汉两种语言的一种不同吗？而探讨不同语言之间的异同正是对比研究的根本性任务。

第六章

模糊回指及其语用功能

6.1 语言的模糊性本质

"几乎所有的信息都是不确定的。"(Wilson & Keil, 1999: 853)信息之所以会不确定,原因可能是多方面的,例如信息本身不精确或不全面、语言表达不准确、信息来源不一致,等等。

就人们对语言的感知来说,语言模糊的原因可笼统地分为两大类。

第一类是由语言本身所造成的模糊。语言作为一种符号系统,其本身并无意义,它仅仅起一种向导的作用,引导人们去获取含义。当人们使用语言对意义进行编码的时候,编码形式与编码策略选择的差异必然带来理解上的不同。口语的模糊性表达之明显自不待言,书面语其实也不例外。Joanna Channell(1994: 1)在其著名的《模糊语言》(*Vague Language*)一书中引用过一段话,意思是说作为作家,其写作的理想目标应该是力求清晰、准确、无歧义,能够让每一个具有一般语言知识和一般智力水平的读者都能获得完全一致的理解,但作者同时也强调,这一理想目标是不可能达到的。模糊性是自然语言的本质特征之一(李文戈、武柏珍,2004: 84),而不同的语言具有不同的模糊特点或程度。连淑能（2002: 275-277）认为中西思维存在模糊性与精确性的差异，而实际上这种差异也反映在语言表达方面。以意合为主要特征的汉语尽管重意，但此意由于偏重整体性而往往显得笼统而模糊；而以形合为典型特征的英语由于重形与规，因而常常可以获得相对精确的表达。但不管是英语还是汉语，语言的模糊性表达都是无所不在的。Channell（1994: 1）曾用戏谑的口吻说："语言具有欺骗性"（Language is deceptive），"英语对于外交家和恋人来说是再好不过的了"（English is perfect for diplomats and lovers）。

模糊语言形成的第二类原因是由认知主体的个体差异造成的。同样的一句语言表达式，不同的认知主体可能会获得完全不同的理解。对有些人来说清晰明了的表达，对另一些人来说则会显得晦涩难懂。当然，对于一般语言研究来说，人们似乎更关注第一类原因造成的语言模糊。但是，我们必须清楚，语言与理解是不可分割的两个方面。语言是理解的基础和工具，而离开了理解，语言也将成为无意义的一堆符号。因此，在探讨模糊语言问题的时候，我们一定要把语言及语言的认知主体结合在一起进行讨论。

对语言模糊的成因还有很多其他的看法，但基本上都可以归入以上两大类之中。例如符达维（1990）把语言模糊的原因分为三类，即客体模糊、主体模糊和语义模糊；而王安石（1994）则认为，在笼统或概括的条件下，对模糊语义的形成起决定作用的因素有两个，分别是"语言符号的有限性和离散性与许多事物的连续性的矛盾"以及"人类思维和交际的需要"。此外，还有很多学者也加入到对语言模糊成因的讨论之中（如张华茹，2004；

张良林，2004；等等）。

人们在讨论语言中的模糊现象的时候，对模糊这一概念的使用会因研究对象或研究视角的不同而存在很大的差异。有趣的是，汉语"模糊"一词实际上就是模糊了很多类似但却性质很不相同的概念，这些不同的概念在英语中会用不同的词语来进行表达和区分，如 vague、fuzzy、ambiguous、uncertain，等等。英语由于使用不同的词来对模糊这一概念进行表达，特定概念之间的区别也就更加清晰明了。对于 vague 与 fuzzy 的区别，Ungerer & Schmid（2001:15-16）曾做过较为详细的解释。他们认为，有些现实中的事物或实体找不到一个清晰明确的边界，如"膝盖"，究竟在哪个位置以内属于"膝盖"，哪个位置以外就属于身体的其他部位，这恐怕谁也说不清楚。再比如"山"与"山谷"，它们之间的边界也是模糊的。这类模糊叫作 vague。而 fuzzy 指的是认知范畴之间的一种逐渐过渡的状态，这种过渡是逐渐而平缓的，不易被察觉，因而是模糊的（fuzzy）。简单地说，vague 侧重于客观事物自身特征的模糊，fuzzy 则强调人的认知体验，侧重于理解。所以，作为一门学科，模糊语言学（fuzzy linguistics）更加注重人对语言的理解，而非语言特征本身。Channell（1994）的《模糊语言》主要关注各种语言形式所表达的模糊语义问题。此外，ambiguous 意为模棱两可，既可能这样也可能那样，让人捉摸不透，由此语义变得模糊不清。这种模糊通常被作为表达不当来处理。uncertain 意为不确定，"语言由于模糊而具有了不确定性"（蒋跃，2007: 2），因而不确定性是语言模糊的必然结果。在我们下面将要讨论的模糊回指中，模糊会具有不同的形式特点，我们无法用某一个已有的模糊概念来进行说明。然而，无论是何种形式的模糊，由于最终都会导致回指关系具有一定程度的指称不确定的特点，我们就笼统地称之为模糊回指。

6.2 模糊指称现象

在谈模糊回指之前，有必要先了解一下模糊指称（vague reference）或指称模糊（referential vagueness）问题。

指称（reference）通常是指语言符号与客观事物之间的关系，也就是索绪尔所说的能指和所指之间的关系。相对于无限丰富的客观世界中的事物及过程，任何语言符号系统都是非常不完备的，而且永远也不可能真正准确、全面地反映客观外界的事物，由此，指称模糊就成了一种必然。以 community 一词为例，虽然我们可以在词典上找到相对完整的解释，但其在实际使用中的含义却依然差别甚大，因为该词既可以指一个只有三五十人的小小的"社区"，也可以指包括全人类的整个"国际社会"（international community）。再比如 school，尽管很多中国学生从一开始学英语基本就知道了这个词的一般含义，就是指自己所就读的那一类"学校"，但当他们开始接触 Harvard Business School（哈佛商学院）或 Yale Law School（耶鲁法学院）时，就可能开始对 school 的所指感到困惑了，而当他们再看到或听到中国大学的"外国语学院"有的叫 School of Foreign Languages，有的则叫 College of Foreign Languages 时，他们对 school 的困惑更是有增无减。指称模糊在语言中普遍存在，只是反映在特定的语言成分上会存在模糊程度上的差异。当然，指称模糊也未必是坏事，因为如果不使用模糊的指称方式，我们就不可能使用有限的语言来反映千变万化的现实世界，不可能使我们的语言表达起来简洁利落，也不可能使用模糊的语言来实现某些特别的语用功能。

指称关系中的一个非常重要的类别就是代词，尤其是人称代词的指称。黄奕、白永权、蒋跃（2007）从模糊语言学的角度出发，提出人称代词的指称可划分为确切指称（specific reference）和模糊指称（vague/non-specific reference），这一点类似于 Kamio（2001: 1115-1116）提出的人称代词具有原型用法（prototypical use）和非原型用法（non-prototypical use）的划分。研究发现（何兆熊，1999: 61-63；Biber et al., 1999: 329-330），无论是英语还是汉语，第一、第二人称（无论是单数还是复数）的主要功能是语外指称（exophoric reference），而像"我们"（we）、"你们"（you）还可用于非指示性的泛指，此时的指称关系就有了很大的不确定性。

黎千驹（1996: 53）认为人称代词的模糊性主要表现在三个方面：（1）表示复数的人称代词，如"我们"、"你们"和"他们"，其所指的数量不明确；（2）单复数同形；（3）人称的多相性，即表示第一人称的代词并非总是表示第一人称，有时也表示第二或第三人称，其他人称代词也是如此。

黄奕、白永权、蒋跃（2007）对汉英访谈节目中第一人称代词的指称模糊问题进行了较为全面深入的实证研究，这为相关研究提供了非常好的范本和启示。他们的研究发现，在汉英两种语言之间，第一人称代词在模糊回指的类型和语用功能上具有相似性，但在模糊指称的频率分布方面具有一定的差异性。具体来说，就是汉语单数第一人称代词模糊指称的频率明显高于英语（相差16.3%），汉语复数第一人称代词模糊指称的频率同样也明显高于英语（相差3.5%），但前者的显著性要明显大于后者。

根据黄奕等人的研究，汉语单数第一人称代词指称的模糊性主要体现在四个方面。

直接引语（reported direct speech）：访谈对话是一种口语交流方式，由于其中无直接引语标记（即书面语中的引号），当引用第三方的话语时，有时会使人误以为是访谈中的一方在表达自己的观点，因此，此时对实际观点来源一方的指示转换只能由听话者依据说话者的口气、停顿等做出判断。如果仅从字面来理解，人称代词的指称对象就会被误解，话语的意思则难以理解，从而形成指称模糊。例如：

（1）　我昨天还接到一个电话……是一位老先生，他说**我**想出一本摄影集，想用你的照片，但是出版社说必须要你的授权，不知道你可不可以给**我**这个授权。

角色转换（role-switching）：说话者在讲话过程中有时会换成另外一个人的口气，以使表达更加生动。例如：

（2）　原来农民漫灌，水是老天爷下来的，**我**不用白不用，现在**我**这个用水**我**这一亩地只能用多少水，他马上有一个观念在变化。

泛指（general reference）：即所指对象不是某个特定的人，

这种指称方法也可称为类指（generic reference）。例如：

（3）　什么叫沟通，沟通就是倾诉和倾听，你听**我**说**我**听你说……

指代"我们"：用单数"我"指代其所代表或所属的某一个集体，这在修辞上称作借代（synecdoche）。例如：

（4）　**我**现在北厂也开工了，十厂也做美国产品，现在美国货单到什么程度，就是现在下的货单，够我一年干的，干不出来，为什么呢？（说话人用"我"代表所在的企业这一群体）

而汉语复数第一人称代词进行模糊指称的类型也大致可分为四类。

类指（generic reference）：复数代词"我们"既可以指称不同范围的群体，也可以泛泛地进行指称，不设定具体的对象。例如：

（5）　嘉宾：**我们**处罚的这个力度，比方讲罚款，最高就20万……（"我们"代表"环保总局"）

（6）　比方讲罚款，最高就20万，**我们**可能大家都觉得，对这几百亿的，十亿以上的这些违规的项目来讲，九牛一毛……（"我们"的指称对象模糊）

指代"我"：说话人实际说的是"我",但为了拉近与听话人之间的距离,会通过使用"我们"的方式造成一种平等对话的假象,但能够使用这种指称方式转换的人往往是"具有直接、现实的权势"的人。(陈治安、彭宣维,1994:31)例如：

(7)　　嘉宾：**我们**就要来分析一下为什么,为什么会产生极端?那其他在孕育的那些问题是不是应该得到关注?

此外,在学术研究领域,有时尽管一篇论文或专著的作者或该项目的研究者只有一个人,但在阐述个人观点时也往往会使用"我们",借此体现学术研究中常见的团队合作精神。

指代"你"或"你们"：通过把自己归入对方的圈子,或者说使自己成为对方的一员,可以有效地拉近对话双方的距离,增进亲密感。例如：

(8)　　主持人：田书记,**咱们**发这个水票,已经发了多长时间了?("咱们"作为"我们"的更加口语化的形式,实际是指"田书记所代表的当地政府")

指代第三方"他们"：这也是有效拉近第三方与说话一方心理距离的方式。例如：

(9)　　第一年分水的时候确实影响了**我们**农民的收入……("我们"实际指的是"农民",是"他们")

从以上对汉语单复数第一人称模糊指称的分析中我们可以看出，尽管"我"和"我们"有其明确的常规性的指称含义，但在具体的语境中，"我"和"我们"的指称对象会发生某种程度的转移。当变化发生时，实际指称的范围或者扩大，或者缩小，或者指向其他人称范畴。因此，此处所讲的"模糊"，也可以说是指实际所指对象偏离所使用的语词概念的程度，这种偏离越小，模糊程度越低，反之则越高。当"我"或"我们"的指称对象严格限定在这两个代词的核心语义（即"我"仅指说话者本人，"我们"仅指包括说话人的某一特定群体）上的时候，指称的模糊度则基本为零。

模糊语言学的基础是札德（Zadeh）的模糊集合论，而模糊集合论适用于语言模糊性研究的一个根本原因在于语言范畴实际上就是某一论域中的模糊集合。范畴的核心部分是范畴中所有成员共有的典型属性（相当于集合的定义）是明确的，但在范畴的边缘（相当于集合的外延）却是模糊的，不能明确地加以确定。（吴世雄、陈维振，2000）

伍铁平发表于《外国语》1979年第4期上的"模糊语言初探"一文被一致认为是国内最早运用模糊理论对语言模糊性进行研究的论文，从此以后，国内模糊语言研究蓬勃开展起来。根据吴世雄、陈维振（2000）的统计，从1979年至1998年的20年间，我国学者发表了数百篇（部）模糊语言学研究的论文及专著。而从1999年至2009年的10年间，我们使用关键词"模糊语"在中国期刊网（CNKI）上进行精确检索，共找到了144篇相关论文。尽管国内模糊语言研究的热情一直不减，但纵观这些研究的内容，我们可以比较容易地发现，除了有一小部分论文探讨语言模糊性的概念、语言模糊的根源、语音和语法模糊之外，绝大部分论文都是研究模糊词语与其语义之间的关系。从篇章的角度讲，这种研究通常是把篇章中的模糊词语作为一个点，把其他的篇章成分或非篇章因素作为语境因素，探讨在各种语境的作用下某一特定的词语是如何产生模糊语义的。以往的模糊语言研究极少注意到篇章回指关系中存在的模糊表达现象，这种现象不同于一般词语的模糊表达，它有独特的形式表现方式和特别的功能作用，应该引起我们的充分重视。

6.3 模糊回指

狭义的指称（reference）与回指（anaphora）的本质区别是，前者涉及的是语篇成分与语篇外的客观事物之间的关系，而后者仅涉及语篇内的两个必要成分（先行语与回指语）之间的关系，因此，所谓的模糊回指，实质上是指由回指语与先行语之间的关系所体现出的语言表达或理解上的模糊性，这与前面所讲的模糊指称有着本质的区别。

所谓篇章回指，通常都要求回指语与先行语存在明确的指同（co-referential）关系，这是回指释义的基础，也是机器翻译及人工智能在处理篇章回指问题时的必然要求。到目前为止，无论是语言研究领域还是计算机应用领域，人们对基于明确指同关系的篇章回指问题尚有许多困难需要克服，特别是如何提高规则驱动下的或自动的篇章回指的成功率。尽管这一关键问题的最终圆满解决仍需时日，但我们依然需要看到另一个更为棘手的问题，也就是这里我们所要探讨的模糊回指问题。作为一种现象，我们将把模糊回指的范围扩大化,目的是希望人们能够对这一现象从总体上有一个比较全面的认识,当然,这样做也会把通常并不认为存在模糊表达的情况也纳入了其中。

6.3.1 模糊直接回指

最清晰明确的直接回指关系应该是回指语与先行语能够在没有其他干扰项的情况下实现最大限度的成分匹配,包括形、音、义等的匹配。例如:

(10) (两年前因气喘病在泰国突然猝死的名歌星)邓丽君,身后留下复杂的债务问题。邓丽君身前在香港赤柱买下的一栋3层豪宅正在求售……

(11) 近来,不少文学名著改编的电视剧屡遭评论界发难,常常惨遭滑铁卢,在此番背景下,20集电视剧《青春之歌》在筹拍阶段,业内人士对筹划人员发出警告:……圈内圈外如此关注《青》剧,其焦点无非是《青》剧是否在步名著改编失败的后尘。

(12) 随后一段时间里,徐银凤用农药"杀死"自己亲生儿子的事,成了人们街谈巷议的话题……
"(这)婆娘真够歹毒的,怎忍心杀死自己的亲儿子?"

(13) 田宗庆和朱本美成了情人之后,便开始联手捞钱。(这对)"天堂鸟"可以说是各显神通,比翼齐飞,配合默契。

(以上四例均转引自徐赳赳,2003: 143-144)

例(10)中的回指语和先行语在形、音、义等方面均保持一致,而且没有其他的先行语对真正的先行语造成干扰，所以这种回指关系最为清楚明确。例（11）的回指语与先行语只是部分同形和部分同音，但由于使用了特殊的书名号，在特定的上下文中指称关系也比较明确，但如果回指语与先行语之间的篇章距离比较远，或者中间间隔了一些其他的干扰成分，指称关系就有可能会出现模糊。例（12）的回指关系属于异形表达法，由于先行语是专有名词，而回指语"婆娘"是一个适用性甚广的普通名词，原则上可以指称任何成年女性，如果不使用近指代词"这"对其限定，"婆娘"的所指对象就很难确定。例（13）与例（12）类似，不同的是回指语采用隐喻用法，这更增强了指称的不确定性，因而更需要近指代词"这对"来加以限定。由此可见，从回指语和先行语的主体构成成分（即不考虑限定成分以及其他篇章语境的限定作用）来看，回指语与先行语的成分因素能够实现匹配的成分越多，回指模糊的程度越低，反之则越高，而为了保证回指成功的可靠性，有时不得不使用其他的限定手段来对指称关系加以约束。

根据 Ariel（1990: 22-30），直接回指就是回指项对其最可及的先行项所做出的一种选择，而影响先行项可及性的因素至少有以下四种：

1. 距离：回指语与先行语之间的距离（仅与后续提及成分相关）。
2. 竞争度：与先行项构成竞争的成分的数量。
3. 显著度：先行项应是一个显著的所指对象，而显著与否主要取决于先行项是一个主题还是非主题（topic or non-topic）。

4. 一致性：先行项与回指项是否处于同一框架、世界、观点、片语或段落内。

尽管 Ariel（1990；1994）根据先行项的可及性把回指语区分为高可及性、中可及性和低可及性的标示语，并认为它们通常分别对应短、中、长的篇章距离，然而我们也不乏看到诸多相反的情况，也就是说，在某些特殊的情况下，高可及性的代词也可以进行长距离的篇章指称，而低可及性的专有名词也可以进行短距离的篇章指称。但不管情况怎样复杂，有一点是明确的，即无论怎样性质的回指语，其与先行语的篇章距离总是越近越好。篇章距离越近，指称明确的可能性越高，否则指称模糊的可能性就会增大。然而，篇章距离只是诸多影响先行项可及性的因素之一，当多个因素混杂在一起并彼此出现矛盾的时候，指称的模糊性就开始显露出来。例如：

(14) The playwright Yehoshua Sobul [topic] learnt from conversations which he held with the East-German Jewish writer Stephan Heim, that his book ....

（Ariel, 1990: 24）

在例（14）中，回指语 his 有两个可能的先行语，即 Yehoshua Sobul 和 Stephan Heim，而且两人均为男性作家，因此与回指语 his 及其中心成分 book 在性、数、属性等方面均保持一致。或者，我们按照一致性的要求来判断，回指语 his 在篇章提供的框架、世界、观点、片语（共处同一小句）和段落诸方面与

Yehoshua Sobul 和 Stephan Heim 均保持一致,因此,一致性标准无助于解决 his 的回指辨析问题,我们只好把注意力转向其他影响性因素上。根据距离要求,Stephan Heim 由于距离 his 比较近,应该成为真正的先行语;然而从显著度方面看,Yehoshua Sobul 占据的是主题的位置,这一位置对于先行语的显著性来说是极为重要的,而 Stephan Heim 仅仅处在从句的宾语位置,显著性非常低。在这种情况下,尽管只有两个成分参与对真正先行语的竞争,但这两个成分却在距离和显著度方面完全对立起来。由于例(14)没有提供更多的语境细节,我们凭直觉似乎很难确定 his 的真正所指。即便 Ariel 拿带有完整上下文的上例对操本族语的人进行调查,结果也是接受调查的人要花比较长的时间对整个段落进行阅读,最后才能得出 his 的真正所指是 Stephan Heim 的结论。此例可以带给我们两点启示,一是指称模糊很可能是由于影响先行项可及性的因素出现矛盾造成的,二是为了使模糊指称变得明确起来,我们不能把目光仅仅停留在回指语(项)与先行语(项)之间的关系上,而是需要通过寻找某些语境线索来帮助理解。

尽管影响先行项可及性的因素有多种,但通常认为最为重要的因素非主题(主要是话语主题(discourse topic))莫属(Ariel,1990: 22-23)。主题在人的记忆中占有突出的地位,这一点已经被大量的回指研究所证实,许余龙(2004)基于可及性和主题性的创新型研究就是一个很好的实例。因此,当两个可能的先行项在同一话语片段内出现,其中一个占据主题的位置,而另外一个处在其他非突显的位置上,此时,与回指项相对应的真正的先行项通常是出现在主题位置上的那一成分。但这里我们更需要强调的

是,尽管回指项的真正所指一般都指向处在主题位置上的先行项,但这也并不意味着这种指称总是清楚和明确的。例如:

(15) The feedpipe lubricates the chain, and it should be adjusted to leave a gap half an inch between itself and the sprocket.

(16) The dog ate the bird and it died.

根据 Broadbent(1973),尽管例(15)根据主题突显的原则可以大致判断出 it 的真正所指是 The feedpipe(进给管),但这依然会让人感觉此句存在一定的歧义,因为与回指语 it 篇章距离最近的 the chain(链条)也具有一定程度的显著性,从语义方面看也有成为真正先行语的可能性。这也就是说,处在主题位置上的先行项并不一定能保证成为清楚明确的指称对象,主题性只是一个强势的突显因素,但却不是唯一的因素。例(16)由于缺少了更多语境的支持,主题因素和距离因素的矛盾就变得更为突出了。因此,语境的变化,有时哪怕仅仅是一个用词的改变,也可能完全改变指称的对象。在下面一组例子中,唯一的变化就是最后一个单词,但结果却是 they 在例(17a)中毫无疑问指 the monkeys(猴子),在例(17b)中指 the bananas(香蕉),而在例(17c)中 they 的所指对象就无法确定了。

(17) a. We gave the bananas to the monkeys because they were hungry.
   b. We gave the bananas to the monkeys because they

were ripe.

c. *We gave the bananas to the monkeys because they were here.

（http://en.wikipedia.org/wiki/Anaphora_（linguistics））

直接回指的回指语和先行语应该所指相同，这似乎是一个毋庸置疑的真理，但是我们似乎极少（如果不是没有的话）去审视一下这个"所指相同"究竟是个什么样的概念，是完全相同？在很大程度上相同？还是大致相同？

(18) Tom was a high school student. He studies very hard.

（王军，2004: 42）

(19) After the first movement of terror in Amelia's mind ... a feeling of anger succeeded, and from being deadly pale before, her face flushed up red, and she returned Rebecca's look after a moment with a steadiness which surprised and somewhat abashed her rival.

（*Vanity Fair*）

(20) Kill an active, plump chicken. Prepare it for the oven, cut it into four pieces and roast it with thyme for 1 hour.

（Brown & Yule, 1983: 202）

例（18）是一个典型的代词直接回指，He 的所指对象就是 Tom。例（19）中的 she 回指 Amelia 不会有任何问题，但是与例（18）不同的是，前述语篇中提到的 Amelia 与 she 所指的 Amelia 事实上并不完全相同，因为原来的 Amelia 后来经历了愤怒的情绪，脸色也由白转红，所以，当 she 出现的时候，其所指是情绪、脸色都已明显变化了的一个人。例（20）是一个比例（19）更为典型的例子，该例中的每一个 it 都与最初的先行成分 an active, plump chicken 的所指不同。或者换一个角度说，正是因为回指词可以进行模糊指称的缘故，即便在先行项的外观或形式发生很大变化的情况下，回指词依然可以对其进行指称。这种指称的模糊性实际上恰恰反映了语言作为一种符号系统在对现实事物进行反映时所采取的模糊策略。

6.3.2 模糊间接回指

宋培彦、刘宁静（2010: 24）在面向计算机程序处理的句间回指模糊消除的研究中指出，"回指反映的是概念之间的关联，对计算机来说这种关联是一种指代模糊"。这种回指模糊观比较特殊，因为它的出发点不是篇章理解的认知主体人，而是计算机。计算机对信息的识别和处理方式与人大不相同，最本质的差异应该是计算机只能识别经过编程的刚性的形式化符号和规则。由于回指通常涉及异形表达，在形式层面上回指语与先行语具有不同的表现方式，但在概念层面上却有指称的一致性。换句话说，间接回指是显性的不一致关系下潜伏着隐性的一致性关系。计算机若要处理好回指关系，首先就要进行所谓的回指消解（anaphora disambiguity），只有进行了回指消解，指代模糊关系才能明确化。面向计算机的回指消解研究是近几年来自然语言理解领域的热门话题，对机器翻译、信息抽取、自动文摘等领域具有非常重要的应用价值。（侯敏、孙建军，2005；周国栋、孔芳、

朱巧明,2007)

　　然而,对于以人为认知主体的回指理解来说,回指模糊有着与计算机处理方式完全不同的特点。从某种意义上说,计算机的工作机制基本上都是相同的,而人的理解方式、理解策略、知识储备等则因人而异,各不相同。这也就是说,对模糊回指的识别是有个体差异的。但尽管如此,我们或许更应该关注那些具有共性的模糊回指的特性。我们的基本指导思想是,在回指识解的过程中,语言形式标记是第一位的,它直接影响到各种概念之间的关联。所有语义或者概念之间的关联必须基于语篇中显性的语言形式标记。因此,通过对基于形式标记的回指关系的分析,能够更加系统清晰地展示模糊回指的关系特点。

　　间接回指的模糊是一种必然。我们在前一小节对模糊直接回指做了简要分析,下面我们要重点分析模糊间接回指。如果说直接回指和间接回指在模糊性问题上有什么既显而易见又非常突出的差异,那就是直接与间接所体现出的差异。直接意味着关系的清晰可辨,而间接则意味着关系的曲折隐晦。虽然直接有时也会带来回指关系的模糊,但间接则总是与模糊形影不离。尽管无论直接回指还是间接回指从本质上说都是一种认知心理现象(Gernsbacher & Givón, 1995),但毕竟直接回指在脱离语义、语用及认知因素的情况下仍然可以在纯句法的范畴内较好地完成回指释义,而间接回指如若脱离了语义、语用或认知因素则会寸步难行。

　　间接回指的模糊可以笼统地区分为形式层面的模糊和概念语义层面的模糊。

　　形式层面的模糊涉及的是回指释义的问题。尽管在当今相当多的研究里面,回指释义并不单纯被看作是语言形式层面的问题,而是更多地与概念认知因素结合在一起,但我们必须清楚,无论概念认知层面涉及多少或多么复杂的因素,它们最终都要反映在语言形式层面上。概念认知层面的分析只是一种手段,目的是为了在语言形式层面为回指语找到其所对应的先行语。虽然间接回指的回指项与其真正先行项所指相同,但回指项与其先行项的所指并不相同,最为关键的是同一个真正先行项可以由诸多不同的先行项所激活,这也就意味着与先行项相对应的先行语也可以采用完全不同的形式,这就为回指释义中先行语的识别带来了极大的困难,回指模糊也就由此产生。

概念语义层面的模糊指的是对间接回指关系进行理解时所产生的模糊感,这不仅涉及语言形式层面的回指语与先行语之间的关联,而且还受认知主体个体差异的制约,如语篇识解能力、背景知识的储备、实时心理状态等。由于这种个体差异所造成的理解模糊过于复杂和散乱,我们的分析重点将不放在这一方面,只是在涉及某些因素的时候略加提及。

对模糊间接回指的分析还可以从间接回指关系的三大要素入手进行,即先行语(项)、回指语(项)和先行语(项)与回指语(项)之间的关系。

先行语(项)是造成间接回指模糊的最大根源,而先行语和先行项还会使用各自不同的方式来制造模糊回指。例如,回指项可能非常明确,但却很难确定一个清晰可辨的回指语,因为此时的回指语可能只是隐含在字里行间,也可能是使用多个不同的语词、短语甚至句子来进行表达,还可能既可以让这个成分充当先行语也可以让另一个完全不同的成分来充当,等等,不一而足。

回指语所造成的间接回指模糊相对比较简单，因为根据我们对间接回指的界定，回指语通常都是由某一单一的有定名词成分来充当，其可灵活变化的范围比较有限。对于回指语（项）与先行语（项）之间的关系来说，主要问题在于语境或背景知识信息，也就是说，当这方面的信息提供的不充分的时候，回指模糊就会产生。

虽然有间接就有模糊，但在不同的实例中模糊的程度会存在很大的差异。有时模糊只是语言形式特征所体现出的一种模糊倾向，并不总是意味着人们在理解时一定会产生指称不确定的感觉。有些回指模糊在理解时完全可以忽略不计，而另一些却会对理解造成显而易见的障碍。总之，我们希望通过比较全面的模糊间接回指的形式特征描述，对模糊间接回指有一个较为完整的把握，并对后续的模糊间接回指的功能阐释做好铺垫。

我们根据间接回指的显性形式特征，把模糊间接回指产生的原因分为六种情形，即语境不充分、无明显先行语、先行语范围不易确定、存在多个先行语、背景知识缺失以及回指代词的使用。

6.3.2.1 语境不充分

所谓语境不充分，这里是指人们在对间接回指进行研究时，常常使用一些人为杜撰的例子，这些例子由于缺少足够的语境信息，在进行回指释义的时候就会出现指称不确定或难以确定的情况，从而造成回指模糊。例如：

(21)　　Nigel bought a fridge and put it in the caravan. Three weeks later the door fell off.

（Blakemore, 1992: 76）

(22)　　We stopped for drinks at the New York Hilton before going to the Thai restaurant. The waitress was from

Bangkok.

（Erkü & Gundel, 1987）

(23) We stopped for drinks at <u>the Hilton</u> before going to <u>the zoo</u>. <u>The baby orangutan</u> was really cute.

（Matsui, 2000: 63）

(24) Tim eventually got rid of <u>his old video recorder</u> and bought <u>a new one</u> yesterday. <u>The circuit board</u> was broken.

（Matsui, 2000: 85）

例（21）中的回指语 the door（门）有两个可能的指称成分：a fridge（冰箱）和 the caravan（拖车）。无论 the door 回指哪一个成分，整个话语都是连贯的。由于在此话语中真正的先行语只可能有一个，the door 的真正所指也就无法确定了。例（22）中的 The waitress（女服务员）既可能指 the New York Hilton（纽约希尔顿饭店）（句法位置比较显著，也可能指 the Thai restaurant（泰国饭店）（与回指语篇章距离较近，且常规知识信息支持对此成分的选择）。与例（22）类似，例（23）中 The baby orangutan（小猩猩）也面临同样的两难选择。在例（24）中，无论是 his old video recorder（他的旧录像机）还是 a new one（新录像机）都会有一个 The circuit board（电路板），但前两个成分不可能同时成为真正的先行语。

上述几个实例都是人为杜撰的，明确间接回指关系的语境因素都被人为地剔除了，展现在我们面前的是几个几乎很难在现实话语中出现的情形。当然，我们并不否认这类例子的使用在语言学研究中的价值,比如通过人为地控制某些话语成分的出现或消失,可以使我们更清楚地看到其他成分因素所起的作用,特别是通过这种方式可以把多种需研究的成分因素同时聚拢在一起,考察它们各自所起的作用以及相互之间的影响。然而像这样的一些例子,如果在实际的篇章语料中去寻找的话,是很难找见的。但是,任何事物都包含有正反两面。当研究对象或研究目的发生变化时,人为杜撰的例子有可能会破坏语言表达的自然真实的特点,毕竟我们大多数的语言研究最终都要服务于实际的话语表达和理解,这就是当今语言学科的研究越来越注重真实话语篇章语料的原因所在。

有时,虽然我们所使用的例子并非是临时杜撰出来的,而是来源于实际的篇章话语,但在提取这些话语片段时可能会有意无意地忽略某些相关的语言语境信息,从而使得所提取的话语片段出现指称不确定的情况。这是一种"断章取义"的做法,其性质实际上与例(23)、例(24)的情况基本相同,只是不如后者更典型罢了。

在语境不充分的情况下所进行的表达除了可以用作分析研究的素材之外,并不具备太多的语用功能,因为在这种情况下的语句通常都被认为存在表达错误,属于不可接受的表达方式。或许在极特殊的情况下,发话人会有意识地使用像例(23)、例(24)这类的话语片段,故意使回指语的指称变得模棱两可、模糊不定,以达到搪塞、表示不满或体现思维混乱等目的。

6.3.2.2 无明显先行语

无明显先行语的情形不包括外指(exophora),因为外指的所指对象完全存在于语篇之外,而我们这里所说的间接回指的先

行语是存在于语篇之中,或者更准确地说,是存在于语篇的字里行间,需要利用人们的常规知识或推理能力去做出判断。例如:

(25) 玉花一天比一天瘦了,她的脸色不像以前那样新鲜了。有一天,石囤回到屋里,看到玉花坐在炕沿上,噗拉噗拉地掉泪,石囤难过地叹了一口气,玉花望着他说道:"石囤呀!罪我也遭够了,苦我也受尽了。别的我也没有什么挂心事,我就是舍不得抛开你呀。"石囤的心里难过极了,他想了想说道:"玉花呀!我看你在俺这后娘手里,也熬不出来了,今天夜里,咱俩一块奔外乡去吧。"
玉花听了,又感激,又高兴,半夜的时候,小两口什么也没拿,从马棚里牵出了那两匹瘦马,悄悄地开了后门,跳上马一直的往西北面窜去了。

(红泉的故事)

(26) 鲁班六七岁就愿意动斧动锯,圆木头砍成方条,粗粗的木头锯成薄板子。长到十岁的时候,所有的"家把什"他都会使唤了,斧子凿子在手上乱转。鲁班成天不闲手,做了很多的小木柜、小板凳、小车……,<u>房檐子底下</u>,<u>堂屋地上</u>都摆满了,像小木铺一样。

(鲁班学艺)

(27) 从前有个泥水匠叫刘善,他养了一只八哥。这八哥十分伶俐,每天清早就跳到<u>窗檐</u>上叫几声:"大哥早,大哥早,太阳出,好,好,好!"

(八哥)

在例（25）中，"马棚"作为一个有定名词成分一定是回指先行话语中的某个（些）成分。根据常识，"马棚"应该在农家"院子"里或者是"房前屋后"，然而在前述话语中"院子"和"房前屋后"这些词语都没有被直接提及，唯一有点间接关联的词语是"回到屋里"，但"屋"与"马棚"的关联度并不很强。值得注意的是，当玉花和石囤从屋里走出来前往"马棚"的时候，这一动作过程并没有任何文字交代，因而"马棚"的先行语完全是隐含的。此例所体现出的回指模糊仅限于无法为回指语找到一个明确的先行语，但对于话语理解来说，并不存在回指项与先行项之间回指模糊的情况。相同的情况也体现在后面两个例子中。例（26）在对鲁班的成长经历进行叙述的时候，并没有直接提到"房子"、"家"一类的概念，但我们透过字里行间都可以感觉出这部分篇章片段主要是在描写鲁班在家做木匠活的经历，如"鲁班六七岁就愿意动斧动锯"（常识告诉我们，年龄这么小，应该是在家做事）以及"鲁班成天不闲手"（大部分时间所做的事情也应该是在家里），上述不经意间透露出的信息为使用回指语"房檐子"以及"堂屋"进行间接回指做好了充分的准备。例（27）是该语篇的第一段，为回指语"窗檐"提供所指对象或范围的信息非常有限，能够提示"房子"或"家"这一概念的语言表述大概只有"他养了一只八哥"和"每天清早"这两部分。从较宽泛的意义上说，我们可以把这两部分视作"窗檐"的先行语，毕竟缺少了这两部分，"窗檐"的所指就没有了着落。然而，如果回顾一下以往几乎所有的对间接回指的研究文献，我们会发现，例（27）这种类型的间接回指的先行语至多勉强算作先行语，或者说是处在常规间接回指先行语的边缘位置上，极少受到人们的关注。在我们前面所做的主要基于实际篇章语料的实证研究中，无明显先行语的间接回指实例大都没有纳入到统计数据之中，这种做法与国内外基于一定规模语料的间接回指实证研究的做法是一致的。

纯粹显性语言层面上的回指模糊首先会对语篇分析带来一定的困难，因为人们已经习惯了在进行间接回指分析时回指语和先行语均由某一明确的语言成分充当的情形。当先行语无法从语篇中提取出来，或者提取出来的是一个（些）似是而非的语言成分时，这就可能为下一步的分析研究工作制造障碍。

无明显先行语的间接回指通常不会对人的话语理解造成任何障碍，但对计算机信息处理以及人工智能来说却会构成不小的麻烦，因为计算机若要正确识别间接回指的指称关系，首先必须要对回指语和先行语进行适当的标注。无论是基于一般常规关系，还是基于整体-部分关系、上下义关系等，所标注的对象必须要有明确的语符体现，而无明显先行语的间接回指究竟应如何标注，这的确是个非常棘手的问题。

6.3.2.3 先行语范围不易确定

与无明显先行语的情况不同，先行语范围不易确定指的是先行语虽然可以较为清楚地辨别出来，但是很难在语篇中划定其所属的范围。在绝大多数情况下，间接回指的先行语都是由一个单词或短语来充当，即便是由两个或两个以上的彼此分离的单词或短语来充当，这种先行语在语篇中依然边界分明、清晰可辨。然而，在下述两种情况中，先行语的范围就比较难把握，当回指语在前述语篇中寻找其所指对象（先行语）时就很难找到一个明确的落脚点。

在第一种情况中，回指语与先行语的篇章距离相对比较近。例如：

(28)   ... but she comforted me as well as she could, and said we were sent into this world for a wise and good purpose, and must do our duties without repining, take our life as we might find it, live it for the best good of others, and never mind about <u>the results</u>; they were not our affair.

(A Dog's Tale)

(29)   ... and she taught her children her kindly way, and from her we learned also to be brave and prompt in time of danger, and not to run away, but face the peril that threatened friend or stranger, and help him the best we could without stopping to think what <u>the cost</u> might be to us.

(A Dog's Tale)

(30)   Tilbury's letter had started on Friday, more than a day too late for the benefactor to die and get into that week's issue but in plenty of time to make connection for the next output. Thus the Fosters had to wait almost a complete week to find out whether anything of a satisfactory nature had happened to him or not. It was a long, long week, and <u>the strain</u> was a heavy one.

(The $30,000 Bequest)

在例（28）中，the results（结果）的出现意味着必然有原因存在，而且我们也都知道原因就在同一句之中，但问题是作为先行语的显性语言成分都包括哪些内容呢？是否是 do our duties without repining, take our life as we might find it, live it for the best good of others（做应该做的事情，不去抱怨，平静地生活，多为他人着想），还是应该再加上一个主语 we，或者把 we were sent into this world（我们来到这个世界上）都包括在内？再进一步讲，如果要求计算机对该先行语进行识别标注的话，识别操作的标准又该如何确定呢？例（29）也一样，回指语 the cost（花费）的所指对象肯定就在前述语篇中，但先行语的范围是仅限于 help him the best we could（尽最大努力帮助他），还是应该涵盖 face the peril that threatened friend or stranger（面对朋友或陌生人所遭遇的危险），或者再进一步扩大范围？在例（30）中，根据语境，It was a long, long week（那是漫长的一周）可能是造成 the strain（焦虑）的原因，但比较准确地说这一原因应该是 the Fosters had to wait almost a complete week（福斯特一家几乎等了整整一周），而如果把其他的表达细节也加进去的话，原因可能会更全面一些。但这时相应的问题又出现了，哪些细节是必要的，哪些又是不必要的，究竟如何取舍，这是颇为棘手的问题。

上述三例有一个共同的特点，就是它们都属于抽象的间接回指关系，或者更具体地说，都属于因果关系。虽然有结果必然有原因，但人们在对原因进行表述时可能会采取完全不同的表达策略，体现在语篇中，原因或显或隐，或集中或分散，而隐性的或分散的表达就会造成回指模糊的状况。

事实上，不仅仅是抽象的间接回指关系，有时相对具体的概念进行回指时也会出现类似的情形。例如：

(31)　The hands were wrinkled and without color as if dead. They managed to make her a living, though. The trouble was not in their appearance but the pain in them, especially on damp days when the arthritis got worse.

(*His Best Girl*)

在例(31)中，我们可以认为回指语 the arthritis（关节炎）的先行语是 The hands（双手），但认为是 her 也未尝不可，此外，作为与关节炎密切相关的一些因素，the pain（疼痛）和 damp days（潮湿天气）似乎也有理由成为先行语的一部分。如此一来，为回指语找到一个先行语似乎并不困难，难的是如何在几个可能先行语中做出取舍，或者就直接把几个可能先行语一并看作先行语。

　　第二种情况是由回指语与先行语的篇章距离过远所导致的回指模糊。例如：

(32)　(para. 1) I was saved from sin when I was going on thirteen. But not really saved. It happened like this. There was a big revival at my Auntie Reed's church.

......

(para. 5) Finally all the young people had gone to the altar and were saved, but one boy and me.

......

(para. 10) ... I began to wonder what God thought about Westley, who certainly hadn't seen Jesus either, but who was now sitting proudly on the platform, swinging his knickerbockered legs and grinning down at me, surrounded by deacons and old women on their knees praying.

(*Salvation*)

例（32）节选自 Langston Hughes 的著名短篇小说 *Salvation*（拯救），全篇除了最后一段以外全都是在描写一座教堂内所发生的事情。作者仅在第一段中提及了 church（教堂），由于事件发生的场景基本保持未变，所以作者可以在第五段中使用 the altar（圣坛），然后又在第十段中使用 the platform（平台）对 church 进行间接回指。如果我们这样来看该语篇中出现的这两对间接回指（church—the altar; church—the platform）的话，似乎并不存在模糊回指的问题，但问题是在 church 出现后的后续语篇中，尽管 church 及其近义词均未出现，但是各种祈祷活动无时不在提示教堂这一场所的存在。除了一些普通的行为动词，如 cried（哭泣）、knelt（下跪）、sang（唱歌）等，一些特别的宗教活动用词，如 save（拯救）、sinner（罪人）、preach（布道）、pray（祈祷）、mourner's bench（忏悔席）等，更是在时时提示或强化教堂这一概念的存在。所有以上这些词语表达似乎都不应该被完全排除在 the altar 和 the platform 的间接回指先行语的范围之外。但如果把各种与先行项相关的成分都纳入到先行语范围中去，哪些合格，哪些不合格，选取的标准是什么，范围究竟应该有多大，这些都会成为问题。此外，我们都知道，在进行英汉语言对比时，当涉及名词性概念的功能作用时，人们常常会把实际并未用语词形式体现出来的概念用零形符号 Ø 表示出来，以此表示这一概念在某一位置上的存在。如果这一零形符号可以用来表示间接回指的先行语，原本位于较长篇章距离内的先行语或许就近在咫尺。

6.3.2.4 多个候选先行语

就先行语来说，相对来讲，最不容易引起回指模糊的间接回指是只有一个候选先行语的情形，因为在一定的语篇范围内候选先行语若明显只有一个，回指语在回指的过程中就不容易出现来自其他成分的干扰。而且我们知道，无论是直接回指还是间接回指，各种回指释义机制的操作通常都是指向唯一一个先行语的。当存在两个或两个以上的候选先行语时，由于违反了单一先行语的一般识别准则，在对真正先行语进行评判取舍时就会带来指称的不确定，从而使回指具有模糊的特征。与前面提到的无明显先行语和先行语范围不易确定这两种情形不同，这里所说的多个候选先行语的语言形式本身均是比较容易识别的，但究竟哪（几）个属于真正的先行语还需要进行审慎的判断。

在下面我们将要列出的几种模糊回指的类型中，由于各例中的候选先行语均只有两个，为方便起见，我们分别用 A 和 B 来表示：

AB 性质不同，但均可充当真正先行语。例如：

（33） Even the wind blew often down the valley, and carried the dead leaves along with the fall.

(*The Plain and the Star*)

一般来说，"落叶"（the dead leaves）最为直接的间接先行语应该是"树"(tree),但例(33)并未提及"树",而是使用了"风"(the wind)和"峡谷"(the valley),"风"吹"树"致"落叶",而"峡谷"中亦会有"树",有"树"就有"落叶",因此,无论是用 the wind 还是 the valley 做 the dead leaves 的先行语都有道理,只是无论哪一个做先行语,其与回指语的语义关联都过于间接了,甚至可以说有点牵强。形式上的间接回指关联与我们对该句的直觉判断有着不小的差距。

(34)　One morning, as he was on his way to Holland Park, where the Mertons lived he went in to see a great friend of his, Alan Trevor. Trevor was <u>a painter</u>. Indeed, few people are not nowadays. But he was also <u>an artist,</u> and artists are rather rare. Personally he was a strange rough fellow, with a spotted face and a red, rough beard. However, when he took up <u>the brush</u> he was a real master, and his pictures were eagerly sought after.

(*The Model Millionaire*)

我们知道,painter 是一个多义词,它既可表示"画家",也可表示"油漆工"或"刷漆的人"。由于受到语言语境 few people are not nowadays(现在很少有人不是了)的限定,此处的 a painter 的含义很可能是一个普通的"刷油漆的人"。当文中的主人公又被称作 artist(艺术家)的时候,则可能是在暗指此人还是一位"画家"。这样,此人就具有了两种身份:"刷油漆的人"和"画家"。当后续话语中出现 the brush(刷子)时,其先行语既可能是 a painter, 也可能是 an artist。即便考虑到回指语后面的语言语境，即 his pictures were eagerly sought after（他的画受到热烈追捧），我们依然不能完全肯定 an artist 就是真正的先行语，而 a painter 就不是，因为一个刷油漆的人的信手涂鸦或许也能创造出美感来。事实上，该段引文的作者或许是在故意使用 the brush 来进行模糊指称，为的就是要获得一种幽默的表达效果。

AB 看似宜此宜彼，实则侧重某一个。例如：

(35) There is no frigate like a book / To take us lands away, / Nor any coursers like a page / Of prancing poetry: / This traverse may the poorest take / Without oppress of toll; / How frugal is the chariot / That bears the human soul.

(There Is No Frigate Like a Book)

(36) 他坐立不安地要活动，却颓唐使不出劲来，好比杨花在春风里飘荡，而身轻无力，终飞不远。

(《围城》)

例（35）是一篇我们曾经引用过的诗歌，里面包含两组间接回指，而每一组间接回指又都分别包含两个候选先行项，如下图所示：

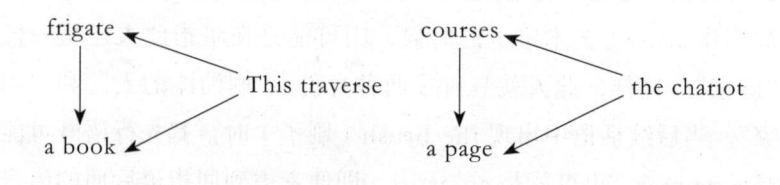

```
   frigate                      courses
        ↖                           ↖
          This traverse                the chariot
        ↙                           ↙
   a book                       a page
```

第六章 模糊回指及其语用功能

从常规关联意义上讲，This traverse（这次旅行）的先行语应该是 frigate（帆船）而非 a book，同样 the chariot（马车）的先行语应该是 courses（马）而非 a page（书页）。由于使用了明喻修辞方法，frigate 被比作了 a book，于是帆船旅行变成了在书海中畅游，同样，书页也像马一样承载着人的心灵去旅行。我们在对两个回指语进行释义的时候，其先行语既可以指常规关联意义上的喻体（vehicle）成分，也可以指本体（tenor）成分。但我们知道，明喻的主要功能是借喻体来说明本体，因此，在喻体和本体都可做真正先行语的前提下，重心却是落在本体上。如果我们只认为喻体是真正的先行语，这种理解就完全偏离了作者的本意；而如果只认为本体是真正的先行语，修辞的效力就会大打折扣。我们还可以从另外一个角度来理解这种间接回指的模糊性特点。虽然例（35）中的两个回指语分别用词语表示为 This traverse 和 the chariot，但每一个回指语都可被视作具有双重身份。换句话说，每个回指语内都含有两个回指项，其中一个回指项对应的是与喻体一致的先行项，另一个回指项对应的是与本体一致的先行项。对回指语这种双重身份的解读需要付出一定的认知努力，而正是这种智力投入才使得相关话语具有了美感。相同的解读也完全适用于例（36）。

AB 中只有一个合格，另一个构成很大干扰。 回指释义过程中的干扰实际上是无处不在的，但此处所说的干扰仅指有可能成为真正先行语的某一语言成分，这一语言成分由于某一（些）方面的特征很容易被误判为真正的先行语，从而对真正先行语的确定带来干扰。我们在对这种间接回指进行解读时，往往会犹豫不决，反复思考。例如：

(37) A. How long have you and John been together?

B. Well, about two months. I used to see a Japanese guy, but I stopped seeing him and started going out with John after Easter. The conversation was less boring.

(38) A. How long have you and John been together?

B. Well, about two months. I used to see a Japanese guy, but I stopped seeing him and started going out with John after Easter. The conversation was too boring.

（以上两例均转引自 Matsui, 2000: 110-111）

上面两部分对话的唯一区别是使用单词 less 还是 too，而正是这点小小的区别，使得回指语 The conversation（对话）的真正先行语在例（37）中为 John，而在例（38）中则为 a Japanese guy（日本人），但这种识解结果获得的过程并不一定轻松。我们知道，当有两个或两个以上的候选先行语时，突显程度高的通常被选为真正的先行语，然而影响先行语突显程度的因素有很多，如句法位置、篇章距离、常规关系、干扰项数量等，但在上述两例中，似乎所有这些影响因素都让位给了一个四两拨千斤的小词身上。如果在上述对话中 A 未能注意到并准确理解 less 或 too 在篇章中的关键作用，理解肯定就会出现问题。

(39) I rode back to the farm in the cart. Jack was on the porch writing a letter to his wife. The mail had come and I got the papers and went over on the other side of

the porch and sat down to read.

(*Fifty Grand*)

(40) She took her silver dress from the bundle and shook out the folds.

(*Catskin*)

在例（39）中，有定名词短语 The mail（邮件）的出现会很自然地让人到前述话语中寻找其所指对象。由于 a letter（一封信）和 The mail 语义上具有较强的常规关系，所以 a letter 就很可能被判定为 The mail 的先行语。然而根据语境，真正的先行语是后续话语中的 the papers（报纸），而所谓的邮件，实际上是订的报纸，而非普通的信件。在直接回指中，这种回指语向下指称的现象叫做"下指"（cataphora）。有意思的是，在本例中，The mail 和 the papers 相互依赖，构成了一种相互指称的关系，即 The mail 既可做回指语，也可做先行语，相应地，the papers 既可做先行语，也可做回指语。由于 The mail 既要避开 a letter 的干扰，又要非常规地进行下指，因此可以预见人们在对 The mail 进行解读时一定会比较困难，甚至可能出现错误的判断。例（40）也是选自真实语篇中的一句话，根据上下文，the folds（褶皱）的所指应该是非常明确的，即指 her silver dress（她银色的裙子），然而 the bundle（包裹）无论从常规语义关系上还是篇章距离突显性上都是真正先行语强有力的竞争者，这也就使得 the folds 的所指具有了模糊的色彩。

AB 同为先行语，但层面不同。在这种情况下，我们既可以把 A 视作先行语，也可以把 B 视作先行语，因为从某种意义上说，A

和 B 并非两个相互排斥的实体或概念,而是其中一个包含另外一个,或者两者共处同一认知框架内,能够分别胜任回指语的先行语。一般的回指释义机制只关注与回指语篇章距离最近的唯一一个先行语,而对其他也可以承担先行语的成分不予理会。例如:

(41) 孙太太眼睛红肿,眼眶似乎饱和着眼泪,像夏天早晨花瓣上的露水,手指那么轻轻一碰就会掉下来。

(《围城》)

(42) ... at one end of the hall a platform supported two thrones, on which the King and the Queen received the guests.

(*Tattercoats*)

虽然说"眼泪"在"眼眶"中,而"眼眶"又是"眼睛"的一部分,但谁也不能否认"眼睛"和"眼眶"都可以分别做"眼泪"的先行语,甚至"孙太太"直接做"眼泪"的先行语也没有任何问题。国内外的学者在对间接回指进行研究时,无论使用的是真实的篇章语料,还是人为杜撰的例子,只要假定所涉及的语句是一个无歧义的正常表达句,通常都只有唯一的一个真正先行语,对其他也能承担先行语的成分要么视而不见,要么有意识地清理得一干二净。设定唯一一个真正先行语的做法的确能方便回指释义操作,但这时常会与真实语料不符。在存在多个合理先行项的情况下,选择其中任何一个做真正的先行项并排除其他的可能性,都是不合适的做法。因为我们知道,几乎所有(如果不是全部的话)的间接回指以及直接回指的释义机制都是以先行语（项）的相对最大显著性为选择准则的。在例（41）中，综合各种影响回指释义的因素来看，我们并不能断定"眼睛"的显著性要比"眼眶"的显著性低。在例（42）中，有资格承担 the guests（客人）的先行语的成分有 the King and the Queen（国王与王后）、thrones（宝座）和 the hall（大厅），因为作为国王和王后毫无疑问经常会有客人到访；宝座与国王和王后能够直接联系在一起，所以宝座与客人也能建立起间接回指的关系；大厅是接待客人的场所，用场所做先行项也没有问题。三个先行语成分性质不同，但同处于宫廷这个总的认知框架内，都能为 the guests 提供指称参照。作为回指语的 the guests，其先行语的落脚点究竟应该在哪里，是否只有唯一的一个落脚点，迄今并没有研究回答过这一问题。

6.3.2.5 背景信息的个体差异

在前面讨论语境不充分的情况时，实际上也是在谈背景信息的问题，只是那种背景信息一是仅限于人为杜撰的语句，二是不具有个体差异，而这里要说的背景信息在不同的认知主体身上会有不同的体现。对同一个包含间接回指关系的语句进行解读时，由于不同的认知主体可能会有不同的文化价值观、不同的知识储备或者不同的想象、推理能力，解读的结果可能是清晰明确的，也可能是模糊甚至错误的。

我们在对一个随意杜撰出来的语句做判断时，可以完全按照自己以往的评判标准去做评判，但对于出自权威之手或者被认为是出自权威之手的孤立语句，以及取自真实语篇的一些语句，我们自己以往的判断标准往往会受到所谓"权威"的影响，对这种语篇做"合理性推断"，即认为他们既然那样说肯定就是有道理的。这是一种发话人和受话人进行会话合作的结果,受话人虽然可以接受,但并不一定能在个人的知识储备中或语篇中找到这种"合理性"的理据。如果找不到的话,对于间接回指关系来说,就会出现回指不确定或模糊的情况。我们可以从三个方面来考察这种基于认知主体差异的模糊回指。

百科知识差异。由于个人所接受的教育以及各种经历具有一定的特殊性,从中所获得的知识未必与一般的百科知识相吻合,或者不能与某些特定领域内的知识相一致,在这种情况下,个人在理解某些间接回指关系时就有可能不能建立起回指项与其先行项之间的关联,从而出现回指对象难以确定的情况。例如:

(43) 那张是七月初的《沪报》,教育消息栏里印着两张小照,铜板模糊,很像乩坛上拍的鬼魂照片。

(《围城》)

(44) And the two young combat engineers in an attached company on D-Day, when they were lying off the coast right before climbing down into the landing barges. "There's France," one of them had said.

(*The Five-Forty-Eight*)

在例(43)中,如果没有一定的摄像专业知识,读者恐怕很难弄清"铜板"到底是什么东西,究竟是与报纸相关联呢,还是与照片相关联,或者说,是由"沪报"做间接回指的先行语还是由"两张小照"来做,最终答案并不容易确定。D在美军的军事术语中代表day,用来表示进攻日,原本并不特殊,但由于第二次

第六章　模糊回指及其语用功能

世界大战的诺曼底登陆首日（1944年6月6日）是一历史性的时刻，人们就把这一天称作 D-Day，并作为一个特指这一登陆日的专用术语被收录到了词典中。只有了解了这一信息，并且知道登陆地的地理环境，读者才能完全理解 the coast（海岸）的所指含义。同样在该例中，只有明白大型军舰一般都无法在普通海滩靠岸，只能通过放下登陆艇（landing barge）的方式才能上到岸上，才能明白使用 the landing barges 的意图。

通过上述两例我们可以清楚地看出，个体差异对于某一回指模糊与否以及模糊的程度如何起着至关重要的影响。

篇章背景信息。 对某一个间接回指关系的理解不能仅仅局限于考察包含这一对关系的语句，我们还需要调动各种各样相关的背景信息，这其中除了刚提到的百科知识信息以外，还有篇章内的各种语境信息，尤其是某一间接回指关系出现之前的各种语境信息。篇章发展的过程就是信息不断积累的过程，旧信息是新信息得以立足的基础，新信息也在不断地改造或更新着旧信息。随着旧信息的不断积累，其信息量会越来越大，信息的复杂性也越来越高，这就可能导致在后续话语中出现的回指语（项）较难找到其真正的先行语（项）。例如：

(45) She followed him inside. They went straight to the kitchen, Lucas pulled out a pan, put it on the stove and poured a small amount of milk into it. While it was warming, he took a baby bottle from one of the cabinets, rinsed it in hot water and poured the warmed milk into it.

271

"Here," he said as he handed it to Kara. "She's used to you. Give it a try."

Kara unwrapped the furry little body. The puppy didn't try to stand. It didn't do anything but look at her. She gently touched the nipple to its mouth. It had gotten used to her finger so it licked the nipple and gradually took it into its mouth and started sucking.

(*A Holiday to Remember*)

从常规关系角度讲（一般的间接回指释义操作都主要基于常规关系），the nipple（奶头）与在同一句中的 She 的关联度最高，然而此例中的真正先行语却是 a baby bottle（奶瓶），或者说是 a baby bottle 的直接回指代词 it（紧随 a baby bottle 之后的三个代词 it）。如果读者对整个这一篇章片段的主题（即尝试用奶瓶给孩子喂奶）把握不准确，就有可能出现张冠李戴的情况，或者在回指对象的选择问题上犹豫不决。

（46） We must know, and as soon as possible, too, where "166" is located, so that we can make a descent upon the gang there at 2 A. M. ...

(*A Curious Experience*)

在例（46）中，the gang（匪徒）与数字 166 是无法直接建立起任何关联的，但在前述语篇中读者可以获得这样的信息，即 166 指的是一家宾馆的房间号，而且根据事先的情报获悉一帮匪徒将要在此房间聚会。这样一来，166 就与 the gang 间接地建立起了关联。在这种情况下，166 更适合被称作"触发语"（trigger），它触发的不是一个常规性的可用于回指语释义的情景，而是篇章中特有的（text-specific）一个情景，对这一篇章背景信息的准确把握是这类间接回指释义的关键。然而，对于某些阅读能力相对较差的读者以及计算机识别来说，如何才能建立起一个由 166 这类触发语所激活的基于篇章信息的情景，这是能否消除回指模糊的关键。

下面的情形更复杂一些。

（47） "God knows," exclaimed he, at his wits' end; "I'm not myself — I'm somebody else — that's me yonder — no — that's somebody else got into my shoes — I was myself last night, but I <u>fell asleep on the mountain</u>, and they've changed my gun, and everything's changed, and I'm changed, and I can't tell what's my name, or who I am!"

（*Rip Van Winkle*）

在例（47）中，小说的主人公 Rip Van Winkle 在向一些村民叙述自己怪异的经历，对于文中的人称代词 they 究竟指谁，其所指对象是否明确，这关键要看我们是从哪个角度来看这个问题。首先对于 Rip Van Winkle 来说，由于这部分话直接出自他本人之口，他自然明白 they 的所指，即山中那些相貌古怪的人。其次，对于读者来说，对前述篇章中的信息是否仍有清楚的记忆将直接决定 fell asleep on the mountain 能否激活再现以前的情景。只有以往的情景再现了，they 的所指才能找到落脚点。在这里，fell asleep on the mountain 这一成分的作用如同 Fauconnier（1985）心理空间（mental space）理论中的空间构造词（space builder）一样，它能起到把当前的情景与以往的情景连接起来的作用。由于读者对这类空间构造词的敏感程度各异，相关情景激活的程度也会有所不同，最终就会影响到回指代词 they 的所指准确性。最后，由于小说中 Rip Van Winkle 的话是讲给他周围的村民听的，所以村民也构成了这部分信息的一个接受方。村民对发生在 Rip Van Winkle 身上的事一无所知，也就自然无法从 fell asleep on the mountain 中产生任何有意义的联想。这样，对村民来说，they 的所指就会令他们感到非常的困惑。

想象与推理。在间接回指关系中，先行语的情景激活作用往往对回指释义起着至关重要的作用。真正的先行项在先行项中的地位越突显，回指释义就越容易、越准确，相反，如果真正的先行项只是处在一种边缘的地位，若想完成回指释义，就必须要借助于想象和推理的力量。而当这种想象和推理的力量无法获得有效语境支撑的时候，回指释义就会变得非常困难。例如：

（48） "What the hell is so funny?" Frank asked.
"I was just thinking of Clark trying to get into the cab," Jake said, wiping at his eyes. "He slipped on the ice. He sprained his wrist, but nobody knew it at the time. The poor bastard! ..."

(*Gay*)

(49)　In fact, I have thought about you too much for the last year, and it's always been in the back of my mind that I might see you if I came over here. We did have such good times that crazy spring, like the night you and I stole the butcher's tricycle, and the time we tried to call on the president and you had the old derby rim and the wire cane.

(*Babylon Revisited*)

在例（48）中，Jake 说他想到了 Clark 上出租车的情景，在这里，the cab（出租车）之所以使用有定名词短语的形式，是因为 Jake 在思考时自己的头脑里有这一情景。虽然这一情景对于当时的对话方 Frank 以及普通读者来说却并不知晓，但 I was just thinking of Clark 这一先行触发语却提供了一种开放的可能性，它能让当时的受话人以及普通的读者通过想象或推理去接受 the cab 的存在。在这里，先行语 I was just thinking of Clark 与回指语 the cab 之间的语义关联对 Jake 来说是一种特定的情景关联，而对 Frank 和普通读者来说则是基于对 Jake 的信任并通过想象和推理建立起来的一种关联。这种关联真实与否或者确定与否对于 Frank 以及普通读者来说其实并不重要，因为他们对 Jake 提供的信息都是按新信息来接受的，包括有定名词短语 the cab。同样，在例（49）中，the butcher's tricycle（屠户的三轮车）、the president（校长）、the old derby rim（旧礼帽的帽檐）以及 the wire cane（电线编的惩戒棒）也只能通过受话人以及读者的想象和推理建立起与先行语 We did have such good times that crazy spring（在那个疯狂的春天我们的确玩得很开心）的语义关联。

例（48）和例（49）中的间接回指关联首先是基于"语篇中某一人物角色"的想象建立起来的，而在下例中的间接回指的关联则是基于"语篇作者"的叙述来建立的，它也是在用所谓的"既成事实"的手段强迫读者去接受其中的语义关联。

（50） Inside [the van], a rancher, looking up from the pool table, announced, "Here's Sammy with a load of hooters."

(*Rider*)

对一般读者而言，the pool table（台球桌）是不太可能安置在 the van（货车）中的，也就是说，the van 与 the pool table 的语义关联度极低。作者在前述话语中只是提到过赌博的事情，但并未提及任何与赌博工具相关的情况，因此，对于读者来说，作为赌博工具的"台球桌"完全是个新信息。然而作者却把这一新信息用有定的方式来进行编码，意在强迫读者接受 the pool table 与 the van 之间是一种常规性关联。在例（48）和例（49）中这种手段似乎较容易奏效，因为人们对"思想"所包含的内容并无特别的要求，但对 van 这种特定的实体，人们的联想却要受到较大的约束，因而在接受 the pool table 对 Inside [the van] 进行间接回指时并不一定很容易，这就会导致读者在对 the pool table 进行回指释义时出现困难。

6.3.2.6 回指代词

代词用于间接回指是模糊间接回指的一种典型表现。

第六章 模糊回指及其语用功能

代词是对其所指称的成分的一种简略的表达方式,这种简略主要表现在三个方面:首先,从形式上看,代词一般都使用笔画相对简单或字母相对较少的一个或两个单词来表示,如汉语的"他(们)"、"她(们)"、"我(们)"、"它(们)",英语的 he/him、she/her、it、they/them、we/us 等;其次,任何一种语言中代词的数量都很少,属于封闭性的词类,这就导致了任何一个代词能够进行指称的范围比较广。如果代词要在某一特定的语篇中具有明确的指称对象,代词与所指对象之间的篇章距离就不仅不能过远,而且相关语境内容必须足够丰富;最后,任何一个代词可供分解的语义成分都极为有限,这就导致了代词在用于指称时的抗干扰能力比较差,容易引起歧义。代词以上的这些特点使得代词通常不适合进行间接回指,因为间接回指的真正先行项都是隐性的,当这一隐性的真正先行项在先行语激活扩散的过程中不够显著或者受到其他候选先行项干扰的时候,代词就会出现回指模糊的状况。下面是两个我们前面曾经使用过的例子:

(51) 她是个老处女,虽结过婚,但刚办完结婚登记手续,他就告别了她,把一腔热血洒在朝鲜的三千里江山上,成为名震全国的战斗英雄。("他"指"丈夫")

(陈平,1987: 84)

(52) She didn't want to talk about the operation but she couldn't think about anything either. Maybe it would turn out to be benign; on the other hand, maybe they would open her up and find that she was permeated, riddled, rotting away

277

from the inside.

(Emmott, 1999: 9)

在例(51)中,先行语"结婚登记"能够很容易地激活办理结婚登记手续的一对新人,因为上下文中未提及其他男性,所以从某种意义上说"他"的所指应该比较明确,即指那位老处女的丈夫。然而即便如此,"他"的使用仍给人突兀的感觉,因为在"他"的位置似乎使用"她丈夫"更自然一些。我们认为,此例中之所以选择使用"他",主要是因为文章的作者刻意要模糊"他"的身份,这样可以更加衬托出真正的主人公"她"。即便是对"他"进行进一步的描述,也并非是为了突显"他",而是为了反衬"她"是那么的伟大。当然,此例中"他"的使用还能与同一小句中的"她"构成一种平行对照关系,从修辞角度看更具感染力。例(52)中有两组代词间接回指关系,一是the operation—it,二是the operation—they。我们都知道,如果某人的亲属在医院里被查出患了癌症,任何人都不愿意去直接提及"癌症"、"肿瘤"这一类的词,而为了回避这类禁忌语,人们很自然地就会使用模糊的表达方法。在此例中,it实际上指的是"肿瘤",是由前述的先行语the operation(手术)间接激活的。由于the operation所激活的事物有很多,如"手术室"、"手术刀"、"麻醉"、"疼痛"等,这些成分从理论上讲都可以使用it来指称,因此,如果单纯看the operation与it的语义关联的话,it的所指是根本无法确定的。然而通过语境成分turn out to be benign(结果是良性的)以一种滞后修补的方式,就能帮助读者解读出it的真正所指对象是什么。同样,医生有时也会使人产生不好的联想，通过使用代词 they 可以模糊医生的身份，同时使用 open her up（为她开刀）又避免了代词 they 的所指可能出现的歧义。因此，从上述两例中我们可以看出，所谓的代词间接回指的模糊性主要是限定在先行语和回指语的单纯照应关系上，而非综合考虑各种语境信息之后对代词所指的释义上。

6.4 模糊回指的语用功能

国内外对语言模糊性问题的研究大都集中在探讨语言形式与客观外界事物的指称关系方面，而在语篇范围之内人们关注更多的是有定名词短语与其先行语之间相对单一的回指问题。诚然，单一而明确的篇章内回指，无论是直接回指还是间接回指，在各类语篇中都普遍存在，而且对于语篇衔接与连贯起着至关重要的作用。然而，回指模糊的情况也是比比皆是。回指模糊并不总是一种由于表达不当引起的表达错误，在很多情况下，回指模糊也是一种重要的语篇手段，承载着一定的语用功能。遗憾的是，迄今为止回指模糊问题一直未引起人们足够的重视。尽管近些年来有些研究开始涉及这一话题，但基本上都未触及模糊回指尤其是模糊间接回指的语用功能问题。

黄奕、白永权、蒋跃（2007）的研究探讨了模糊指称的语用功能，但他们的研究一是仅限于汉英第一人称代词，二是主要关注第一人称代词非常规性使用所带来的指称模糊问题，这与我们前面所分析的带有普遍性的模糊间接回指有很大的不同。王金安（2008）的"论模糊语的文体功能"只是泛泛地谈论语言模糊性表达所具有的文体修辞效果，与篇章回指并无关联。潘震（2007）的"框架理论对第三人称代词深层回指的解释力"以及张文会（2008）的"模糊指称刻意运用现象的语用分析"虽然已经开始触及篇章内模糊回指的问题，但遗憾的是该研究仅仅是浅尝辄止，举一个例子就一带而过，并没有展开进一步的分析阐释。王军（2009）的"模糊回指及其语用功能"相对比较全面地对这一问题进行了探讨。下面我们也将结合这一研究，对模糊回指问题做进一步的分析。

从较宽泛的意义上讲，所有间接回指都属于模糊性表达。模糊回指的一般功能实际上也就是我们前面早已说过的间接回指的主要功能，如表达简洁、概念明晰以及概念扩展等方面，对这些问题，此处就不再赘述。

从狭义的模糊回指概念去理解，模糊回指首先是分成语言显性形式层面的模糊和概念理解层面的模糊。我们之所以要把模糊回指分成两类，主要是因为从一般回指释义机制（anaphora resolution mechanism）以及计算机识别的角度看，回指释义都要首先经过回指语对真正先行语的筛选、识别过程。在这一过程中会产生回指不确定或回指模糊的情况，而把这种情形全面完整地展现出来，有利于编制效率更高的回指释义模型。然而，显性形式层面的回指模糊并不一定意味着概念层面的回指模糊，因为人脑对信息的处理方式与计算机或人为编制的操作规程的处理方式会存在很大的差异。人脑对信息的处理方式是立体的，对同一信息，人脑可以同时从多维度、多角度，利用多种媒介同时进行处理，这就是连通主义（Connectionism）所说的并行处理（parallel processing）方式（Dell, 1986）。而计算机处理以及所谓的间接回指释义机制完全是基于线性处理（linear processing）

方式。语言所取得的语用效果从本质上说是概念认知层面的问题，语用是思维对语言所做出的一种反映，因此，在涉及语用问题的时候，我们所应该关注的主要是语言使用的效果。

模糊回指的语用效果可以大致分为以下四种：表达简洁、新信息传递、回避禁忌话题以及制造幽默效果等。

6.4.1 表达简洁

与直接回指相比，间接回指更加充分地利用了人的思维特点，不去过多地拘泥于语言形式的明晰标记，即便是在无明显先行语、先行语范围不易确定或存在多个候选先行语的情况下，仍然可以直接使用有定名词短语形式进行间接回指。由此可以看出，在间接回指关系中，显性的先行语成分采用怎样的形式其实并不重要，重要的是当使用回指项进行间接回指时，基于对前述话语进行加工的意识中是否存在一个能够与回指项实现匹配的真正先行项，或者更准确地说，能否建立起回指项与真正先行项之间的语义关联。所谓的语言表达简洁，事实上包含两方面的内容：一是概念要明晰、正确，不能模棱两可，语焉不详；二是语言形式上要简单、干净、利落。

在我们前面多次提到的 kill an active plump chicken 一例中，尽管我们知道 chicken 在加工过程中会不断变化，但后续话语中依然使用同一个回指语形式 it 进行回指，形式简洁而概念表达亦无歧义。试想一下，如果在该例中每次回指都要力求指称的准确性，回指语的形式将会变得多么复杂且没有必要。再例如：

(53) His every life was surrounded by <u>the dentist</u>, <u>the</u>

department store, the osteopath, the doctor, the psychiatrist. He found no way to pay the bills.

尽管例（53）中的先行语有五个，而且每种职业的"账单"（bill）都会有所不同，但由于此处人们关注的不是各种账单的差别之处，而是账单这一事物本身，因而一种模糊的指称表达就足以实现作者的表达意图。

　　间接回指表达的简洁性不仅仅体现在回指语上，而且也体现在先行语上。间接回指的根本特点就是先行语和回指语不仅属于异形表达，而且先行项与回指项的指代也不相同。经由先行语激活的先行项为后续间接回指项的使用打开了一扇理论上无限宽广的大门。如果先行语（项）是"饭店"，间接回指语（项）可以选择与"饭店"关联密切或较密切甚至不甚密切的一些成分，如"服务员"、"餐桌"、"菜单"、"厨师"、"食物"、"门卫"等。甚至有时我们可以连像"饭店"这样明显的先行语也不用，而只是通过似乎不经意的语言描述，由字里行间把"饭店"的话题表达出来，并在后续话语中使用回指语（项）进行间接回指。

　　诗歌以语言简洁、蕴含丰富著称，为了在有限的篇幅内表达尽可能丰富的信息，对指称关系进行模糊性处理不失为一种非常有效的手段。我们前面所分析的 Emily Dickinson 的诗歌 There Is No Frigate Like a Book 就是个很好的例子。

　　由此可见，"语言描述的模糊性或不确定性有时并不是坏事，因为它能用较少的代价传递足够接收者理解的信息，提高语言表达的效率"（徐鹏，2007: 382）。当然，语言形式上的简约处理从根本上说是以概念连接的直接顺畅为基础的，如果概念之间连贯性较差，无论采用怎样的语言形式进行表达都将无济于事。我们可以这样看待意义的表达或信息的传递：每次需要传递出去的信息的品质和数量是一定的，信息传递的手段是语言以及语言所激活的受话人的世界知识信息。作为语言表达，人们通常都遵守省力原则，即以尽可能少的语言表达付出取得尽可能大的语用效果。但是，如果相对简略的语言表达不足以激活足够有效的世界知识信息，语言表达就不得不进行调整，如通过扩大语言表达中的信息含量的方式来提高激活的效果。这里存在一个此消彼长的过程，语言表达越复杂，理解过程中对潜在的世界知识的依赖相对就越小；反之，语言表达越简洁，就越需要更加丰富的世界知识的参与。与直接回指相比，间接回指对世界知识的依赖尤为突出，而正是这种高度的依赖，导致了间接回指的表达形式往往都比较简洁高效。而相对特殊的模糊间接回指（如例（53）），采用把复杂的事情简单化的方式，不去追求一对一的精准的指称关系，而只去满足某一特定的表达目的。这类似于一般的模糊指称的情形。例如，伍铁平（1999）曾举例说，假如你要求某人到会场去找一个该人不认识的人，你只需用模糊语言说明那人的大致情况即可，如"中年、高个、胖子、高鼻子、戴眼镜等"。假如不用模糊语言，而是精确地说，此人"36岁零8个月，身高1.8米，体重95公斤，鼻高2厘米，戴500度近视眼镜"，恐怕就难以找到此人了。

6.4.2 新信息传递

间接回指的语言表达形式，事实上主要是间接回指语的有定形式本身，会给受话人一种强烈的暗示，暗示回指项的所指是已知的信息。无论受话人能否在前述篇章话语中明确辨别出真正的先行项,他通常都会进行"合理性推断",认定真正先行项的存在。这或许就是合作原则在起作用:发话人既然那样说,必然有其道理,而作为受话人,自己无法理解或许是自身原因造成的。更为重要的是,即便受话人自己不理解,通常也不会影响信息的沟通,因为回指项虽然形式上是有定的,但其在很大程度上仍属于新信息。

(54) We arrived in a village. The church was closed.

(55) "God knows," exclaimed he, at his wits' end; "I'm not myself — I'm somebody else — that's me yonder — no — that's somebody else got into my shoes — I was myself last night, but I fell asleep on the mountain, and they've changed my gun, and everything's changed, and I'm changed, and I can't tell what's my name, or who I am!"

(56)　　I never thought I'd live to say this, but I've grown to love World Cup soccer.

　　It's as deliciously wacky as a Keystone Kops movie. The Marx Brothers have a ball. Everything but the pie in the face. What they used to call in Carole Lombard's day screwball comedy.

　　You watch the World Cup and you figure the guy got the idea for it from "Alice in Wonderland."

　　Get a load of these guys! I ask you, was Chalin ever funnier?

上述三个例子都在前面的分析中出现过，为了更全面地说明问题，现在我们把它们放在一起。例（54）涉及跨文化交际的问题，也就是说，西方人和中国人在对其中的间接回指关系进行解读时感受是不一样的。西方人理解这一句话一般应该没有任何问题，因为在西方国家村庄里有教堂是非常正常的事情。但对很多中国人来说，教堂与村庄的关联性并不强，这也就是说，当一个中国人在对这一英语句子中的 The church 进行解读的时候，他可能并不能在自己的百科知识库中找到教堂与村庄的关联信息，因此对他来说教堂的所指是不确定的或者说是模糊的。然而，受话人也会认为，既然发话人使用有定的形式对教堂进行表达，受话人也就可以据此进行"合理性推断"，认定村庄与教堂应该存在直接的关联，而且这一关联性信息会作为新信息被受话人存储起来。

在例（55）中，当村民听到 Rip 所说的 I fell asleep on the mountain, and they've changed my gun 时，他们并不知道 they 究竟指谁，但他们完全可以根据先行语 I fell asleep on the mountain 进行"合理性推断"：一定是他在山中睡觉时，有"人"换掉了他的枪。至于这些"人"究竟有几个，是怎样的人，那是村民后面可能关注的话题。但在当前语句中，they 的出现，的确让村民获得了 Rip 梦境中的一点新信息，尽管这些信息是非常模糊的。

例（56）中的有定名词成分 the guy 的所指也是非常模糊的。首先受话人无从得知 the guy 的具体身份，其次 the guy 可能是指某一个人，也可能是指一个团队，但不管怎样，既然发话人这样说，受话人也就可以进行"合理性推断"，认为世界杯

（the World Cup）是"某人"根据《爱丽丝梦游仙境》（*Alice in Wonderland*）策划出来的。

间接回指的回指语是利用传递旧（或已知）信息的方式（即有定名词短语）来传递一定的新信息，受话人在即便尚无法确定真正所指对象的情况下，依然可以接受这一信息与先行成分之间的关联，这就缩短了篇章内主题性信息的连通一般需要经过先（通过不定名词短语的形式）引入后（通过有定名词短语的形式）回指的过程，使新旧信息以整合的形式进行表达，简洁而高效。

6.4.3 回避禁忌话题

我们在表达一个概念的时候，既可以采取直截了当的方式，也可以通过间接或旁敲侧击的方式让别人一点点意识到我们所要表达的思想。之所以会有这样一些表达上的差异，是因为准确完整地传递某些信息并不总是我们进行表达的唯一目的。我们在通过表达传递思想内容的同时，也在表达我们对人与事物的种种情感与态度。

大凡遇到禁忌的话题，当然是不提为妙，但在不得不提的情况下，表达应该尽量委婉间接，以此淡化禁忌话题在话语中的显著性，让受话人把注意力放在禁忌话题之外的成分意义上。陈望道（2001: 141）曾说："口头上的避讳多是用浑模的词语代替原有的词语。"例如，当谈到某个人去世的时候，人们通常会使用较为宽泛、模糊的词语来表达，如"走了"、"没了"、"去了"，等等。在涉及"性"的问题时，人们通常会说"那种事"、"发生关系"、"有了"，等等。从语言学的角度看，禁忌话题可以被视作所指，而禁忌话题的语言表达形式则是能指，尽管直接谈论禁忌话题和间接谈论具有相同的所指，但不同能指的功能却有很大的差别。直接触及禁忌话题会让人感觉很不舒服，而间接地提及更容易被人接受，这一点已经从医学研究的角度得到印证。德国科学家发现①，当人们听到"煎熬"、"折磨"、"痛不欲生"等描述痛苦感受的词汇时，脑部控制痛感的区域将被激活，这种人脑痛感区对特定言语做出反应的能力可能出自生存的本能。人类经由脑部储存痛感记忆，以避免痛苦情形再现，危及生命。因此，医学研究人员建议，在给孩子打针的时候，医生以及家长应避免使用"疼"、"痛"这样的字眼。例如，最好不要说"小心，这会有点痛"，也不要说"不会痛"。凡是使用了"疼"、"痛"这样的字眼，无论前面加怎样的否定词，结果都只会让病人感觉更痛。

在宽泛词语的使用中，指示词和代词是使用频率相对较高的两个类别，因为从理论上说，指示词可以无所不指，而代词亦可以无所不代，只是受制于特定的语言或非语言语境，指代的范围会受到一定的限制。但无论如何，无论是指示词还是代词，均未直接触及所指代的人或事物，因而也就具有了话语中回避禁忌话题的功能。例如，谈论一件难以启齿的事情时，我们会使用"那事怎么样了？""这怎么办？"一类的模糊话语。再比如，某人因肿瘤动了手术，手术结束后，病人家属会急迫地问医生："好的？坏的？"在这里，连模糊的指示代词"那"都省略了，家属对恶性肿瘤的恐惧回避心理由此显露无遗。

当为回避禁忌话题而使用的指示词或代词用来指称篇章内某一成分的时候，这就成了一个篇章回指的问题。在直接回指的情

---

① 此篇报道选自苏州《城市商报》2010年4月4日第13版，标题为"打针时，别说'不会痛'"。

况下,由于回指语与先行语需要所指相同,因此回指代词所指称的对象已经被先行语直接体现出来了,这样就无法使用这种手段来回避禁忌话题。间接回指则不同。当间接回指语使用代词的时候,其所指对象并未被先行语直接体现出来,这样一来,无论是间接回指的先行语还是回指语,都未直接触及所要谈及的对象。而要让受话方明白发话方的所指意图,只有依赖语言语境所传递出的信息,通过一定的推理来获得。最为典型的情形就是我们前面引用过的 Emmott(1999: 9)中的一个例子。在特定的医院和手术的语境中,"肿瘤"毫无疑问是禁忌话题,甚至"医生"也可能会使人产生不好的联想,于是代词 it 被用来间接指称"肿瘤",而 they 被用来模糊地指称"医生"。禁忌话题在特定的情景中往往显著性都非常高,这就为使用模糊的指示词结构或代词进行间接回指提供了可能。再例如:

(57)　小丽肚子痛得厉害,估计那事/它又要来了。("那事/它"指"月经")

(58)　例假第一次来的时候,她一点准备都没有,结果 Ø 弄到了外面。("Ø"指"经血")

"月经"是一个比较正式的词语,在日常生活中人们都避免直接提及这个词,而是代之以各种各样模糊抽象的词语,如"好事"、"大姨妈"、"好朋友",而更为含蓄的则是使用"那事"或"它"。如果说"月经"或"例假"常常让人难以启齿,那"经血"甚至直接使用"血"则会更让人感到不快,因此在例(58)中,通过使用一个零代词来暗示不愿提及的话题。

6.4.4 制造幽默效果

间接回指代词的巧妙使用可以制造出幽默诙谐的效果。例如：

（59） A doctor thoroughly examined his patient and said, "Look, I really can't find any reason for this mysterious affliction. It's probably due to drinking." The patient sighed, and snapped. "In that case, I'll come back when you're damn well sober!"

（Yus, 2003: 1306）

在例（59）中，医生在给病人做了详细的检查之后说："我实在找不出这种神秘疾病的原因，这也许和饮酒有关。"作为读者，当我们读到这一句话的时候，一般并不会感到有什么特别的地方，因为在医生给病人进行诊断的情景中，饮酒和疾病具有很强的关联性，因此 It 的所指对象应该是前述话语中显著性最高也是关联性最强的 this mysterious affliction（这种神秘的疾病）。然而，当我们读到病人的反应时，即病人所说的"等你该死的酒醒了以后我再回来"，我们才会恍然大悟，原来病人把 drinking（饮酒）与医生联系在了一起，也就是说，病人把 It's probably due to drinking 理解成"（找不出原因来）也许和我（医生）饮酒有关"。Yus（2003）对这一例子以及其他各种类型的幽默话语从关联理论（Sperber & Wilson, 1985/1995）的视角给予了很好的解释，现在我们将把关联理论和间接回指结合起来对这一幽默效果的产生进行解读。

关联理论强调人们对话语的理解通常都是以最小的认知努

力去获取最大的认知效果,而所谓最小的认知努力通常都是与常规性或常识性的关系直接相关。在医院情景中,(病人)疾病与饮酒的关系要远比医生与饮酒的关系密切得多,这就是病人未做出反应前,前述话语基本产生不出任何幽默效果的原因。我们知道,该例幽默效果的产生是医生与饮酒之间的关联取代病人与饮酒之间的关联,或者说,是特定医院情景中一个非常规的关联取代了一个常规性的关联。由于建立非常规的关联需要付出更大的认知努力,特别是还要排斥常规关联的影响,因此该例中病人使用明确的语言信息强化非常规性的关系就显得非常重要。由于这种语言强化信息出现在该话语的后半部分,因此就使得读者在读前半部分的时候发现不出任何特殊的地方,到了后半部分后才恍然大悟。从直接回指与间接回指各自的特点以及两种回指在一般语篇中的分布差异来看,直接回指使用的频率更高一些。特别是对于代词来说,用于直接回指是代词的一种常规的用法。因此,当我们对上例中的 It 进行解读的时候,我们首先想到的是费力最小的常规性的直接回指用法,即认为 It 直接回指 this mysterious affliction,而根本意识不到隐含其中的一种非常规的间接回指关系,即 It 间接回指 I really can't find any reason,或者说 It 的真正所指是"诊断失败"。

幽默话语的妙处往往在于先用常规性的关系做一个"套",然后在话语的后半部分或结尾处把非常规的关系突显出来,并以此否定先前的常规关系,让人产生一种恍然大悟的快感。

再例如:

(60) Henic, the famous Jew Poet, was often attacked by some

shameful men. At an evening party, someone said to him, "I found a small island without Jew and donkeys." Henic looked upon the rascal with disdain and then said calmly, "It seems that you can make up the pity by going there with me."

（转引自黄清贵，2007: 70）

在例（60）中，从常规关系的角度解读回指代词 you 毫无幽默之感，因为这种解读是把 you 视作直接回指 the rascal（无赖），这是各类代词最为普通的一种用法。事实上，在这部分话语中，the rascal 已不单单指称那个无赖，而是在语言语境的作用下拥有了另外一层含义，即转指"驴"（donkey），寓意"愚蠢"。因此，为了让 the rascal 所包含的"驴"或"愚蠢"的含义能被突显出来，或者说让 you 和 the rascal 之间的非常规关系能被突显出来，作者使用了 you can make up the pity by going there with me（你跟我一起去就能弥补这一遗憾）与 Jew and donkeys（犹太人和驴）做类比，非常机智地借对方之力反嘲了对方的愚蠢。因此，把 you 与 the rascal 做间接回指关系来解读可以更好地理解这一幽默的妙处。

代词指称的模糊性也能体现在某些所有格形式上，例如：

（61） A wealthy couple had planned to go out for the evening. The woman of the house decided to give their butler, Jeeves, the rest of the night off. She said they would be home very late, and that he should just enjoy his evening.

As it turned out, however, the wife wasn't having a good time at the party, so she came home early, alone. As the woman walked into her house, she saw Jeeves sitting by himself in the dining room. She called for him to follow her, and led him into the master bedroom. She then closed and locked the door.

She looked at him and smiled. "Jeeves," she said. "Take off my dress." He did this carefully. "Jeeves," she continued. "Take off my stockings and garter." He silently obeyed her. "Jeeves," she then said. "Remove my bra and panties." As he did this, the tension continued to mount. She looked at him and then said, "Jeeves, if I ever catch you wearing my clothes again, you're fired!"

（Yus, 2003: 1305-1306）

在例（61）中，幽默的焦点在于对 my dress（我的裙子），my stockings and garter（我的长筒袜和吊袜带）和 my bra and panties（我的胸罩和短裤）的解读。因为这是一个女主人和男仆人之间的对话，女主人当面让男仆人脱"我的"衣服，这个"我的"一般很自然地应该是指"我正穿着的"，因为对读者来说，在这一特定的语境中，女主人与其衣服之间的关系首先是常识性的一种关系，即女主人正穿着的衣服。然而，女主人与其衣服之间的关系还可以是一种一般性的归属关系。但是，第二种关系在这一特定的语境中并不显著，因而一开始并未被读者意识到。只有在最后女主人说 if I ever catch you wearing my clothes again, you're fired（如果我再发现你穿我的衣服，我就解雇你）时，第二种关系才突然被突显出来，顿时让人觉得这一幽默编排得既滑稽可笑又合情合理。虽然我们在前面并未提及使用所有格形式的间接回指关系，但从间接回指的基本定义出发，she 与 my stockings and garter 等所有格形式之间的关系应该可以被归入间接回指关系之中。根据我们的理解，当两者按照直接回指关系进行解读时，my 是对对话情景中的 she 进行指称，指的是一个现实的、具体的个人；而当把两者的关系按间接回指关系进行解读时，my 指称的就是一个抽象的、非真实语境下的个人。这样，my 与 she 之间的关系在特定的语境中就成为一种非常规的或者说间接的回指关系。当我们对一对关系既可以做直接回指解读又可以做间接回指解读时，在无标记的情况下，或者说在无特殊语境内容提示或强调间接回指关系的情况下，我们通常都会按直接回指关系进行解读；如果否定直接回指关系，转而选择间接回指关系，则通常需要有足够充分的语境内容来支持。所以，直接回指是一种显性的、常规性的概念关联，是一种最为经济省力的认知方式，因此人们通常都会"自然而然"地按照这种思路理解问题；而间接回指是一种隐性的、（在与直接回指共生的情况下）非常规的概念关联，在幽默的理解中，只有依靠最后的"点睛之笔"才能使得这种关系突显出来。由于间接回指也是一种常见的正常的概念关联方式，因此即便在正常的直接回指关系被突然否定的情况下，我们依然可以接受间接回指关系。如果在直接回指关系被否定的同时，间接回指关系却不能合情合理地成立，那这就不是幽默，而是荒诞了。

6.5 英汉语言特点与模糊回指

尽管我们通常认为,在普通名词短语回指问题上英语具有明显的有定性标记,即有定冠词 the,然而即便出现了定冠词 the,也并非总是意味着后续的普通名词短语就是百分之百的有定。许余龙(1992: 18)指出:"有定和无定与其说是一对绝对的概念,似乎还不如说是从有定到无定组成的一个连续体(continuum)。因为就英语名词的有定程度来说,指具体的一件事物的定指(specific definite reference)要比指唯一的一件事物的定指(unique reference)高一些,而后者又要比表示属类的定指(generic reference)高一些。因此,在表示属类时,英语中有定与无定之间的区别实际上已趋于消失了。"当然,在我们前面对回指的界定中并未包括后两种现象,但有定标记 the 的这三种用法却在提醒我们,名词短语的有定性并不仅仅存在于表示具体事物的用法中,在有些情况下,the 所修饰的名词短语的有定性会被弱化,呈现有定程度的变化。

名词短语有定性所体现的渐变过程在汉语中是以另外一种形式体现的。在汉语名词短语有定性标记尚未成熟的情况下(详见 Chen Ping, 2004: 1129-1184),汉语主要是依靠语序、语境以及某些特殊结构等来表达名词短语的有定性。陈平(1987: 86-88)根据汉语名词性成分的词汇形式,把名词性成分首先分成了七组,分别是:

A 组   人称代词
B 组   专有名词

C组　"这/那"(+量词)+名词
D组　光杆普通名词(bare noun)
E组　数词(+量词)+名词
F组　"一"(+量词)+名词
G组　量词+名词

根据上述分类，陈平把这些名词的有定/无定的状况用表 1 表示出来：

	有定	无定
A组	+	
B组	+	
C组	+	
D组	(+)	(+)
E组	(+)	(+)
F组		+
G组		+

表 1　汉语名词短语的有定与无定状况（略有改动）

陈平认为，表 1 中越是接近两端的名词结构，体现出的有定或无定的程度越强，而其中的 D 组和 E 组则在有定/无定性上"表现出了相当大的灵活性"。事实上，对任何一组名词短语而言，无论是有定还是无定都并不绝对，只不过不同的分组所体现出的有定/无定倾向性强弱不同罢了。例如，F 组通常具有比较强烈的非定指倾向，如下例：

（62）　1985 年 6 月，她大学毕业，同年嫁给了一位办事员。

在该例中,"一位办事员"显然是无定成分。然而,当"一位"和"办事员"之间填入更多限制性成分以后,虽然 F 组的性质并未改变,但却发生了从无定到有定的转换:

(63)　1985 年 6 月,她大学毕业,同年嫁给了一位在新加坡航空公司驻洛杉矶办事处工作、名叫马利克的办事员。

(陈平,1987: 89)

因为限制性的信息具有相当强的区别功能,使得例(62)中原本无定的成分在例(63)中获得了很强的定指功能,而且即便把表示无定的标记成分"一位"省掉也不会影响例(63)句子的表达。

E 组代表的是"数词(＋量词)＋名词",在这一组中,名词短语既可以表示有定,也可以表示无定,这主要看名词前限定语的作用如何。例如:

(64)　小敏兴冲冲地奔到桌前,拉开抽屉,抽出那本《江苏画刊》,翻开,几页掉了下来。
(65)　……有几页掉了下来。
(66)　……印着彩色图画的几页掉了下来。
(67)　……印着张顺义《太湖风情》组画的几页掉了下来。

(陈平,1987: 88;例(65)除外)

根据陈平,由于例(64)中的"几页"处在小句的主语位置,因而应该具有强烈的定指倾向,而其"数词(＋量词)＋名词"的构词形式又使得它具有一定的非定指的倾向。正是由于存在着这一矛盾，例（64）在表达上似乎就有些不太自然。而例（65）显示，当"几页"出现在小句的宾语位置上的时候，矛盾的问题就迎刃而解了，语句也就自然多了，因为此时"几页"的句法位置和复数"几"均支持这一成分是无定的。随着"几页"前限定成分的逐渐增多，名词短语"几页"的有定性也变得越来越强。陈平使用例（64）、例（66）、例（67）的目的是想说明限定性成分对有定性的影响，但我们这里是想借此说明另外一个问题。例（66）和例（67）的限定成分使它们都具有了定指的特征，因而可以毫无疑问地对先行语"《江苏画刊》"进行间接回指，而例（65）中的"几页"由于既无限定语又不处在主语的位置，因而只能做无定处理。现在关键的问题是，做无定处理的"几页"难道就不能回指先行语"《江苏画刊》"吗？如果说（事实就是如此）名词短语的有定或无定是判断回指关系是否成立的根本标准的话，我们必须要对名词短语是否有定设立一个严格的标准，而对一项标准来说，形式化的标准往往要比语义标准更加严格和可靠。显然，英语拥有形式化标记的优势，而汉语则在很大程度上要依靠（受句法、语境制约的）语义来体现有定与无定。语义标准通常都是笼统而模糊的，因而基于语义的有定性就存在很大的变数，这使得即便像例（65）这样似乎应该判定为无定的情况，我们也能从中发现有定性的因素，毕竟"几页"毫无疑问是《江苏画刊》中的几页，两者是一种"不可分离的从属或连带关系"（陈平，1987：84），因而必然具有一定的有定性。

  一个相关的问题自然而然就会出现了。当我们把例（65）整句用英语表达，其中"几页"译成 several pages，那么 several pages 是否也像汉语一样具有一定的有定性呢？是否也可以进行直接回指或间接回指呢？事实上，这是两个性质完全不同的问题。一个概念有定与否，实质上是一个语用认知的问题，涉及两个概念之间的语义或概念关联，从这个角度讲，several pages 显然是有定的。但 several pages 却不能进行直接回指或间接回指，原因是无论是直接回指还是间接回指实际上都是"根据某一（些）标准人为圈定的一个概念范畴"。Lyons（1999）是一部研究有定性问题颇为全面和深刻的专著，该书认为有定性（definiteness）本质上包含两层意义，一是可确认性（identifiability），二是全括性（inclusiveness）。所谓可确认性，是指"说话者通过使用有定性标记（definiteness markers）告诉听者他可以确认名词词组的所指"（王欣，2003: 78）。当然，Lyons 所说的有定性标记除了定冠词 the、指示词、物主结构、人称代词等以外，还涉及直接宾语标记、动词一致、有生性层级（animacy hierarchy）、名词性特征标记、零形式名词词组和隐性名词词组以及量词等"不精确"（imprecise）的有定性表达方式。尽管标记性是 Lyons 对有定性进行界定的一个基本标准，但这并不意味着标记性就是有定性不可或缺的一个特征。

与 Lyons 的有定性研究形成鲜明对照的是，汉语界对有定性的界定几乎不涉及有定性标记问题。在樊长荣（2007: 74）所总结的汉语研究历史上对有定性所下的四个定义中无一涉及语言标记性的问题，全部定义都是与语义、语用、话语参与者等有关。英汉语在有定性方面所体现出的差别自然与它们分属不同的语系有关，但对于有定性与直接回指及间接回指的问题则涉及诸多人为的因素。毋庸置疑，对回指的研究最初源于汉语研究之外，与标记性的有定名词短语紧密相关。虽然含有有定性标记的英语表达方式有很多，人们却只选择了名词性的结构，同时还通常把那些不那么"精确"的名词词组排除在外。这种人为的布局进一步强化了英语语言中回指形式的特殊性，造成了英汉语在直接回指以及间接回指对比问题上出现了难以完全对等的情况。这或许就是廖秋忠（1992）在对貌似间接回指的汉语问题进行研究时，既不区分有定，也不区分无定，而是把有定无定的各种情形统统纳入到一个大的框-棂关系框架中去考察的原因所在。模糊的语言比较适合用这种粗犷的方式去描述，细致的形式化的描述反而会带来水土不服的表现。

由此可见，尽管英汉语都含有很多模糊回指的具体表现形式，而且这些具体的表现形式在英汉语中也有很多相同之处，但对英汉语这两种完全不同的语言系统来说，汉语回指比起英语具有更多的不确定性和模糊性，或者我们可以说，汉语整体的模糊性特征直接反映在了汉语回指的界定和识解上，让汉语模糊性回指变得愈加地模糊。

第七章

回指研究新思维

7.1 新思维的基本架构

根据我们对前人回指研究的回顾与思考，发现了这么一种现象，即无论是国内还是国外的回指研究，长期以来都是采取一种在篇章中"由右及左"的研究思路。尽管这种研究取向与回指概念的基本含义是相吻合的，但却与篇章发展的自然方向相违背。回指揭示的是语篇中概念与概念之间的一种语义关联。由于语篇中的概念需要随着受话者的不断读取而持续不断地向前发展，先前的概念不断地要为后续概念提供关联支持，推动后续概念向前发展，因此，回指作为概念与概念之间的一种沟通桥梁，其根本作用不应该只是停留在为两个概念牵线搭桥上，还应该发挥推动概念继续向前发展的作用。回指不应只是一种静态的分析手段或工具，它更应该成为顺应篇章发展、推动概念前进的推进器。

为此，我们在传统回指研究的基础上把回指研究的基本内容进行了扩充，一是增加了更为基础的概念匹配的内容，二是增加了顺应篇章发展要求的概念转移的内容，最终形成了分工明确、前后衔接、层层推进的回指研究的三个基本阶段，我们暂且称之为"回指研究三段论"，即以概念匹配为基础，以回指释义为手段，以概念转移为目的。

传统的回指研究基本上都集中在第二个阶段，因此我们没有必要再对其进行进一步的讨论，我们的研究重心将集中在第一阶段和第二阶段。第一阶段的内容会直接影响到第三阶段的阐释，但我们将把研究重心更多地放在第三阶段上。

正如回指释义从本质上讲是一个概念认知的问题一样，概念匹配和概念转移也不例外。我们对语言的识解无时无刻不是伴随着大脑的认知活动或者说大脑对概念的认知操作来进行的。简约化的语言和深邃的思维协同运作，推动概念信息的不断变化、更新和发展，使篇章成为一个动态的信息源泉。

我们阐释完回指研究的新思路以后，还将讨论一下与此研究思路相关的几个理论问题。这样做的目的，一是为了强调这一回指研究的新思维在传统回指研究中的重要意义，二是希望藉此研究为回指之外的篇章问题研究带来一些有价值的启示。

最后需要说明的是，由于本书的主题是英汉语篇间接回指对比研究，而本章的基本框架并不是仅局限于间接回指的范围之内，而是扩大到包含直接回指，这可能会给人留下一点跑题的感觉。对于这个问题，我们的解释是这样的。我们在对英汉语篇间接回指进行对比研究的过程中，发现长期以来国内外的间接回指研究始终都是围绕着有限的几个问题在反复进行，或者仅是在进行一些零敲碎打似的研究，研究成果的质和量都很不理想。因此，我们思考是否可以调整一下思路，把间接回指研究的问题放大一些，将其置于更大的语言学背景之中，用一种新思维来重新激发间接回指研究的活力。事实证明，这一思路是完全可行的，而且更为重要的是，我们原本只针对间接回指的创新性研究也完全适用于直接回指，这就促使我们把这一章的主题定位在一般性回指问题的研究上，即研究的对象既包括间接回指，也包括直接回指。

7.2 研究取向的转移

7.2.1 "向左"取向的传统研究

回指又称前指、上指、照应等，译自英语 anaphora，最早源于古希腊语，意为 referring up（许余龙，2004: 1）或 carrying back（Huang, 2000: 1）。从回指的基本含义出发，长期以来人们对回指的研究基本上都是采取一种"向左"的研究取向，也就是说，回指研究的焦点都是以回指语为出发点，利用各种语言及非语言因素的制约作用，探寻回指语或回指项与其真正先行语或先行项之间的语义关联。

根据陈平（1986），传统回指研究的内容不外乎两种，一是以受话人为视角，强调回指释义，二是以发话人为视角，侧重回指产出，但无论哪一种情况，研究过程都是以"向左"为基本的取向。

基于受话人视角的回指释义（anaphora resolution 或 anaphor resolution）显而易见采取的是一种篇章中由右及左的

分析操作方式①。事实上，每当我们谈论回指（anaphora）时，在不加特别说明的情况下，这种回指大都指的是回指释义。在回指关系中，先行语和回指语都存在于语篇之中，我们之所以说两者之间存在回指关系或者照应关系，总是以回指语作为出发点，去指出该回指语或回指项的存在与其先行成分存在着这样那样的关系，而通常不会颠倒过来进行推断，认为先行语或先行项的存在需要与后续成分建立起某种概念语义关联来。虽然从认知语言学的视角看，回指的先行语和回指语都是概念的触发语（triggers），但只有回指语的触发才能激活回指关系，启动回指释义的过程。

回指产出（anaphora production）给人的直觉感受似乎是以"向右"为基本的取向，因为回指产出实际上就是一种语言表达形式，是选择某一合适的表达语来建立与先行成分之间的关联。当回指语确定了，回指产出也就结束了。但是我们认为，回指产出的概念操作机制也是以"向左"为根本取向的。原因有二：首先，回指语（项）的选择必须以回指语（项）与先行语（项）之间的语义关系作为基础。选择的过程就是分析回指语（项）与先行语（项）之间语义关系的过程，其中尤以先行项的认知显著

---

① 由右及左是一种基本的、理想的状态，它与现实中的回指表达可能会有所不同。例如，当某一篇章回指的先行语处在一行，而回指语处在另一行的时候，这时的回指操作就不完全是向左的了。再例如，下指（cataphora）有时也会作为回指的一种特殊情况加以讨论，此时的"回指"操作似乎主要是"向右"的，尽管在某些语言中对是否有真正的下指尚存有争议（如王宗炎，1994；王灿龙，2006）。我们之所以把传统的回指研究取向笼统地称为"向左"的，主要是出于两方面的考虑：其一，我们把"向左"的研究操作看作一种基本的、理想的状态，它能够反映传统回指研究的一般状况；其次，"向左"的提法简明扼要，与我们强调的篇章自然发展的方向能够形成一种对立，这更有利于清楚地说明问题。

性最为关键，而这种认知显著性在没有回指语（项）作为参照物的情况下是显现不出来的。换句话说，所谓先行项以及先行项的显著性都是相对于回指项而言的。因此，回指产出的操作过程基本上也是一个"向左"的分析过程。其次，回指语（项）的出现即意味着回指产出的完结。当通过"向左"操作的过程挑选出合适的回指语（项）并进行表达时，篇章的确是在"向右"进行延伸，但这种延伸只不过是对回指产出结果的一种体现而已，而在回指产出结果出现之前，几乎所有的认知推理操作都是以"向左"为基本取向的。

7.2.2 "向右"取向的新思维

我们指出"向右"取向的回指研究是一种新思维并非是认为传统回指研究存在怎样的缺陷，因为经典的回指概念实际上已经规定或限定了回指研究的范围，在这一范围之内，"向左"是一种自然的取向。这就好比我们从语篇的层面讨论回指问题时不能说基于句法的回指研究存在缺陷，或者从认知的角度研究回指时认为纯形式化的回指研究存在缺陷一样。任何一种研究都有其特定的研究对象、研究范围和研究手段，只要这种研究能够在预先设定的框架内对所研究的课题做出合理有效的阐释，其研究过程及研究结果就都应该受到尊重。我们之所以把"向右"取向的回指研究视作一种新思维，是因为我们认为回指研究不能仅仅局限于传统的"向左"取向的研究，还应该对篇章回指的根本动因以及篇章回指的根本作用进行深入的探讨，只有这样，才能形成一幅三位一体的，内容更加丰富而全面的回指研究新视域。

词汇学或词汇语义学在对词义进行研究时，会把词义分解成一个个的义素,认为词的意义就是这些义素的集合。通过对词义进行分解,会让人们更加清楚地看到词义的构成,而通过与其他词的义素进行比对,可以让我们对近义、反义等语言现象有一更加客观、清晰的描述和认识。然而,当一个词的词义被分解成义素的时候,就仿佛一头动物遭到了肢解,虽然肢解自有其效用,但动物已不再具有任何的生命力。单词的分解也是如此,而传统的回指研究亦不例外。单词的活力体现在话语篇章的使用中,而回指的活力则体现在其语篇功能中。语篇是流动的、不断变化发展的。回指的功能如果是衔接(正如Halliday & Hasan (1976)所言),则只意味着两个概念之间建立起了关联,但这种关联的心理机制是什么?当关联建立起来时,前后两个概念都发生了哪些变化?而且这些变化对篇章发展的影响都是怎样的?对于所有这些问题,传统的回指研究并没有给我们提供多少答案。

衔接与连贯从本质上说均是对话语篇章的一种静态的认识。所谓动态的语篇,实际上就是语义、概念或思想的流动。衔接虽然并不能完全脱离语义,但其在很大程度上还是(语法或词汇)形式上的一种前后呼应的关系,是我们在把注意力集中在语言形式层面上时提取到的两个语言符号单位之间的一种搭配关联。连贯虽然是以概念语义为导向的,但这种概念语义仍以静态为其主要特征,原因就在于连贯强调的是概念语义之间的连通没有障碍,体现出一种"意义的接续性"(continuity of senses)或者"概念与关系架构中相互靠近和彼此关联的属性"(the mutual access and relevance within a configuration of concepts and relations)(De Beaugrade & Dressler, 1996)。总之,连贯就是一种概念语义之间的逻辑关联(logical connection)。我们以一个普通的代词回指为例来说明衔接、连贯以及概念转移的问题。

（1）　Tom is clever, but he still works very hard.

从衔接的角度看，上例是用一个单数第三人称代词 he 回指表示某个人的专有名词 Tom，或者说代词 he 的使用有赖于前述话语中所使用的 Tom，由此两者构成了一种衔接关系。利用衔接来解释语言成分之间的关系纯粹是一种静态的描述。而从连贯的角度看，由于 Tom 与 he 之间存在一种衔接关系，Tom 所指称的某个人与人称代词 he 所指称的某个人存在一种"意义的接续性"，也就是所指相同，这样对 he 的所指的解读就不会出现障碍。因此，至少从人的指称来说，上述话语片段是连贯的。但是，人称代词 he 本身毕竟只是一个通用范围极广的词语，它在特定的话语篇章中是如何与前述话语中的概念产生关联并继而获得连贯表达的？这在基于连贯的阐释中我们并不能找到答案。此外，he 虽然只是一个通用的单数第三人称代词，但对于读者或听者来说，he 所激活的概念并非只是空泛的语义内容，而是与其先行项紧密相关的一个具体的概念，对此，连贯思想也无法做出解释。为了解决以上问题，实际上也是为了把从衔接到连贯的研究再向前推进一步，我们认为有必要提出概念转移的思想，以便让静态的衔接、连贯研究动起来，让回指领域的研究至少有一部分涉足到话语篇章的动态发展之中。如果说衔接属于对篇章中两个语言成分由右及左的一种分析方式的话，连贯则基本上没有向左或向右的方向性。我们即将展开讨论的概念转移是一种由左及右的分析阐释方式，这是篇章自然发展和认知主体进行话语篇章理解的一个基本方向。

7.3 概念匹配

概念匹配（conceptual matching）是指两个概念的某些或全部构成成分的一种一致关系，是概念和概念之间能够建立起有意义关联的根本基础。任何两个概念，只要它们之间能够发生有意义的关联，则一定存在某种共核的成分，这种从两个概念中提取共核成分的过程即是匹配。（王军、高明强，2009: 93）如图1所示：

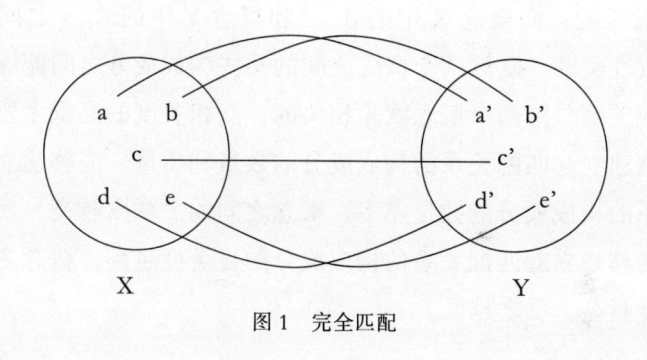

图1 完全匹配

图1显示，概念X中的所有成分a、b、c、d、e和概念Y中的所有成分a'、b'、c'、d'、e'一一对应，形成完全一致的对等关系，这就意味着XY两个概念完全相同。两个概念完全匹配是一种最为理想化的状态，但在现实世界中却是很难实现的，因为任何一个概念的存在都有其特定的时空局限性，时间或空间的转移会导致某一概念的内涵或外延发生一定的变化，正所谓"人不可能两次踏进同一条河流"。因此，两个概念成分之间的部分匹配才是常态，如图2所示：

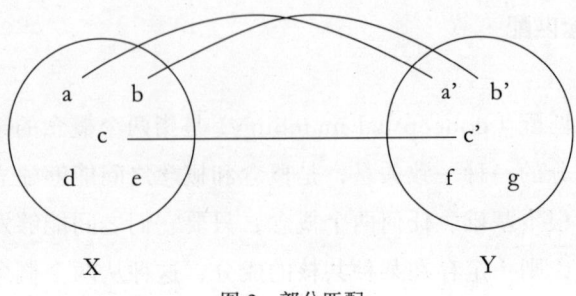

图 2　部分匹配

在图 2 中，只有概念 X 中的 a、b、c 和概念 Y 中的 a'、b'、c' 能够实现匹配，而概念 X 中的 d、e 和概念 Y 中的 f、g 之间不存在一致性关联。既然两个概念之间的某些构成成分之间能够建立起匹配关系，这两个概念就是相关的，而相关度的高低主要取决于能够建立起匹配关系的构成成分的数量和质量。能够建立起匹配关系的构成成分的数量越多，概念之间的关联度越高，反之越低；能够建立起匹配关系的构成成分的显著度越高，概念之间的关联度越高，反之越低。

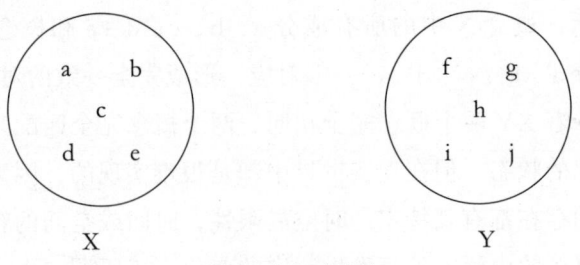

图 3　完全不匹配

图 3 显示，概念 X 和概念 Y 之间没有任何构成成分能够实现匹配，这就意味着两个概念不存在任何关联。与完全匹配一样，完

全不匹配也是一种极端的状态,因为无论从哲学还是纯理论的角度讲,世界上不存在两个完全没有任何关联的事物或概念。

上述关于概念匹配的基本思想必须要与对概念的界定结合起来,否则就会产生误解或带来误导。我们所说的概念不是词典上约定俗成的相对稳定的概念定义,而是存在于话语篇章中,与交际者认知经验、认知状态密切相关的意义集合,是基于神经心理学激活扩散(spreading activation)思想的一种对意义的认识。"概念结构的精髓在于在线性和实时性。"(戴炜栋、陆国强,2007:14)根据这种认识,任何一个概念都有其最为基本、最为显著的一些构成要素,而与此同时,还包括无法穷尽的各种各样的次要成分。这就是为什么说完全匹配和完全不匹配是两种理想化或极端的概念关联的原因所在。

我们现在以"因为……所以……"关系为例来说明概念匹配的基本原理。

在实际话语篇章的理解中,当"因为"这一词语出现时,其所激活的并不仅仅只是一个原因,而是一个有因有果的关系结构,这就使得即便在只有"因为"的情况下,人们也可以预期后续结果的出现,尽管结果的内容很可能不得而知。当后续的"所以"出现时,"因为"预期中的"所以"与后续的"所以"形成匹配,因果关系得以实现。由于"因为……所以……"之间的常规关联是如此紧密,以致由"因为"所激活的因果关系的显著性非常之高,即便在后续表示结果的关联词(如"所以")不出现的情况下,后续的结果依然可以浮现出来,并与由"原因"所激活的结果实现匹配。从这里也可以看出,语言学研究中通常所说的空位 Ø,实际上完全只是语词形式的缺失,相应的概念依然存在，而且还往往具有较高的可及性。

7.3.1 匹配——概念连通的基础

概念匹配（conceptual matching）并不是一个全新的词语或概念，事实上，我们在很多的研究文献中都可以看到它的影子。

一般网络搜索（web search）以及专业网络信息检索（web information retrieval）工作的基石就是利用搜索词与搜索对象之间的匹配关联。大多数的网络搜索引擎（search engine）都是基于关键词匹配（keyword matching）来进行的，其优点是检索速度快，相关信息量大，但缺点也很突出，即会出现大量的虽然匹配但却无关的信息，这会把真正需要的信息埋没在海量的垃圾信息之中。所以，现在人们正逐渐地从单一的词汇形式匹配向概念匹配转移，努力去建立一种形式匹配与概念匹配相统一的搜索模式。(Pasi, 2002; Perkovitz & Etzioni, 2000)

与概念匹配关系极为密切的一个词语或概念是概念映射（conceptual mapping）。在认知语言学、应用语言学、心理学、修辞学等诸多领域，概念映射的思想可以说是无处不在。无论是隐喻、转喻，还是心理空间、概念整合，如果离开了概念映射，所有关键性的阐释都会寸步难行。然而，匹配与映射并非两个可以随意替换的同义词。匹配是两个概念之间构成成分的一致性关系，而映射则强调从一个认知域到另一个认知域的意义投射（projection）。前者只是对两个概念中的构成成分进行比对，没有明显的方向性，而后者则方向性明确。匹配是概念连通的基础，而映射是基于匹配而启动的一种动态关系。

下面我们主要从心理现实性和认知语言学的一些最基本的概

念两个方面来阐述概念匹配在概念连通中的基础性地位。

7.3.1.1 心理现实性

20世纪90年代，神经科学获得了一项意义极为深远的发现，证实在猕猴身上存在着一种特殊的神经元——镜像神经元（mirror neurons）。科学家在观察中发现，当动物进行一种活动时，许多神经元相应地就活动起来，而当动物们看到研究人员进行相同的活动时，一个子集的神经元也会变得活跃，不同类别的镜像神经元会因为不同的活动而变得活跃。通过核磁共振成像技术对人的大脑进行扫描后发现，当我们去做并注视同一个动作时，大脑中被称为镜像系统的某个区域会"发光"（light up）。因此，神经学家们推测，在人类身上，镜像神经元可能是移情（empathy）作用的神经基础，它们还对模仿甚至语言学习都有帮助。[1]

在镜像神经元被发现很久以前，美国心理学家William James和后来的神经生理学家、诺贝尔医学奖获得者Roger Sperry（1952）提出了"感觉-动作直接连接"（direct perception-action links）的思想，认为感觉和动作过程相互连接，感觉和动作互为达到彼方的手段。这一思想后来逐渐发展成认知心理学的重要理论——共同编码理论（Common Coding Theory）。根据这一理论，感觉和动作拥有共同的心理表征，看到某一事件会激活与此事件相关联的动作，而做某一个动作也会激活与此动作相关联的感觉信息。（Prinz, 1984）随着镜像神经元的发现，神

---

[1] 有关镜像神经元的信息，详见英国《新科学家》（New Scientist）周刊2010年4月3日的文章，题目为"关于大脑的几个重大问题"（The Big Brain Questions）。该文章的汉语译文（有删减）见《参考消息》2010年4月28日第九版，题目为"关于人脑的九大问题"。

经心理学家们普遍认为，镜像神经元就是感觉动作连接的生理机制，这为"共同编码理论"提供了有力的神经生理事实支撑。

无论是感觉-动作连接思想，还是镜像神经元的工作机制，事实上都说明同一个道理，那就是，只有当大脑和外部世界存在某些共享信息的时候，这两个世界才能实现连通。大脑是一面镜子，但又不是一面单纯反射信息的镜子。大脑会把外部的某些信息留存下来，准备与将来接收的信息进行比对，确认内外信息是否存在一定程度的匹配关系。匹配的程度越高，内外信息的兼容度也就越高，对外部信息的理解也就越准确、越容易。

连通主义（Connectionism）的神经理论认为，信息在大脑中是储存在节点（nodes）和链节（links）上的，或者说它们表现为项目的心理表征与心理表征之间的关联。信息就是由节点和链节织就的一张神经网络，而网络一部分的激活可以通过链节传递到别的节点，信息由一个点扩展至方方面面，这也就是激活扩散的基本思想。然而，神经网络中最为关键的点的激活必须有赖于外部信息的刺激，而这一外部信息和内部节点之间是一种信息匹配关系。只有内外信息匹配，外部信息的身份才能得到确定，内部对应的节点才能得到激活，并继而实现信息的扩散，最终获得对外界事物的理解。尽管语言的神经加工机制极其复杂，而且迄今为止人们对诸多神经领域仍知之甚少，但有一点人们应该都不会否认，那就是，内外信息的匹配是启动一切认知活动的基础。

Nurse（护士）与 doctor（医生）通常被认为激活的是完全不同的心理表征，但根据心理语言学中常用的启动（priming）实验进行验证时发现，nurse 在 doctor 之后的辨认时间要短于其在 bread（面包）之后的辨认时间，原因就在于"医生"的概念能够轻易扩散激活"护士",从而导致在认知心理层面上实现与"护士"概念的匹配,而"面包"则很难扩散激活"护士"。这样,"面包"与"护士"之间概念匹配关系的建立就比较困难,认知的难度就会增大,辨认时间自然也就随之增加。(桂诗春,2000: 337)

7.3.1.2 认知语言研究中的匹配

在认知语言学的研究中,每当涉及两个认知域之间的关联时,我们就会使用"映射"(mapping)、"投射"(projection)一类的词。尽管这些词的使用非常频繁,但或许是由于其含义不言自明的原因,鲜有学者对其进行专门的阐释。

在"百度文库"①中,"映射"的定义是:设 A 和 B 是两个非空集合,如果按照某种对应关系,对于集合 A 中的任何一个元素,在集合 B 中都存在唯一的一个元素与之对应,那么,这样的对应(包括集合 A、B,以及集合 A 到集合 B 的对应关系 f)叫做集合 A 到集合 B 的映射(mapping),表示为 f: A → B。这里需要特别注意的是,在上述关于映射的严格的数学定义中,特别提到了"从集合 A 到集合 B"这一映射的方向性,并用箭头"→"表示出来。这是数学以及认知语言学对映射概念进行使用时的一个典型特征,也是与我们所提出的匹配概念之间所存在的最大不同。

戴炜栋和陆国强(2007: 10-16)虽然也对映射的这一数学定义做了大致相同的描述,但他们更为关注的是认知领域中的映射问题。他们认为,"人脑用概念思维的主要途径是概念映射

---

① http://wenku.baidu.com/view/e369062e453610661ed9f449.html

(conceptual mapping)和概念整合(conceptual integration)"。概念映射是一种概念变换,或者更准确地说,是人脑在利用概念进行思维的过程中按照对应法则从一个心理空间(mental space)到另一个心理空间(mental space)的变换。这是一种无所不在的思维方式,是启动和激活概念形成机制的第一步。

概念认知活动中的映射主要有三类:借代式映射、隐喻式映射和类比映射。

借代式映射。根据戴炜栋和陆国强(2007: 13),借代式映射以乙事物的名称取代甲事物的必要条件是两个概念之间存在着借代式对应关系,如用 the sword(剑)指 military power(军事力量)。我们承认借代式映射的存在,然而戴炜栋和陆国强的解释并未触及概念映射的实质,并未说明乙事物是如何映射甲事物的。在这一点上,基于激活扩散的匹配观可以很好地说明问题。作为词语的 the sword,其所激活的不仅仅是关于"剑"的心理表征,它还能延伸激活"夺命的力量"、"威慑的力量"、"用于军事"等概念成分,而且这些概念成分只有与语境中所体现出的"夺命的力量"、"威慑的力量"和"用于军事"相匹配,才能在 the sword 的激活中被突显出来,然后用来表达"军事力量"的含义。只有在两个"集"中的概念实现匹配的前提下,具有方向性的映射才能发生,人们才能用具体的"剑"指代抽象的"军事力量"。

隐喻式映射。这是最能体现概念映射单向性(unidirectionality)的一种形式,因为隐喻式映射总是把具体的源域中的成分映射到抽象的目标域上。隐喻式映射的成分被认为是意象图式(image schemas),它们属于前语言图式(pre-linguistic schemas),主要涉及空间、时间、运动、控制以及其他源于人类体验的一些核心要素。根据 Lakoff & Turner（1989: 63-64），隐喻式映射通常涉及四个方面，分别是：(1) 源域对象（如 journey）被映射到目标域对象（如 life）上；(2) 源域中的关系被映射到目标域的关系上；(3) 源域中的特性被映射到目标域的特性上；(4) 源域中的知识被映射到目标域的知识上。Fauconnier（1997）尽管对语言与思维中的映射问题做了极为深入的探讨，但是"由于映射论中的映射主要是从始源域到目标域，而最终在目标域中形成的结构、特性和知识是始源域原有结构、特性和知识的继承，而目标域本身的结构、特性和知识在映射过程中至少是不明显的，因而映射仅表现出单向性"（王文斌，2007: 34）。束定芳（2004: 431）也指出了映射理论的单向性问题，并且认为这种单向性是由于看不到源域与目标域的互动造成的。映射的单向性会导致这一理论无法解释有时源域中许多十分明显的经验特征并未在目标域中被映射的问题。（刘正光，2007: 33）由此可见，由于映射理论强调单向性，目标域自身的概念结构被忽略了，而根据我们的匹配思想，无论是源域还是目标域，在两者产生关联之前，它们各自都拥有自己的概念结构或关系网络。正是由于两个辖域中的某些概念结构或关系网络存在相同或类似的内容，所以就产生了匹配。我们不否认映射具有方向性，但是认为这种方向性的基础是匹配。之所以映射是从源域到目标域，根本原因是目标域中进行匹配的内容无法或很难直接使用语言进行表达，而这在源域中就不成问题。对隐喻问题进行阐释的"比较论"（Comparison

Theory）①与我们所持的观点比较类似。

类比映射。类比映射能让我们更清楚地看到匹配的基础性作用。Fauconnier（1997: 18-19）以计算机病毒（computer virus）为例来说明类比映射的概念转移功能，认为是生物学上的病毒被映射到令人不快的、有害的计算机程序上，所以人们就可以用谈论病毒的方式来谈论有害的计算机程序。同隐喻式映射一样，类比映射也是一种单向性的过程。既然映射被认为是一种概念的转移过程，这就意味着目标域原本就没有等同或类似于源域的结构或关系。然而这种观点并不符合事实。我们即便不使用病毒来谈论有害的计算机程序，有害的计算机程序依然还是会像病毒一样造成这样那样的破坏。类比映射只不过可以让人们更加直观、形象地谈论计算机病毒罢了。再以类比构词为例。类比构词的特点是仿照原有的同类词创造出其对应词或近义词，如根据 marathon（马拉松）创造出 telethon（马拉松式电视广播节目）、talkthon（马拉松式谈话或座谈节目）。（戴炜栋、陆国强，2007: 13）尽管从形式上看，marathon 的后半部分被移植到了后两个词上，但事实上，正是由于电视广播节目和谈话座谈节目"耗时长"与马拉松最为典型的特征"耗时长"存在一致性的匹配关系，类比映射才能够产生。

上述三种映射只是语言研究中相对比较重要的三个方面，映射还可以从更加一般的层面进行分类，如投射映射（projection

---

① 根据 Harris（2001），隐喻是一种比较，极具想象力地把一个事物与另一个不相似的事物认同，将后者（喻体或意象）的某些特征传递或归属于前者。隐喻的两个成分之所以能建立联系，在于通过比较两词的语义特征，发现两者之间存在相似点，从而建立起两者的隐喻关系。（胡壮麟，2004: 23）

mapping)、语用功能映射(pragmatic function mapping)和图式映射(schematic mapping)。Fauconnier(1997: 12)指出："对语言进行任何语义、语用阐释以及认知构建,(映射)都是一个核心问题。一旦我们开始寻找映射,就会发现映射不仅数量众多而且会出现在我们意想不到的地方。"有鉴于映射的普遍性及其在语言研究中的重要性,作为比映射更为基础的匹配的作用也同样值得关注。

7.3.2 回指关系中的匹配

在回指关系中,人们通常会说回指语与先行语的所指相同,所以回指有时又被称作"指同"。但所指相同并不是我们所说的匹配,因为它们是回指释义过程中两个不同的阶段。匹配是整个回指释义过程的起点或基础,只有建立起匹配关系,回指语与先行语之间的关联才能建立起来,回指语的指称对象才能被明确,此时我们才可以说回指语与先行语的所指相同。以代词 he 为例。he 可以指任何一个男性,也可以指特定篇章中的某个特定的人,前者适用于脱离语境或在语篇中对该词本身进行最初识别的情形,而后者说明的是在对语篇中的 he 进行初步识别之后,根据语境所确定的该代词的所指对象。因此,匹配过程并不涉及回指语的所指对象,而只是涉及回指语的这一语言形式及其脱离具体语境的那些必要属性。he 的(书面)语言形式是由两个字母组成的一个序列,其脱离具体语境的必要属性包括"单数"、"第三人称"、"男性"、"具有有定性"等,因此,对于回指语来说,参与匹配的成分可笼统地分为形式和内容两个方面。这对先行语来说也是如此。

7.3.2.1 回指的匹配机制

凡是回指语，均具有两项基本功能："指示功能"（指向语内或语外）和"概念功能"（本身具有特定的语义内涵）。对于不同的回指语来说，这两种功能的结合方式会有所不同：对英语来说，有定描述语（the + NP，this/that/these/those + NP）的这两项功能基本上是以离散的方式体现的，而专有名词（如 White House）、代词（包括人称代词、物主代词、指示代词和零代词）则是以聚合的方式来体现的。具体来说，有定描述语的构成形式为：指示功能词 + 概念功能词。the 使其所修饰的名词具有指称功能，但不标示时空距离的远近；this/that/these/those 也同样使其所修饰的名词成分具有指称功能，但同时还能标示时空距离的远近或数量的多寡。指示词语所含有的表示时空远近及数量多寡的信息是为指称的准确性服务的，所以应该被看作指示词语特有的一种属性，这些信息与名词短语所含有的纯概念信息具有质的区别。因此，我们有时不妨把回指语的指示功能进一步划分为"指示启动功能"和"辅助指示功能"。对于专有名词和代词来说，指示功能和概念功能合二为一，但它们依然是有标记的指称形式，因为专有名词一般都首字母大写或全词大写，而代词由于自身数量有限，其特定的字母组合本身就是一种指称标记。汉语指称词语区别于英语的最大不同就是指示标记的缺失，而正是由于这种缺失，汉语在表达某些指称关系时更多地要依赖名词短语的信息内容是否能与前述或后续话语的某些内容实现匹配，以及名词短语所处的句法位置等。

我们之所以要把指称词语的功能拆分为指示启动功能、辅助指示功能和概念功能，是因为对于一个回指语来说，其指示启动功能是启动名词短语进行指示的触发因素，辅助指示功能是调节指称准确性的因素，而概念功能则承担着与篇章中的某一个概念成分实现匹配的重任。在没有辅助指示功能发挥作用的情况下，回指语回指的准确性通常要依靠回指语概念信息量的大小来调节，信息量越大（如专有名词），其与先行语（项）实现匹配的成分越多，回指过程中抗干扰的能力越强，更适合较长篇章距离内的指称；反之，由于实现匹配的成分较少（如代词），回指过程中的抗干扰能力就较弱，则比较适合较近篇章距离内的指称。

回指关系中的匹配首先可以分为"形式匹配"和"概念匹配"两种类型。

形式匹配包括书写形式以及语音形式（如 air 和 heir 发音完全相同）的匹配。此外还有完全形式的匹配和部分形式的匹配（如 Watergate 和 Bloggate）。概念匹配是指回指语概念或概念的构成成分与先行语所激活的概念中相对应的成分之间所实现的匹配。

我们可以把回指概念匹配大致分成三种情形：(1) 代词（包括零代词）匹配；(2) 直接回指匹配（不包括代词）；(3) 间接回指匹配（不包括代词）。例如：

(2) Peter likes fish, but he also likes meat.
(3) 彼得喜欢吃鱼，但 Ø 也喜欢吃肉。
(4) I saw a book on the shelf ... The book was covered with much dust.
(5) A musician was coming over. The artist was dressed in black.
(6) I went to a French restaurant. The waitress was very sexy.

在例（2）中的 Peter ← he 指称关系中，能够从两者中提取并实现匹配的语义成分大致有："单数"、"雄性"、"指人"。尽管代词的语义内容比较空泛，但其有限的且是最主要的语义成分基本都能与其先行项所包含的同样的一些成分一一对应，即实现匹配。但由于代词能够与其先行项实现匹配的成分比较少，且每一成分的属性又较为抽象（如"单数"理论上可以指任何单一的事物），这就导致代词用于指称时的抗干扰能力比较差，因而不适合进行较长距离的篇章回指。例（3）是例（2）的汉译译文，两者的主要区别在于汉语使用的是零代词 Ø，而英语使用的是普通代词。零代词的使用并不意味着此处存在语义空缺，相反，零代词应该被看作代词的隐性表现，具有代词的基本属性，而零代词与普通代词的唯一区别恐怕就是语言形式的缺失。由于零代词和普通代词一样在语言形式上与其先行语不存在任何匹配关联，因此代词与零代词在回指关系中的语义匹配关系应该是相同的。例（4）和例（5）均包含直接回指关系。例（4）的回指语和先行语无论是形式还是概念均能实现比较完全的匹配，而例（5）却只能在概念层面上实现部分匹配，因为 The artist 所激活的概念或概念成分只有部分内容（如"懂艺术的人"、"比较专业"等）能够与 a musician 实现匹配。但由于匹配的内容属于两个概念中最为关键和突显的信息，在语境的作用下，两者仍然可以进行相同的指称。例（6）是一个间接回指的实例，其回指语与先行语之间不存在形式上的匹配关系，然而在概念层面上，先行语 restaurant 能够延伸激活一个 WAITRESS（女服务员）成分，而回指语 The waitress 也能激活一个 WAITRESS 的心理表征，这样回指语 The waitress 所直接激活的成分（当然还会间接激活很多与"女服务员"相关联的成分，如"饭店"、"餐桌"、"菜单"等）就与先行语所间接激活的成分能够实现匹配。

正如上面所分析的那样，在利用匹配思想对回指进行分析时，似乎不太适合简单地把回指划分为直接回指和间接回指两大类，而是分成三类更合理，即把代词（包括零代词）作为一个单独的类别列出来。这是因为，首先，无论是直接回指还是间接回指，当使用代词做回指语（项）时，代词并不能与先行语（项）一起进行同指，代词只是利用自身有限的语义信息与先行成分进行匹配，继而把由先行语（项）所表达的信息转移到代词所在的位置。其次，把代词作为一个单独的类别划分出去以后，直接回指和间接回指在匹配上所体现出来的差别就更加显著。我们知道，一个概念的激活过程总是遵循这样一种顺序：

语言形式 ——▶ 直接激活的心理表征 ——▶ 扩散激活相关的心理实体

如"饭店"，其首先表现为一种书写或语音形式，然后这种书写或语音形式激活一个关于"饭店"的心理表征，接着还可能进一步激活一些与"饭店"存在常规关联的心理实体，如"服务员"、"厨师"、"菜单"、"餐桌"等。在直接回指关系中，总是回指语所直接激活的心理表征与先行语直接激活的心理表征形成完全的或仅涉及显著性成分的匹配；而在间接回指关系中，总是回指语所直接激活的心理表征与先行语扩散激活的相关心理实体建立起匹配关系。这是两种截然不同的激活、连通和匹配关系。

7.3.2.2 理想匹配关系

隐喻关系中源域与目标域之间的匹配关系具有多重性质，既有两种事物外在表象的联系，也有内在特性的关联，也可能牵涉两者兼而有之的关系。（王文斌、林波，2003：10）回指关系的匹配主要是在形式与内容两方面。

首先从外在的语言形式上看，当回指语与先行语具有完全相同的语言形式时，我们通常就会认为它们所指相同。例如：

(7) Bill Gates is an American entrepreneur, software executive, philanthropist, the world's third richest man (as of 2008) and chairman of Microsoft, the software company he founded with Paul Allen. During his career at Microsoft he has held the positions of CEO and chief software architect, and he remains the largest individual shareholder with more than 9 percent of the common stock.

Gates is one of the best-known entrepreneurs of the personal computer revolution. Although he is admired by many, a large number of industry insiders criticize his business tactics, which they consider anti-competitive, an opinion which has in some cases been upheld by the courts. In the later stages of his career, Gates has pursued a number of philanthropic endeavors, donating large amounts of money to various charitable organizations and scientific research programs through

第七章 回指研究新思维

the Bill & Melinda Gates Foundation, established in 2000. Bill Gates' favorite colour is blue.
He is so rich because he invented the Microsoft.①

在例（7）中，作为主要成分，Bill Gates 出现过两次，he 出现过六次，Gates 出现过三次。在不考虑语义、语境因素的情况下，形式上重复出现的成分往往会被认为所指相同，而对于只有部分形式重复的情形，如 Bill Gates 与 Gates，两者被认为所指完全相同的可能性会稍稍低一些，尽管实际情况是两者所指是相同的。形式是人们对信息进行识别的第一道关口，对于相同的信息或相同的所指，从理论上讲，我们应该尽量使用相同的编码方式，这样可以保证回指成分对先行成分的识别既快又准。根据徐赳赳（1999:102）转引的材料，McKoon & Ratcliff 曾做过一项关于读者寻找先行词的实验，发现当先行词是 burglar（夜贼）时，如果回指词是同形表达式，即也是 burglar，那么读者寻找先行词的速度就会很快。但如果回指词只是先行词的同义词，如 criminal（罪犯），读者就要花较长的时间找回先行词。这就证明了"同形名词回指词易于找回先行词"的推测。根据 McKoon & Ratcliff 的解释，回指词与先行词的"特征重叠"（featural overlap）越多，就越容易找回。先行词和回指词同为 burglar 时的重叠特征显然要多于 burglar 与 criminal 之间的重叠特征，因此前者比之后者更有利于先行词的识别。

下面的例子能够从反面证明形式相同对信息识别的巨大影响。

---

① http://wiki.answers.com/Q/Who_is_Bill_Gates

(8)　　David kissed his wife and Tom kissed his wife too.

像例（8）这种话完全可能在无意之中脱口而出，但说话人的真实意图应该是 David 和 Tom 各自亲吻自己的妻子。尽管两个 his wife 的所指不同，但由于形式上的同质，就完全有可能被解读成所指相同，由此制造出幽默效果来。

所指不同，但语音形式相同（即语音匹配），也会导致幽默效果的产生。例如：

(9)　　Mother: "Tom, today is a fine day. Go out and do some exercise. You need sun and air."
　　　　Tom: "What? I have not even got married! How do the son and heir come?"

在例（9）中，sun（太阳）与 son（儿子），air（空气）与 heir（继承人）之间的读音完全相同，但母子两人对语音形式的所指有不同的理解，由此导致误解的产生，从而带来幽默效果。

由此可见，语言形式上的完全匹配能够对话语的理解产生非常大的影响。然而，正如例（8）和例（9）所体现的那样，纯粹形式上的匹配有时会带来误导，而最理想的匹配关系应该是"两个认知域从形式到内容全方位的叠合"（王军、高明强，2009: 94）。这可以被视作回指关系中的一种理想的无标记的形式，其他的部分同形、异形或构成成分部分重叠的形式均可被视作有标记的形式。之所以这么说，是因为无论依据传统的回指观，还是我们所提出的回指关系的新观点，回指任务的完成均离不开一个至关重要的环节,即回指释义,也就是为回指项找到其真正的先行项,而回指项与其先行项能够顺利完成对接的最稳妥的方式必然是两者能够在形式和内容方面实现最大限度的匹配。例如:

(10) 老李上次错拿了别人的东西……我从来没有在老李面前提起过这事。

(11) Here comes a bus ... The bus is very crowded.

相对于其他类型的回指语,利用专有名词(如"老李")或有定描述语(如 The bus)进行回指能够实现从形式到内容的最大程度的匹配,(在不考虑其他修饰、限定语的情况下)其在篇章回指关系中的抗干扰能力最强,回指项找到其真正先行项的可能性最大。这是一种在不考虑其他因素的情况下最理想的回指形式,这也是为什么这类回指语通常被用作进行较长篇章距离指称的低可及性标示语(low accessibility marker)的原因所在。

7.3.2.3 匹配的制约因素

尽管最理想的匹配关系通常能够最大限度地保证所指对象的一致性,但指称相同却并非人们使用回指语的唯一目的。处在篇章话语中的回指关系会受到各种语境因素的制约,这就使得最理想的回指形式往往无法成为最现实可行的回指形式。论述这些制约因素的文献非常之多(如 Ariel, 1990, 1994; Huang, 1994; 许余龙,2004),此处不再赘述。

由于我们已经把理想的匹配关系视作一种无标记的形式,所以凡是无法在形式上或内容上实现完全匹配的回指关系都属于有标记的形式。回指毕竟是概念连通的一种非常重要的方式，而回指语使用的主要作用一般都是要明确无误地把回指语（项）与其先行语（项）连接起来，而理想的匹配关系则是建立这种连接的最佳保障。然而，在实际的话语篇章中，人们常常会将理想的匹配关系弃之不用，转而使用一些匹配关系似乎并不太理想的有标记的形式。这究竟是因为什么原因呢？

如果单纯从回指的准确性方面考虑，在回指语为代词时，仅有少量的概念成分能够实现匹配，而如果把代词换作专有名词或有定描述语，就能实现最大或较大程度上的概念匹配，回指的准确性也会随之更高。之所以选择代词而非其他形式进行回指，往往都是出于经济或省力的考虑。根据省力原则的要求（姜望琪，2005；沈家煊，2004），人们在获取某种效果的时候，一般会采取相对经济、省力的途径达到目的。在前面的例（2）和例（3）中，回指语无论是采用最理想的匹配形式，还是使用代词或零代词与先行语建立匹配关系，在各种语境因素的作用下，都能保证回指释义的完成。既然两种形式都可以达到同一目的，那么语义信息较空泛的代词或零代词自然更能满足省力原则的要求。

在某些直接回指关系中，尽管回指语与先行语的所指相同，但回指语可能会选择一个形式和内容均不符合理想匹配关系的词语。例如：

(12) It's called <u>depression</u>, and few of us can get through life without experiencing it at one time or another ... the <u>letdown</u> after the excitement and activity of the holidays

... The ordinary everyday "blues" are fortunately usually brief ....①

例（12）中的回指语 the letdown（沮丧）和 The ordinary everyday "blues"（平常心灰意冷的样子）都是用来回指 depression（抑郁），因此两个回指语的基本所指相同。然而，从匹配的角度看，无论哪个回指语，都只有部分概念成分与先行项相对应的概念成分实现匹配。在使用 the letdown 时，无法与先行项进行匹配的内容有："更直观形象"、"较口语化"等。而如果有不能匹配的内容，则意味着这些内容属于新信息。这样一来，如果使用的是理想化的匹配形式，回指语的功能则仅起衔接作用；而非理想化的匹配形式除了起衔接的作用以外，还能传递一些新信息，并能更好地与所处的语境融合在一起。回指语 The ordinary everyday "blues" 的使用也起到了类似的效果。

间接回指的特点使得其不可能存在形式上的理想化匹配关系，即便是内容上的匹配，也是通过间接的方式实现的。由于间接回指先行语的激活过程呈开放性，因此对回指语的选择除了出于表达的需要以外，还要考虑到能够实现匹配的成分的显著性。间接回指的匹配一般都是回指语所直接激活的心理表征与先行语激活扩散后处于半激活状态的某一心理表征实现匹配。如果处于半激活状态的某一心理表征的显著性过低，其与回指语所激活的心理表征的匹配关系就难以建立起来。

由于我们所说的间接回指的内容匹配或概念匹配是建立在

---

① 选自黄源深、朱钟毅主编，上海外语教育出版社出版的 *English* (Book 5)，第七课 "Mental Depression: The Recurring Nightmare"。

激活扩散基础上的,因而导致语篇中能与回指项的构成成分建立起匹配关系的成分不止一个,这就涉及一个选择机制的问题。虽然能够建立起匹配关系的成分的数量和质量是选择真正先行语(项)的重要因素之一,但是篇章距离、句法位置以及语境因素等也发挥着至关重要的作用。由于这些因素通常都是回指释义过程中所要关注的内容,或说属于传统回指研究的内容,这里我们就不再展开讨论。

综上所述,既然回指关系的建立并非只是为了建立回指语(项)与先行语(项)之间的回指关联,这就使得回指成分没有必要在形式和内容上与先行成分达成理想的匹配关系。只要回指语(项)的形式和内容构成没有全部参与到与先行语(项)的匹配中去,就一定意味着回指语(项)还能够表达出某些新信息。换句话说,只要参与匹配的信息是旧信息,体现在回指语(项)上面的非匹配信息就均为新信息。这一观点与传统上认为的回指的有定名词性成分均表达已知(旧)信息的思想明显不同。

7.4 概念转移机制

回指关系中形式和内容的匹配是保证回指语(项)与先行语(项)建立关联的基础,接下来是根据回指释义机制为回指语(项)找到真正的先行语(项),并最终弄清回指项的真正功能含义。对于回指项来说,它的指称含义具有多重性:首先,回指项具有脱离语境的常规的指称含义,这也就是我们所说的回指语概念参与匹配的内容;其次,在特定的回指关系或语境中,(直接回指的)回指项与其先行项指向相同的心理实体,即人们通常所说的"指同"(co-reference),这是传统回指研究中最为基本的一个观点;最后,回指项最终所指称的概念是在语境的作用下经过改造的先行语概念,而非先行语概念本身。换句话说,根据概念转移的思想,回指项所指称的概念与先行项所指称的概念往往是不一致的,而且只有发生概念变化,篇章通过回指词语所要表达的思想才能不断向前发展,语篇理解才能成为一个动态过程。

概念转移的具体体现就是利用回指语(项)重现关涉先行语(项)的成分内容。下面我们将从重现关系、概念重现机制以及概念转移三个方面分别阐述概念转移的基本思想。

7.4.1 重现关系

尽管我们所要探讨的重点是概念转移,但由于语言形式作为概念信息的载体也在概念重现中扮演着一定的角色,所以也应该对其给予一定的关注。

7.4.1.1 形式重现

谈到形式重现,必然要提及廖秋忠(1992: 45-61)对汉语篇章中指同问题的研究。

首先需要明确,廖秋忠所说的"指同"不同于我们所说的"回指",因为在回指关系中,回指项总是一个有定名词短语,而在指同关系中,后续重复出现的成分尽管大都以名词短语的形式出现,但不定名词短语、动词短语等也都会有指同现象。例如:

(13)　我们做领导工作的同志,都是<u>一个宗旨</u>(A),<u>两种身份</u>(B)。<u>一个宗旨</u>(A),就是全心全意为人民服务。……

两种身份(B), 既是领导者, 又是同志。

(廖秋忠, 1992: 46)

(14) 骑自行车闯红灯(A), 是违反交通法规的。在我居住的这个城市, 曾经搞过几次严加纠察, 许多人因此挨了罚。……一时间, 闯红灯(A)的现象几乎绝迹。但一段时间后, 纠察人员不见了, 闯红灯(A)也很少受罚了。

(廖秋忠, 1992: 47)

尽管如此, 廖文的研究还是为我们分析回指重现问题提供了一个很好的样本。根据廖文, 当作者/说者在篇章中的某一点用某一表达式引进某一个或某一类人、事、物、状态、行为, 或者某一时间、地点之后, 如果同一对象再现, 可以用以下几种表达式来表示指同:

A. 同形表达式
B. 局部同形表达式
C. 异形表达式
　1. 同义词(包括异形简称)　　2. 统称词
　3. 指代词　　　　　　　　　4. 零形式或省略式

例如:

(15) 这里还流传不少王维的故事, 其中就有王维慧眼识韩干一事。(同形表达式)

(16) 北京鼓楼中医医院是综合性中医医院。为了方便群众就

诊，医院根据群众需要，最近开设了传统的按摩科门诊。（局部同形表达式）

（17） 第三者的行为是不道德的。这种人把自己的幸福建筑在他人的不幸和痛苦之上，为了满足自己的私欲，不惜破坏他人的婚姻幸福。（异形表达式，统称词）

（廖秋忠，1992：46-50）

根据廖文对指同再现的分类，我们也可以把回指语与先行语之间的形式关系进行相同的划分，即分成同形、局部同形和异形表达式。

同形表达式。专有名词和部分有定描述语是以同形表达的方式出现的。例如：

（18） 韩干（A）当时在辋川一个酒店当伙计，一天去向王维（B）讨酒钱，适逢王维（B）在欣赏一张刚画完的泼墨山水画。韩干（A）不敢打扰王维（B）的浓兴，于是就用石块在院子里的地上画起马来……

（廖秋忠，1992:46）

（19） 在那石头移开的地方，坐着一个老妈妈，那老妈妈大声问道……。老妈妈一连问了三遍。

（许余龙，2004:233）

同形表达式以语言形式的同质鲜明地表明所指的同质，因而具有极强的抗干扰能力。在例（18）中"韩干"和"王维"都分别以同形的方式出现，即便两者交叉使用，也不会产生干扰或歧义。例（19）也属于同形表达式，因为数量词"一个"和指示词"那"都属于功能性修饰语，名词短语的主体被完全重复。

局部同形表达式。这种情况也往往出现在使用专有名词或有定描述语进行直接回指时。当某一先行成分比较复杂，如果后续话语对其进行直接回指，人们往往就会选择使用局部同形的表达式，如例（16）中使用"医院"回指"北京鼓楼中医医院"。再如，如果一个单位的名称包含过多的字词，人们往往喜欢使用局部同形的结构对其进行指称，如"苏州大学"简称"苏大"，"北京航空航天大学"简称"北航"。需要注意的是，尽管使用的是局部同形表达式，但由于这一局部的形式是先行语的中心成分或者是具有典型特征的成分，回指语与先行语的形式关联性依然非常强。

局部同形对于认知的影响力可在以下两例中得到很好的说明。

（20）　John became a guitarist because he thought it was a beautiful instrument.（it = guitar）

（21）　Shakespearean imitators usually fail to capture his style.（his = Shakespeare's）

（22）　Even those who were not dogmatic surrealists were influenced by its spirit.（its = surrealism's）

（以上各例均转引自 Garnham, 2001: 113-114）

上述三例均为使用代词或代词所有格的间接回指。我们知道，由于间接回指的隐含性特点，通常不会使用语义信息比较贫乏的代词进行回指，然而在上述三例中，代词的指称对象在先行语中却比较明显地显现出来。具体地说，guitarist（吉他手）中有 guitar

（吉他），Shakespearean（莎士比亚的）中有Shakespeare（莎士比亚），surrealists（超现实主义者）中有surrealism（超现实主义）的大部分形式。正是由于在上述情况下间接回指的真正先行项具有显性的表达形式，从而使得利用代词进行回指成为可能。由此可见，局部同形对于概念的连通能起到很大的促进作用。

异形表达式。异形表达式是回指关系中出现频率最高的一种形式。代词回指都是异形表达式，而且其他类型的指称词语也都大量地使用异形表达式。由于在这种情况下，回指语和先行语之间不存在形式匹配关系，概念连通的重任就全部落在了回指项和先行项概念结构的匹配上。例如：

(23) A stranger came to the door, and pressed the bell. The man waited for a while ....

在例（23）中，回指语The man和先行语A stranger之间没有形式上的匹配关系，因而对其指称关系的理解就必须依赖两个语言形式所直接激活的心理表征之间的匹配状况。A stranger所直接激活的是一个人，具有陌生的属性，性别可男可女，而The man所直接激活的也是一个人，性别是男性。对两者包含的信息成分进行比较后可以发现，回指项与先行项之间的主要概念信息是基本一致的，而且最为重要的是两者之间的概念信息没有相互矛盾的地方，这就保证了可以使用The man来回指A stranger。

7.4.1.2 概念重现

形式重现和概念重现不仅仅是形式与概念的对立所体现出的差别，两种重现实际上还在其他方面存在重大差异。形式重现和形式匹配实际上并无实质性的差别，然而概念重现和概念匹配则截然不同。所谓概念重现，是指在回指语所在的（句法和心理）位置重现与先行语相关的某一明确的概念。在回指关系建立之前，所谓的"回指语"激活的只是一个直接与回指语相联系的心理表征，所以此时代词在语篇中并无所指，其所激活的只是包含少数常规成分的一个心理表征，有定名词短语所激活的是与该名词直接对应的一个心理表征。而随着有定性特征启动回指过程，回指语的心理表征就会与先行语的某一相对应的概念成分形成匹配，回指语（项）和先行语（项）由此产生回指关联。随后，在先行语（项）位置所表达的概念就会在回指语（项）位置上得到重现，或者说被转移到回指语（项）所在的位置。因此，回指机制最终是一种概念转移机制。

　　从某种意义上说，回指语以及回指项的存在都主要是为与先行语（项）相关的某个概念服务的，是要把前述的某个概念转移到回指语（项）所在的位置。对于先行项来说，当其与回指项通过匹配建立起关联后，并非只有自身心理表征以及由这一心理表征延伸激活的常规性成分得到转移，被转移的内容还包括语境对先行项所施加的影响或所造成的变化。例如：

（24）　　Wash and core six cooking apples. Put them in a fire-proof dish.

（Halliday & Hasan, 1976: 2）

　　在该例中，严格地说，them 绝不仅仅是指 six cooking apples，或者说，在 them 的位置重现的不只是"六个用于烹调的苹果",而是"清洗和去核后的六个用于烹调的苹果",因为"放到一个抗高温的盘子"里的只能是后者。或许有人会认为例(24)只是一个特殊的情况,不能用于说明普遍存在的问题,那我们就再看下面的几个例子。

(25) Once upon a time there was a merchant who traveled about the world a great deal. On one of his journeys thieves attacked him, and they would have taken both his life and his money ....

(*The Small-Tooth Dog*)

(26) There was a metallic glint in the distant sky. "That must be them," Lucas said.

(*A Holliday to Remember*)

例(25)包含两个直接回指的关系,我们一般会说,him 回指 a merchant(商人),they 回指 thieves(贼),这话没有问题,因为 a merchant 和 thieves 作为两个认知主体分别使用人称代词 him 和 they 进行回指是恰当的。回指是一种关系的识别和确认。然而,在一个概念思想不断发展的语篇中,仅有关系的识别和确认是不够的。例(25)作为一个真实的语篇片段,him 所指称的对象不仅仅是"一位商人",而是"曾经周游世界的一位商人";同样,they 所指称的也不仅仅是"一群贼",而是"一次旅行中袭击过他的一群贼"。例(26)是一个间接回指的例子,a metallic glint(金属闪光)用来转指 plane(飞机),them 通常认为是回指"飞机中的人",然而在这个特定的语篇中,them

不仅指"飞机中的人",而且指"人们一直在等待的身份非常明确的那几个人"。我们由此可以非常清楚地看出,传统研究中所说的回指只是为了在语篇中的两个实体或概念之间建立起某种关联来,关联的建立即意味着回指的完成。尽管陈平(1986)认为回指释义是基于受话人视角的一种研究,然而即便在受话人的视角下,回指释义也绝不是一项终结性的任务。在受话人眼中,某一回指关系只是篇章理解过程中的一环,而回指释义甚至还不能算是完整的一环。只有当某一回指关系之后的另一篇章理解环节启动时,我们才可以说这一回指关系在篇章理解中的任务基本完成了。

因此,当从受话人的视角审视回指关系在篇章理解过程中所起的作用时,我们就会发现在传统的回指释义研究范围和篇章后续任务之间还缺少了一环,而这一环是整个回指关系中不可或缺的一部分,同时也是后续任务得以顺利进行的基础。缺少了这一环,回指关系就只能是一种静态的,甚至在一定程度上脱离语篇的关系[1]。我们所说的缺失的一环就是指概念重现或概念转移。只有把传统回指的内容与概念重现或概念转移整合起来才是一种相对完整的基于篇章理解的回指关系。如图4所示:

---

[1] 尽管回指释义不单单是回指语(项)和先行语(项)之间的一种语义认知关联,总要涉及各种各样的语境因素的制约作用,然而这些语境因素的作用通常都被认为是为回指释义服务的,也就是说,语境因素是为静态的回指关系的确认服务的。然而,语篇的理解有赖于语篇概念的不断变化和发展,这既不是一种静态的过程,也不是回指语(项)与先行语(项)之间回指关系的确定就能解决的问题。所以,传统回指研究只看到回指项与先行项的指同(co-reference),而且是一种抽象的指同,并未对语境对先行项和回指项语义的改变给予多少关注。

第七章 回指研究新思维

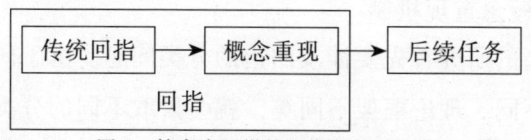

```
┌─────────────────────────────────────┐
│ 传统回指 → 概念重现 → 后续任务      │
│         回指                         │
└─────────────────────────────────────┘
```

图 4　篇章中回指的地位及主要过程

下面我们用图 5 来说明回指释义与概念重现之间的关系与差异。假设 A 为先行项，B 为回指项，则回指释义聚焦的是 B 与 A 之间的关系，而对于概念重现来说，并非单纯的 A 所指代的概念在 B 的位置得到重现，而是 A 与相关语境交互作用的结果在 B 的位置得到重现。

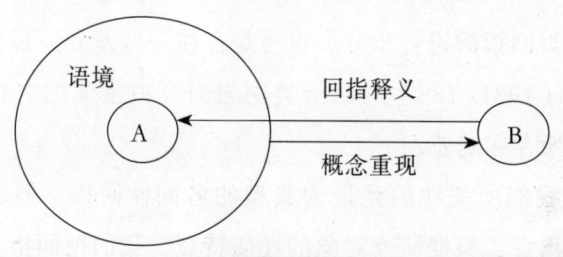

图 5　回指释义与概念重现

在下一节中，我们将更为细致地描述并阐释概念重现的运作机制。在这一过程中，语境因素会暂时忽略不计。之所以这样，主要是出于两方面的考虑。首先，相关语境对回指项的影响有大有小，而且语境因素的性质在特定回指关系中会有所不同，这在用图示的方式进行表现时会比较困难。其次，重现机制所关注的主要过程仍然是在回指语（项）和先行语（项）之间，为了突显这一过程，语境的影响作用就先暂时搁置起来，不予考虑。

7.4.2 概念重现机制

对回指的研究首先要涉及回指的分类问题。由于研究内容不同、目的不同、理论框架不同等，就会采取不同的分类方法。例如，回指可区分为发话人视角下的回指产出研究和受话人视角下的回指释义研究（Chen, 1986: 8）；回指可以笼统地区分为直接回指和间接回指（Ellis, 1988）；或者间接回指不单独列出，而是直接归入直接回指的研究或仅仅是一带而过（如 Ariel, 1990）；回指还可以根据回指语的形式划分为名词性回指、动词性回指、形容词性回指、副词性回指等（许余龙，2004: 3）。尽管对名词性回指的研究在国内外的回指研究中占主流（许余龙，2004: 6），对这类回指的进一步分类也还是存在一些差异，最典型的是 Chomsky（1981: 188）的回指类别与当今占主流的名词性回指分类之间所存在的差别。

虽然我们所关注的是最为典型的名词性回指，但从我们的研究实际出发，根据研究对象的性质特点，我们把回指分成三类进行阐释：首先是直接回指，但这其中不包括传统直接回指研究中讨论相对较多的代词、零代词、反身代词回指；其次是间接回指，其中也不包括代词、零代词和反身代词回指；最后是各种类型的代词回指。代词回指之所以单列，主要是考虑到其语言形式及在概念匹配、重现中的特殊性。由于这种特殊性，如果把代词回指分别放入直接回指和间接回指之中，就会淡化代词有别于其他名词性回指语的特殊功能作用。而把代词单独作为一个类别，既可以突出其独特性，也可以兼顾其在直接回指和间接回指中的差别。

7.4.2.1 直接回指

如果直接回指的回指语暂不考虑使用代词、零代词、反身代词等，那么我们可以把直接回指简单地分成两大类，即同形直接回指和异形直接回指。所谓同形或异形，是指直接回指的回指语和先行语的语言形式是否一致。在这里，我们暂不考虑部分同形的间接回指表达式。

典型的同形直接回指和异形直接回指的示例如下：

（27） There is a desk. The desk is very large.（同形直接回指）
（28） A stranger came to the door, and pressed the bell. The man waited for a while.（异形直接回指）

（高卫东，2008: 157）

同形直接回指的概念重现过程如图 6 所示：

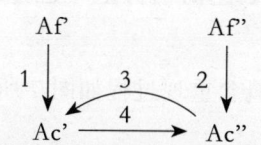

$$
\begin{array}{ccc}
Af' & & Af'' \\
\downarrow 1 & \xrightarrow{3} & \downarrow 2 \\
Ac' & \xrightarrow{4} & Ac''
\end{array}
$$

图 6　直接回指同形表达式概念重现流程

在图 6 中，Af' 和 Af'' 分别代表先行语和回指语，由于两者语言形式相同，所以均用 Af 表示；而由于两者位置、功能不同，则分别使用上标的单、双逗号以示区别。Ac 是指直接由触发成分 Af 激活的心理表征，同样是由于最初激活的位置及功能的差异，也分别使用上标的单、双逗号来进行区别。序号 1、2、3、4 表示从先行语被激活到完成概念重现的顺序过程。图 6 所示的概念重现机制可以描述如下：

1. 先行语形式 Af' 激活相应的心理表征 Ac'；
2. 回指语形式 Af" 激活相应的心理表征 Ac"；
3. Ac' 和 Ac" 建立起匹配关系；
4. 由 Ac' 所表达的概念在 Ac" 的位置得到重现，或者说被转移到 Ac" 所在的位置。

这里有两点需要说明。首先，如前所述，先行语概念在被转移的过程中，并非只是该概念本身得到转移，相关语境对其改造的结果才是真正被转移的对象。所以，在概念重现或概念转移未发生之前，Ac' 和 Ac" 通常并不完全对等。而在第 3 步的匹配建立过程中，Ac' 参与匹配的内容通常并不包括其在语境作用下所形成的内容。其次，概念最终被转移到的位置包括句法位置和心理位置，我们这里只是从表达简洁性上考虑笼统地说成 Ac" 所在的位置。

异形直接回指的概念重现过程如图 7 所示：

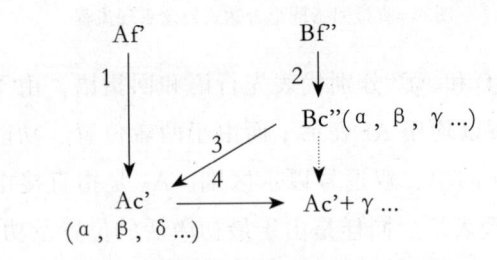

$$
\begin{array}{ccc}
\text{Af'} & & \text{Bf"} \\
\downarrow 1 & & \downarrow 2 \\
& & \text{Bc"}(\alpha,\ \beta,\ \gamma\ \ldots) \\
& \searrow 3 & \downarrow \\
\text{Ac'} & \xrightarrow{\ 4\ } & \text{Ac'} + \gamma\ \ldots \\
(\alpha,\ \beta,\ \delta\ \ldots) & &
\end{array}
$$

图 7　直接回指异形表达式概念重现流程

与同形表达式不同的是，异形表达式的先行语和回指语分别为 Af' 和 Bf'（如 A stranger 和 The man），这也就使得它们所直接激活的心理表征也不相同，分别为 Ac' 和 Bc''。由于两个心理表征中含有相同的关键成分 α，β（在同一序列中位置越靠前表明其显著性越高，如 A stranger 和 The man 所包含的共同的关键成分是：人、单数），两者产生匹配关系，随后由 Ac' 所体现的概念被转移到回指项所在的位置，表示为 Ac' + γ...。这里需要特别注意的是，在异形表达的直接回指关系中，并非只有先行项概念被转移到回指项所在的位置，被转移的除了先行项概念以外，还有先前回指项未参与匹配的成分（γ...）。另外，参与匹配的可能只是回指项和先行项中的部分成分，但被转移的却包含有整个先行项概念。对于回指项来说，匹配信息属于旧信息，而未能匹配的信息则为新信息。因此，在直接回指的异形表达式中，回指项既能表达旧信息，也能表达新信息，它能使信息在传递过程中出现语义增效。

专有名词与普通有定名词短语的本质不同在于，专有名词的成分属性非常稳定，而普通名词短语的成分属性会随着语境的变化而变化，因此，在使用专有名词做回指语指称前述同一专有名词时，一般不会出现概念转移后概念增效的问题。但专有名词使用异形表达法进行回指时则一定会出现语义增效的问题。

7.4.2.2 间接回指

我们下面以间接回指的一个典型实例来说明间接回指的概念重现机制。

(29) He went to a <u>restaurant</u>. <u>The waitress</u> came from New York.

同前面的情形类似，先行语 a restaurant 和回指语 The waitress 分别使用 Af 和 Bf' 来表示。由先行语直接激活的心理表征（先行项）表示为 Ac，由回指语直接激活的心理表征（回指项）表示为 Bc，Bc 中所含有的各种成分分别使用 α，β，γ... 来表示。Ac 激活扩散后处于半激活状态的成分（"女服务员"、"男服务员"、"厨师"、"餐桌"、"菜单"等）分别使用 x, y, z... 来表示。从回指到概念重现的整个过程如图 8 所示：

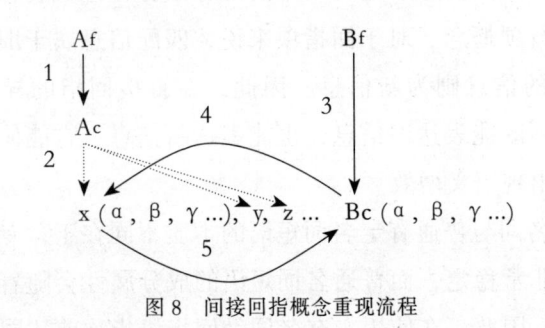

```
        Af                    Bf
         ↓1                    ↓3
        Ac         4
         ⋮2  ⋰⋯⋯⋯⋯⋯⋯↘
        x (α, β, γ...), y, z... Bc (α, β, γ...)
                    5
```

图 8　间接回指概念重现流程

间接回指的概念重现过程主要由五个阶段构成：

1. 先行语 Af 激活相应的心理表征 Ac；
2. 由于激活扩散效应，Ac 会延伸激活 x, y, z 等心理实体，并使其处在一种半激活的状态；
3. 回指语 Bf 激活相应的心理表征 Bc；
4. Bc 中所包含的成分 α, β, γ... 与 x 中所包含的成分 α,

β，γ ... 形成完全匹配；因而

5. 由 x 所体现的概念在 Bc 的位置上得到重现，或者说被转移到 Bc 所在的位置。

这里需要说明的是，激活扩散并非只是间接回指的专利，事实上，对任何一个概念的激活都存在潜在的扩散激活效应，关键是这种效应是否会在语篇中发挥作用。在直接回指关系中，无论是先行语还是回指语，在其分别激活各自的心理表征时，同时也会激活一系列处于半激活状态下的心理实体。只是因为这些心理实体并未参加到篇章理解的过程中去，因而就得不到有意识的反映，这样在图 6 和图 7 中也就没有得到体现。同样的情况也存在于间接回指的概念重现流程中。在图 8 中，先行语的激活扩散效应是必须要体现的，因为其中的 x 是匹配双方中的一方。而回指语的扩散激活就没有任何意义，因为回指语直接激活的心理表征 Bc 就已经完全承担起了匹配、重现的任务。

在间接回指的概念重现过程中，由于需要重现的概念 x 深藏于 Ac 这一心理表征之中，因而语言语境对 Ac 的影响并不会被传导到 x 上。也就是说，x 受语言语境影响的情况基本上不存在。此外，由于回指语和先行语通常都属于异形表达式，而且回指项和先行项属于异指（disjoint reference），因此，间接回指中的概念重现更像是一种重述，即把先前处于模糊或休眠状态的真正先行项 x 在 Bc 的位置重新表述一遍，使其存在变得从暗到明，并成为篇章进一步发展的一个主题。

匹配毫无疑问是概念连通的基础。由于间接回指的回指语和先行语一般都不存在匹配关系，回指项与先行项之间的匹配关系也不显著，所以为了寻求建立具有足够强度的匹配关系，需要把先行语扩散激活效应中处于半激活状态下的成分提取出来。由此可见，寻求匹配关系的建立是概念连通中的一种巨大推动力。语篇中不同的概念之间无论是基于何种语义关联，归根结底都是匹配在起黏结作用。这就如同性格迥异的两个人，只要他们之间尚存一定的共同语言，彼此之间就有可能进行交流；共同的思想、兴趣、爱好越多，彼此交流的可能性也就越大。

7.4.2.3 代词

代词，顾名思义，是用来指代某一人或事物的词。英语的pronoun，确切地说应为"代名词（语）"，因为noun是名词的意思，而pro是代替的意思。我们都知道语言的物质形式是一种符号，用来指称某一现实或虚拟的对象或关系，而代词则可被称作是符号的符号，因为在语篇中，代词是利用自身的符号指代另一语言符号，并最终指称某一对象（referent）。虽然普通名词性回指语也可以用"符号—符号—对象"的过程来描述，但代词更像是一个专职的指称符号，其自身的语义信息已经减少到了最低限度，这就使得代词一旦脱离语境就几乎变得毫无意义。

代词分直接回指代词和间接回指代词两种情况。

首先看代词在直接回指关系中是如何进行概念重现的。例（30）是一个典型的直接回指关系实例，图9则是这类回指关系中概念重现的流程图。

（30） Tom is very clever, but he still works very hard.

第七章 回指研究新思维

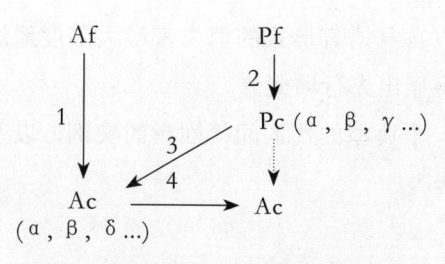

```
Af            Pf
│             │ 2
│ 1       3  ↓
│        ↙   Pc (α，β，γ...)
↓      4      ┆
Ac ─────→    Ac
(α，β，δ...)
```

图9 代词直接回指的概念重现流程

当回指语 Af（Tom）受到激活时，会得到一个关于 Af 的心理表征 Ac（一个名叫 Tom 的人），该心理表征包含各种各样的构成成分 α，β，δ ...（人、男性、单数、名叫 Tom，等等）。随着篇章认知过程的继续，回指语 Pf（he）受到激活，继而得到一个直接与回指语相联系的心理表征 Pc（无语境情况下对 he 的心理反映），其中包含构成成分 α，β，γ ...（人、男性、单数、第三人称，等等）。由于 Pc 和 Ac 中的一些最为显著的关键性信息 α，β 等（人、男性、单数等）能够形成匹配关系，在代词所具有的指称功能作用下，Pc 与 Ac 建立起指称关联，随后，由 Ac 所表达的概念被转移到 Pc 所在的位置。虽然代词的语义成分并不多，但这些在代词中最为显著的语义成分基本上都能参与到与真正先行项的匹配中，完全属于自身独有的成分几乎没有。如此一来，代词本身无法传递任何新的信息，只能承担一种指称的功能，这就导致了当先行项被转移到回指项所在的位置的时候，最终在回指项位置所体现的概念实体基本上已没有任何仅属于回指项 Pc 的内容了。而正是由于代词在回指概念转移中的这种属性，甚至在代词的语言形式（语音或形态）均不出现的情况下，也一样可以实现概念的重现或转移。这里所说的就是零代词的使用问题。零代词以自身语言形式的消失来最大限度地淡化自身的语义属性，从而突显出先行项概念。

下面是一个典型的代词间接回指的实例，以及代词间接回指概念重现流程图。

(31) A couple were walking along. She seemed happy with something, but he was not.

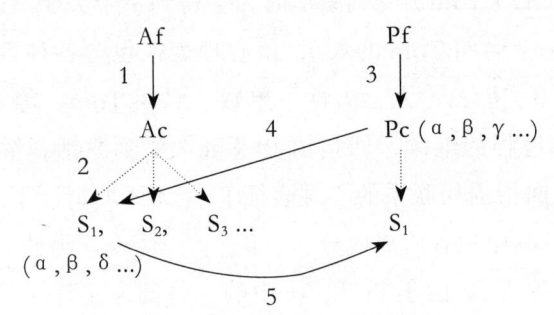

```
            Af              Pf
            ↓1              ↓3
            Ac      4      Pc (α, β, γ ...)
         ↙ ↓2 ↘              ↓
       S₁,  S₂,  S₃ ...      S₁
      (α, β, δ ...)
                    5
```

图 10　代词间接回指的概念重现流程

结合例（31），图 10 所示的概念重现流程是这样的：首先，先行语 Af（a couple）直接激活与其相对应的心理表征 Ac，同时 Ac 延伸激活 Ac 所包含的一些常规性成分 S_1, S_2, S_3 ...（女人、男人、恋爱等），其中每一个成分又都包含一系列的构成要素，如 S_1（女人）含有 α, β, δ ...（女性、个人、化妆等）。随着篇章理解过程的继续，回指语 Pf（she）直接激活与其对应的心理表征 Pc，而 Pc 含有一些常规性的构成要素 α, β, γ ...（女性、个人、第三人称等）。由于 Pc 中最显著的关键性信息 α, β 能够与 S_1 中的相对应的信息 α, β 建立起匹配关系，于是就实现了两者之间的指同关联。最后，由 S_1 所表达的概念被转移到 Pc 所在的位置，或者说在 Pc 的位置上 S_1 的概念得到了重现。

代词间接回指比代词直接回指的概念重现过程要复杂一些。如果比较一下图9和图8就会发现，两者最大的区别是真正的先行项所在的位置，换句话说，间接回指的真正先行项处在比直接回指的真正先行项更深的位置，即处在一种半激活的状态，这就使得代词通过与处在较深层面的真正先行项建立匹配关系的过程往往比较困难，这或许就是实际语篇中代词间接回指出现频率相对较低的原因之一。

对于间接回指中代词的指称对象是如何得到确认的问题，高原（2003: 50-54）做出了较好的解释。根据 Fauconnier（1994: 22）的空间识别原则（Identification Principle on Spaces），当两个心理空间 M 和 M' 通过连接规则 F 相互连接起来时，一个名词短语 NP，或者将成分 x 引入到 M 中来，或者指向 M 中的成分 x，"如果 x 在 M' 中没有对应体 x'，则 NP 可以在 M' 中建立起一个新成分，并且能够识别这个成分"。例如：

(32) 徐华北正在摆弄着一些贴在大幅硬纸上的照片。他一眼瞥见了那些熟悉的画面：<u>彩陶罐，黄河的傍晚</u>。她来过这儿啦，他突然想到，她正在和徐华北来往呢。

（转引自高原，2003: 50-51，略有修改）

根据高文的解释，当年男主人公"他"曾经在黄河岸边和女主人公"她"一起拍摄过"彩陶罐"和"黄河的傍晚"，此为心理空间 M，其中包含着心理空间成分"她"，而在徐华北家里（此为心理空间 M'），仅有显性的心理空间成分"彩陶罐"和"黄河的傍晚"。根据识别原则，由于心理空间 M 和 M' 存在对应体"彩陶罐"和"黄河的傍晚"，原来仅存在于 M 中的"她"就可以在 M' 中得到对应的显现，于是上例中的"她"的身份就可以得到识别。基于识别原则的解释与我们的间接回指代词的概念转移机制最大的共同点是，两者都强调原有或先行成分中是否存在回指项所指称的成分；而两者的不同之处在于，识别原则的运作基于两个心理空间相同成分的对应关系，而我们的阐释则基于显性成分的激活扩散效应，路径不同，但结果殊途同归。

7.4.3 回指关系的末端

在实际语篇理解的过程中，回指关系的起点毫无疑问是先行语得到激活的那一刻。在通常情况下，当先行语被激活时，人们并不见得意识到该先行语就一定是某一回指关系的起点。只有当某一回指语被激活时，该回指语所包含的有定性特征才会启动回指搜索，并根据各种语境信息找到其在先行语篇中的所指对象。但在我们的理解中，回指释义的完成并不是回指任务的终结，回指释义只是整个回指过程中重要的一环，回指还要承载转移先行概念的重任。只有当另一篇章理解任务可以开始启动时，回指的使命才算终结。现在，我们就把目光聚焦在回指关系的末端，也就是另一篇章理解任务即将启动的地方。

7.4.3.1 重现方式的差异

我们前面为了更清楚地说明不同的回指关系在概念转移或重现过程中所体现出来的差异，把代词回指与一般的直接回指和间接回指做了区分，对三种情况进行了分别阐释。事实上，我们还可以从另外一种角度对各种重现关系进行分类解释。王军（2008:68-69）基于回指语与先行语形式上的差异，以回指关系的末端为重心，把重现关系分为了四种，分别为："对等"概念导入重现、概念主体导入重现、代词导入概念重现和隐含概念激活重现。这种分类使得各种重现关系显得更加直观、具体。

"对等"概念导入重现。 同形表达式激活的两个概念具有较强的对等性，如本章例（27）中的回指语和先行语均为 desk。在回指项和其先行项之间的概念连通关系建立之前，前后两个概念的对等只是相对的，这是一种在相对抽象层面上的一种对等或匹配。正是由于前后概念实质上的非对等性，在回指释义完成后，先行项概念需要被转移到回指项所在的位置。所以，同形表达式情形下的概念重现可以被称作"对等"概念导入重现。

概念主体导入重现。 在局部同形表达式中，同形的部分通常是先行语表达式的主体部分（如中心词）。尽管先行语和回指语的语言表达式并非完全相同，但由于形式表达式主体部分具有同一性（形式匹配），相对应的概念主体也就具有了较强的对等性。随着回指释义的完成，就可以把在先行语境中建立起来的概念导入到回指语所在的位置。像本章例（28）一样利用近义词进行回指的异形表达式也属于概念主体导入重现。任何两个近义词激活的概念（包括概念的内涵及外延）都并非完全对等，它们只可能是主体对等，因此与局部同形表达式的重现规则是一致的。

代词导入概念重现。 与语言表达式完全同形和局部同形均不同，代词需要首先利用自身的指示功能和概念功能去建立与其先行项的同指关系，并随着这种同指关系的建立把先行项表达的概念导入到该代词所在的位置，从而实现先行项概念的重现。代词可以说是最为典型的回指形式，也是最为典型的承担概念转移的回指词。由于代词自身空泛的语义内容，其不太可能独自承担概念表达的任务，而必须利用自身的回指功能把先行项概念转移到自身所在的位置上来。其他类型的名词性回指语虽然也要进行先行项概念的转移，但从先行项和回指项的概念差异方面所体现出来的概念转移似乎并不是非常明显。

隐含概念激活重现。在间接回指关系中，回指语和先行语不但是异形表达式，而且两者的概念表征也不具有直接的对应性，真正的先行项是隐含在先行项概念之中的，只有通过与回指项的匹配，真正的先行项才能从半激活状态升格到激活状态，并重现于回指项所在的位置。

从概念重现方式的各种变化中我们可以看出，回指过程实际上就是一种努力建立概念关联的过程，在这一过程中，语言形式，更为关键的是概念成分之间的匹配起着至关重要的作用。形式上的差异可以帮助我们区分出几种明显不同的概念重现类型，但基于回指项语义内容或心理表征的回指操作却是概念转移或重现的根本动因。虽然有定性早已被广泛认为是回指项得以进行回指的必不可少的条件，但汉语的事实告诉我们，当一个名词短语的有定性仅仅是个程度问题，或者无法准确判定其有定性程度的时候，我们依然会依据某种语义关联判定该名词短语与其先行项之间的指同关系。如果把对汉语的这种认识拿去审视英语，表示无定的名词短语似乎也应该具有一定的回指功能。

7.4.3.2 句法位置体现

在篇章回指关系中，无论是先行语还是回指语，都占据一个特定的句法位置。某个成分的句法位置是其在句中地位的体现。无论是直接回指还是间接回指，无论是汉语还是英语，回指的先行语通常都是由名词性短语来充当,而回指语则一定是由名词性短语来充当。根据 Keenan & Comrie(1977)所提出的名词短语可及性等级体系(NP accessibility hierarchy),在由名词性短语充当的主语(SU)、直接宾语(DO)、间接宾语(IO)和旁语(Obl)等句子成分中,主语比直接宾语具有较高的可及性,直接宾语又比间接宾语具有较高的可及性,以此类推,它们构成了一个可及性由高及低的等级序列,即 SU > DO > IO > Obl。由此可见,不同的句法位置会使处在该位置上的名词性成分具有不同的显著性。

我们知道,随着语言研究从强调句法到越来越多地强调篇章,从注重语言形式扩展到更多地关注语用以及心理认知因素,回指已被广泛接受为一种语篇的以及心理认知的现象。在这种背景下,利用句法位置来阐述回指成分中名词性成分的显著性或许会遭到某种质疑。而其中最有可能引起争议的恐怕就是认为句法分析只能局限于句子,一旦跨句,则属于篇章问题,此时句法分析手段就将失效。这集中体现在主语与主题的问题上。

曹逢甫(1979/1995: 40-43)严格地把主语和主题看作两个不同语法层面的概念,即主语处在句子层面,其影响力仅限于句内动词短语,而主题则处在篇章层面,其影响范围可涉及几个句子。持类似观点的还有 Keenan & Schieffelin(1976)、Li & Thompson(1976)、胡裕树(1982)、许余龙(2004),等等。

很多学者之所以把主题视作篇章层面的概念,往往是因为主题一般传递的是旧信息,且常常具有对比的性质。但徐烈炯、刘丹青(1998: 43-44)却认为,"话题(即主题)是个句法概念","话题是某个结构位置的名称,处于这一位置上的词语常常具有某些语义和信息功能方面的特点",因此,"从成分分析的角度看,话题与主语、宾语一样是句子的基本成分"。我们认为,这一观点至少在两个方面对我们所进行的回指研究具有很大的启示。首先,在进行英汉语对比研究时,我们以往时常困惑于英汉语句的划分问题,也就是说,英语句子的划分清晰而严格,而汉语句子的划分由于标点符号使用的灵活性而时常令人琢磨不定,于是很多学者就把英汉语分别视作主语显著和主题显著两种截然不同的语言,这就使得在某些层面的对比研究中无法获得对等语料。而如果把主题也视作句法成分,人们就可以在句内和跨句的范围内对英汉语中各个名词性成分的地位进行统一的讨论。其次,对于回指来说,无论是回指语与先行语出现于同一句内,还是出现在跨句的语篇中,我们都可以对其进行句法地位的描述,通过先行语与回指语句法地位的变化来揭示概念的转移以及概念认知地位的变化。我们在前面的"语域对等语篇对比"一节中就已经实践了上述思想。无论是英语还是汉语,无论是同句内、前一句、同段内还是跨段,所有的间接回指的先行语和回指语都有一个句法位置体现。通过对第二章中的表12和表13进行比较可以发现,英语语料中的间接回指的先行语主要出现在宾语(占54.3%)和状语(占28.3%)位置上,其回指语主要出现在状语(占46.5%)和宾语(占26.8%)位置上。而汉语的情形则完全不同,大多数的汉语间接回指先行语出现在主语/主题(占72.5%)位置上,其次是出现在宾语(占14.5%)位置上,而回指语则较为集中地分布在宾语(占45.5%)和主语/主题(占35.6%)的位置上。由于主语/主题位置是最为显著的句法位置,英汉语先行语和回指语在这一位置上极为显著的分布差异表明,间接回指作为一种篇章概念的转移或篇章衔接手段在汉语中有着非常重要的地位；而在英语中，这种手段仅处在一种相对次要的地位。

间接回指之于英汉语的重要性还可以通过单纯考察英语或汉语的先行语与回指语的句法位置变化来揭示。如上面所提到的表12中的数据所示，在英语中，先行语与回指语的句法位置变化主要集中在从宾语和状语到状语和宾语，是在相对次要的句法位置上进行转移。而表13所显示的汉语情形则是，先行语和回指语集中在从主语／主题和宾语到宾语和主语的转移方面，这充分显示出间接回指对于汉语概念表达及转移的重要性。

许余龙（2004）的研究为我们了解汉语直接回指中先行语与回指语的句法位置关系提供了很好的参考。我们此处仅以代词为例。对于代词来说，当回指语与离它最近的其他相关名词短语的数量为零时，在此环境下的代词在绝大多数情况下都是出现在小句的主语／主题位置上，而其先行语往往也处在篇章前一小句的主语／主题位置上，或是由前一小句存现结构中无定名词短语所处的位置上。而当回指语与离它最近的其他名词短语的数量大于零时，大多数的先行语仍然出现在主语／主题的位置上，而回指语的位置则变得比较灵活，有一半以上的回指语出现在小句的动词或副动词的宾语位置，约36%的回指语出现在小句的主语／主题位置上，此外还有在宾语名词短语中做修饰语的情况。由于许文对主题做了非常细致的划分，把其分为主题、期待主题、期待副主题，并引入主题堆栈等与主题相关的概念，从而使得主题成为许文回指释义理论中最为重要的概念之一。虽然许文的主题概念和我们的主题概念并非完全一致，但许文的研究充分印证了主题因素在汉语回指关系中的重要地位，而这种作用在汉语间接回指关系中也有类似的体现。

7.4.3.3 心理位置体现

回指从本质上来说属于一种认知心理现象，只是这种认知心理层面的现象必须要通过语言的手段进行表达。因此，分析语言形式层面上的回指语与先行语的句法显著性必须要以认知心理层面的分析为基础，并服务于认知心理的要求。

乔姆斯基的转换生成思想使人们对具有普遍意义的深层结构（deep structure）和具有个性特征的表层结构（surface structure）有了一个鲜明而深刻的认识。人类的认知体验在很大程度上是相同或类似的，虽然后天的经验以及特定语言的使用会在一定程度上影响人的认知过程，但这种影响更多地表现为对认知方式的一些调整，而最为基本的认知能力并不会发生实质性的变化，一般也不会表现出太多的跨文化的差异来。当我们把各种认知过程用特定的语言表达出来的时候，在语言刚性规则（如线性表达规则、语法规则等）的作用下，共同的认知过程就会体现出各种各样的差异来。

我们在表达某一件事情的时候，通常都需要有一个明确的主题，并需要对这个主题进行一定的描述，以便让听者或读者明了这件事情的具体状况。在话题展开过程中，某些概念实体需要不断被提及或强调，这就形成了话语中的回指关系。然而，不同的语言结构、不同的文化思维以及不同的个人表达风格和表达意图，都会使体现为语言表达形式的回指关系出现各种各样的特点。我们的工作首先要对显性的语言表达形式进行描述，弄清在一般情况下处在不同句法位置上的成分的显著性水平，然后在此基础上分析出在特定的话语篇章中回指语和先行语的心理认知地位,以及从先行项到回指项的概念转移过程及特征究竟如何。

许余龙(2004: 240, 243)对用于跨句指称的专有名词和有定描述语以及它们的先行语的语篇分布分别做了统计,把回指语和先行语的句法功能分为三类,即主语/主题、宾语和修饰语。由于这一分类与我们最初所做的分类[①]有很大的区别,为了使直接回指和间接回指的对比更具可比性,我们仅比较先行语和回指语在主语/主题和宾语位置上的情况。

通过把许余龙(2004: 240, 243)的两个表格与本文第二章中的表12和表13进行整合,可以得到表1。

	主语/主题		宾语	
	先行语	回指语	先行语	回指语
直接回指	32(43.8%)	73(81.1%)	37(50.7%)	11(12.2%)
间接回指	50(72.5%)	36(35.6%)	10(14.5%)	46(45.5%)

表1 汉语直接回指和间接回指中有定描述语的句法功能

首先需要说明的是,表1中每一项数据均有两部分构成,第一部分表示在最初的研究中所统计的先行语或回指语的个数,第二部

[①] 我们在前面第二章的表12和表13中所做的分类包括:主语/主题、宾语、谓语动词、修饰语(主/宾)和状语。这一分类与许余龙(2004)的分类相比仅有主语/主题和宾语重合。虽然许文和本文的分类中都有修饰语一项,但两者并不完全相同。许文是把主语修饰语单独列了出来,而本文则把主语修饰语和宾语修饰语统称为修饰语。此外,许文考察的对象包括专有名词和有定描述语两项,而本文考察的仅限有定描述语,但这对对比的对等性影响不大,因为既然许文把专有名词和有定描述语合起来分析,就说明两者的句法功能应该是基本相同的。

分表示在原有数据中该回指语或先行语所占的比例。对于我们目前所做的对比来说，只有第二部分的数据具有实际的意义。表1显示，在直接回指关系中，先行语处在主语／主题或宾语位置上的比例差别不大，但作为回指语来说，有高达81.1%的例子是出现在主语／主题的位置上，在宾语位置上的仅为12.2%。以最常见的一种情形为例：

（33）　鲁家湾里住着<u>一个姓鲁的老木匠</u>。
　　　　<u>老木匠</u>已经五十八岁了，
　　　　<u>∅</u>十八岁学艺跟班……

（转引自许余龙，2004: 244）

在上述直接回指实例中，先行语"一个姓鲁的老木匠"处在第一个小句的宾语位置，这是引入一个新主题通常所处的位置，然而所引入的主题能否成为真正的主题关键还是要看其是否能在后续话语中占据主题的位置。我们可以看到，在第二个小句中，"老木匠"作为回指语占据了该小句主语／主题的位置，从而把先前新引入的成分"一个姓鲁的老木匠"转变成了一个真实的主题，并成为后续话语持续谈论的对象。句法位置和心理位置具有很强的对应性，这可以从象似性（iconicity）理论中找到理论支持，即心理中比较重要的概念成分往往会在比较重要的句法位置上体现出来；反过来看，通过考察和分析那些比较显著的句法成分，可以使我们了解哪些概念成分更加重要或更显著。从概念转移的角度看，一个处在宾语位置上的新引入的概念成分，其显著性地位是不确定的。它可能仅仅是被提及一次，也有可能像例（33）

那样后来转化成一个显著性的概念主题,在概念转移的过程中概念的认知显著性或认知地位得到提升。

在间接回指关系中,多数先行语(72.5%)都是出现在小句的主语／主题的位置上,出现在宾语位置上的情况比较少(14.5%);而对于回指语来说,与直接回指的情形相反,间接回指的回指语出现在宾语中的情况(45.5%)仅比出现在主语／主题中的情况(35.6%)稍多一些。换句话说,尽管汉语间接回指的先行语通常都出现在小句的主语／主题的位置上,但回指语的位置却并非集中在最为显著的句法位置上。此外,我们把表1中间接回指的回指语出现在主语／主题及宾语位置的比例加起来,所得数字为 35.6% + 45.5% = 81.1%,这表明仍有另外 18.9% 的实例出现在其他的句法位置上。例如:

(34) 苏小姐跟鲍小姐同舱,睡的是下铺。

(35) ……阿刘哑声告诉,姓孙的那几个人打牌,声音太闹,给法国管事查到了,大吵其架……

(36) 那个戴太阳眼镜、身上摊本小说的女人,衣服极斯文讲究。皮肤在东方人里,要算得白,可惜这白色不顶新鲜,带些干滞。她去掉了黑眼镜,眉清目秀,只是嘴唇嫌薄,擦了口红还不够丰厚。假使她从帆布躺椅上站起来,会见得身段瘦削,也许轮廓的线条太硬,像方头钢笔划成的。年龄看上去有二十五六,不过新派女人的年龄好比旧式女人合婚帖上的年庚……

(以上三例均选自《围城》)

在例（34）中，先行语"舱"处在状语位置，而回指语"下铺"是在宾语位置。由于宾语的显著性通常不及主语/主题，所以这里的"下铺"仅提及一下，只是构成整个事件的一个小的细节。例（35）中的先行语"打牌"是一动宾结构，描述的是一种活动，由于回指语"声音"处在显著的主语/主题位置上，因而很自然地成为一个小主题，直接引出"太闹，给法国管事查到了，大吵其架……"等相关事件。例（36）的情况要复杂得多。先行语"那个戴太阳眼镜、身上摊本小说的女人"处在整个语篇的主题位置，自然也是该语篇的中心，在后续的话语中，出现了一系列的间接回指语："衣服"（主语/主题）、"皮肤"（主语/主题）、"黑眼镜"（宾语）、"眉"（主语）、"目"（主语）、"嘴唇"（主语）、"口红"（宾语）、"身段"（主语）、"轮廓的线条"（主语）以及"年龄"（主语/主题）。从这些集中出现的间接回指语中我们可以看到，如果回指语出现在主语/主题的位置上，其显著性往往就比较高，可成为进一步谈论的小主题（如"皮肤"、"轮廓的线条"和"年龄"）。当然，在这一位置上点到为止的情况也是会经常出现（如"衣服"、"眉"、"目"、"嘴唇"和"身段"）。但是，当回指语出现在非主语/主题位置上时（如"黑眼镜"和"口红"），就基本上不再把此话题展开进一步描述了。

由此可见，汉语间接回指的回指语在心理位置上的地位与其句法位置有着比较密切的关系，而如果把回指语的心理位置与先行语的心理位置（更准确地说应该是回指项和先行项的位置）结合起来分析概念转移状况的话，会大致出现如下几种情形：

先行项	回指项
显著（主语/主题位置） →	显著（主语/主题位置）
显著（主语/主题位置） →	不显著（主语/主题之外的位置）
不显著（主语/主题之外的位置） →	显著（主语/主题位置）
不显著（主语/主题之外的位置）→	不显著（主语/主题之外的位置）

当然，以上只是对汉语间接回指的概念转移过程中概念显著性变化的一个简单描述，至于对这种变化的更为细致的分析，以及汉语直接回指概念转移的状况，还有英汉语两种回指之间的相同及差异之处，都需要进一步的研究。

7.5 理论意义

至少在 Halliday & Hasan（1976）以前，回指往往都被视作一个衔接问题，是语篇中两个语言成分之间的一种指称关系。尽管随着语言学理论的发展，人们开始逐渐认识到，回指从本质上看绝不仅仅是一个语言形式上的问题，而是一个认知心理问题，回指的认知心理本质正被越来越多的学者所接受。回指的形式与认知层面通常对应着衔接与连贯这两个既相互区别又彼此密切相关的话题，然而传统的研究无论是侧重衔接还是连贯，对篇章回指问题的阐释过程都始终是以"向左"为基本的取向。我们认为，这种"向左"的取向未能从根本上揭示回指在篇章发展过程中的功能作用。篇章发展的基本方向，或者更准确地说是基于篇章的概念的发展方向应该是"向右"的，这是一个不断引入新概念、改造此概念并不断发展此概念的过程。形式上的回指关系为各种概念的发展提供了一系列显性的衔接手段,这是概念表达与理解必须借助的媒介,然而衔接本身绝不是篇章发展的目的,传统意义上的连贯也没有很好地揭示篇章发展的过程。

我们对回指的认识由三部分构成,即概念匹配、回指释义和概念转移(或重现)。只有当概念转移(或重现)完成了,在某一特定语篇中的某一回指关系才算是最终完成了自己的使命,随后另外一项概念发展任务方可以启动。

我们提出回指研究应该有三个阶段构成,并非意味着指责传统回指研究中存在什么问题,也并非表明传统回指研究存在局限,因为传统回指研究和我们对回指的看法在研究视角方面存在很大的不同。我们不能以自己的视角去对在其他视角下做出的判断说三道四,在评判他人成果时一定要做到客观公正。

所谓"回指"(anaphora),该概念本身已在强烈地暗示这是一种带有由右向左倾向的语言现象,这一表达语及其概念本身已经限定了回指研究的范围。我们不能从其他的视角来批判传统回指研究存在的所谓的局限性。我们对回指的看法是基于一个比传统回指观更大的视角,那就是,回指作为一种衔接手段,它在语篇的动态发展过程中相对完整的功能作用是什么。每一种概念表达和连接手段都有其特定的功能作用,这种功能作用可能由几个阶段构成,我们希望通过我们的研究把这几个阶段完整地展现出来。从概念匹配到回指释义再到概念转移或重现,这就是我们认为的回指关系运作的一个相对完整的过程。在我们的研究框架中,"回指"这一表述似乎不是特别地贴切,因为无论是概念匹配还是概念转移(或重现)均有悖于"回指"的字面含义。但由于"回指"是整个概念发展过程中的核心内容,而且"回指"的概念早已深入人心，而我们的新思维是在原概念的基础上向两个方向做的一种扩展，因此在没有更合适的表达方式之前，我们依然还是使用"回指"这一说法来对整个现象进行描述。

概括起来，回指研究的新思维具有如下几个方面的理论意义：

第一，新思维展现了回指关系在篇章发展过程中的全貌。它揭示了回指过程之所以可以启动是源于两个概念之间的匹配关系，回指关系之所以可以建立起来需要遵循一定的回指释义规则，而回指关系建立之后需要通过一定的方式把先前表达的概念转移到回指语（项）所在的位置，从而为篇章的进一步发展做好准备。

第二，新思维为回指研究的三个阶段做了明确的定位，即概念匹配是基础，回指释义是手段，而概念转移（或重现）是目的。三个阶段分工明确，既相对独立，又步步推进，构成一个完整的体系。

第三，在新思维中，回指语的符号意义具有双重性。首先，回指语作为一种语言形式，它与任何语言形式一样具有一般意义上的指称特性，这是语言形式的基本符号学特性。其次，在回指语与先行语的关系中，回指语本身所表达的概念（即回指项）仅仅是为转移或重现先行语概念服务的。回指语如同一个坐标，它标示先行语概念需要被转移或重现的位置，这一位置既是句法的也是心理的，而这是对回指项表达已知信息的最为合理的一种解释。

第四，语篇视角下的动态回指观。无论是句内的还是跨句的传统回指研究都是以"向左"为基本取向的，这有悖于篇章发展的基本方向，因而属于静态的回指研究。而在我们的研究中，随着回指释义的完成，先行概念会做"向右"的转移，由此带来概念的不断变化和发展，篇章意义也由此得以体现出来。

第五，早期的回指观是唯形式论（如Chomsky, 1981的约束原则），不涉及任何心理认知的因素，而后来在语用认知基础上展开的研究在强调概念语义信息的同时，仅仅保留了回指语形式以及回指语与先行语之间距离关系的信息（如Ariel, 1988; 1990），这似乎是从重形式的一端滑到了重意义的另一端。而我们的回指重现观既重视形式重现，也重视概念重现，在把两者区分开来的同时，更强调两者之间的互动关联。

第六，为传统回指问题的研究进一步拓宽了道路。近些年了，国内外对回指的研究似乎已经显露出了疲态，甚至可以说快到了黔驴技穷的地步，这主要是由于很长时间以来人们已经很难在这一领域挖掘出比较有意义、有新意且令人瞩目的研究成果来了。在有限的研究成果中，人们关注最多的还是回指在实际话语篇章文体中的应用问题，在语言学界如此，在计算机、人工智能研究领域也不例外。应用研究固然很重要，但理论上的创新与突破会带来意义更加深远的影响。

以概念匹配为例。尽管概念匹配并非是一个新概念，但我们把它纳入到回指研究的整个框架中，并视其为回指关系发展过程中至关重要的一个基础，而且以概念匹配为基础还可以对各种回指形式做出更加合理深刻的阐释。不仅如此，既然概念匹配可以用来阐释回指这种语篇衔接关系，而语篇衔接关系还有很多其他的种类。在各种各样的衔接关系中，概念匹配是否也能发挥类似的作用？如果能的话，概念匹配是否会是所有语篇衔接关系的基础？而如果不能，同为衔接的这些关系是如何接纳或排斥概念匹配这一因素的？所有这些问题都会一一浮现在我们面前，并迫使我们必须做出合理的解答。从某种意义上说，我们所面对的世界就是一个符号的世界。语言是一种符号，语言所指称的外部世界也都可被认为是各种各样的符号。路边矗立的路标是一种符号，它为我们指示前进的方向；目的地是一种符号，它告知我们那是旅行的终点；我们所要寻找的实物是一种符号，它告知我们愿望的达成。在这个符号的世界里，我们之所以可以有意识地去认识世界，是因为我们可以不断地把大脑中的形象与外部世界的形象进行比对，寻找到匹配关系；我们所认识的外部世界的关系既包含大脑中的关系形象与外部世界关系的匹配，也涉及外部世界符号与符号之间的匹配连通关系。如果没有各个层面上的匹配，无论是外部世界还是大脑中的形象，以及外部世界与大脑中的形象之间的关系全都是支离破碎，互不相干的。

由此可见，基于概念匹配的回指研究不单单带给我们一种对回指关系的重新认识，更为重要的是，这一思想可以进一步启发我们去思考更广泛意义上的衔接与连贯关系的问题，甚至去更进一步思考语言、思维与世界的关系问题。

第八章

结 论

8.1 总结

本研究最初的构想是仅进行英汉语篇间接回指的对比研究,所以该课题最初的名称和论证都是围绕这一目标选定和展开的。但随着研究的不断深入,我们获得了很多原本没有预想到或者原本只是模模糊糊感觉到的思想。这些思想与最初的计划衔接紧密,是在原有计划基础上的进一步深化和延伸,而正是这种深化和延伸,使得原有的规划具有了更加深远的意义,使得整个研究项目不至于只是局限于单纯的基于语料的对比与分析,研究意义也不仅仅局限在间接回指关系这一相对狭隘的问题上。

整个研究大致可以分为四个部分:一是基于实际篇章语料的英汉间接回指对比与分析,主要涉及第二章、第三章和第四章;二是对间接回指问题的宏观思考,这是第五章的内容;三是在第六章对间接回指和直接回指中的模糊性问题进行了详细分析;最后,在第七章中系统阐述了回指研究新思维的基本内容,并指出这一研究可能具有的深远的研究价值。

首先是第一部分。

第八章 结 论

基于实际篇章语料的对比分析是非常必要而且重要的,其原因有多方面:(1)人们对间接回指的重视远不如对直接回指的重视,而回指几乎就成了直接回指的代名词,因此,间接回指的研究必须要引起人们的足够重视。(2)英汉间接回指研究的不平衡。尽管英语间接回指研究的相关文献根本无法与直接回指研究相比,但纵观英汉间接回指的研究文献,汉语方面的研究更是相当的薄弱。造成这种局面的原因有多种,主要有汉语界普通语言研究问题与国外相比存在的滞后性,汉语间接回指表达形式界定的模糊性,汉语语料收集的复杂性,等等。但无论如何,不断加强汉语间接回指的基础性研究是一项必须要做而且要做好的工作。(3)基于典型的、零星的间接回指实例来考察这种现象必然存在很大的缺陷,这种情况下的研究结果往往是不全面的,常常会忽略很多关键性的问题。为了做好基础性的研究工作,进行大规模的语料收集与分析很有必要。

为了保证基于篇章语料的对比分析的科学性,我们首先对英汉语间接回指的概念重新做了明确的界定,设定了篇章距离、句法位置、表达形式等一系列比较细致的语料参数,为间接回指的进一步分类、分析打下了良好的基础。为了使英汉间接回指现象能够在不同的层面都能显现出共同与差异之处,我们没有只是进行单一的语篇体裁的对比,而是把对比语篇分成了三类,即英汉翻译语篇、汉英翻译语篇和语域对等语篇。翻译语篇之所以要分英译汉和汉译英两种,主要是因为每一种语言中的间接回指在翻译成另一种语言时,都会出现一些特定的表达方式,其独特性在反向语言翻译中往往是体现不出来的。所有这些基于实际篇章的间接回指语料以及统计结果,不仅只是服务于本次研究,而且对本研究之外的其他相关研究也能提供很大的支持。

对语料以及一般间接回指关系所反映出来的各种特征，我们主要从构成要素和释义机制两个方面进行了深刻分析。要素分析能使人们更加清楚地看到间接回指的各个成分所起的功能作用，特别是通过这种分析能更好地体现英汉间接回指的本质差别所在。回指释义是传统间接回指以及直接回指研究中的核心问题，我们自然也无法回避。在回顾了可及性理论、情景理论以及关联理论这三种间接回指研究中最为常见的理论之后，我们进一步提出，无论何种间接回指，都离不开两个至关重要的因素：整体-部分关系和关联度。整体-部分关系分狭义的和广义的两种。人们通常所说的整体-部分关系一般都是指狭义的，即在一个实实在在的整体结构中存在某一个构成成分，该整体结构和构成成分之间的关系即为整体-部分关系，如"饭店－服务员"、"汽车－发动机"、"人－手"，等等。但我们所强调的整体-部分关系是广义的，是任何间接回指关系中都必然存在的一种关系，其整体不是实实在在的客观事物，而是一个由先行语激活的认知框架，因此，无论是"人－手"关系还是"手－人"关系，只要它们都能够分别构成间接回指关系，则无一例外都属于整体-部分关系。但是只有整体-部分关系，还不足以保证形成间接回指关系，因为这一关系需要一定的关联度来维系。我们之所以感觉到有些间接回指关系似乎可以自动完成释义，而有些间接回指关系需要付出一定的努力进行推理之后才能完成释义，究其原因是因为存在于先行项与回指项之间的关联度会体现出很大的差异。当然，这种维系间接回指关系的关联度并不一定需要特别地强，只要其能够比回指项与其他构成干扰的先行项之间的关联度更高即可，所

第八章 结 论

以我们称这种关联度为相对优势关联度。

然后是第二部分。

与第一部分相比，第二部分的研究视野放得更宽了一些，是从宏观角度探讨间接回指的形式、功能与认知的关系。语言形式是第一位的，它是语言功能实现和语言认知操作的基础。间接回指有其特有的形式，而且这种形式在英汉语中存在着很大的差异，而形式的变化会影响到功能的实现，同时也会影响到认知操作的过程。形式、功能与认知是三个相互独立又互为依存的方面，通过基于间接回指关系的分析，不但能使我们更加清楚间接回指关系本身，而且也会对直接回指以及一般语言的形式、功能与认知关系获得深刻的理解。

英汉间接回指的形式、功能与认知方面的差异不单单是这种特有的指称形式中存在的一种孤立现象，这实际上是中西思维方式以及中西语篇组织方式差异的一种反映。对这些问题的讨论，能使我们更加深刻地理解语言与思维的关系这一古老命题。

第三部分讨论的是模糊回指及其语用功能。

我们之所以要单独拿出一个章节来讨论模糊回指，是出于如下的考虑。首先，以往人们大凡谈到回指，几乎无一例外都是以假设存在某一个明确的先行语（项）为基本条件，否则回指释义似乎就无从谈起。然而，事实表明，某些回指关系并非总是清晰而明确的，模糊回指不仅存在，而且也不是一种只是零星出现的例外。其次，篇章中模糊回指的出现既有偶然的因素，也有有意为之的因素，这是因为模糊回指有其特有的语篇表达功能，在这方面模糊回指与模糊语具有某些相似之处。最后，从广义上说，所有的间接回指都是模糊回指，其模糊性在于真正先行项的隐性属性。在考虑到以上几种因素的前提下,我们认为非常有必要把回指模糊性问题提出来,以期更多的学者对其加以关注。

第四部分是本研究的核心内容之一。它在传统回指研究的基础上,结合本研究先期研究成果所带来的各种启示,提出了回指研究的一种新思维。

传统的回指研究具有强烈的"向左"的研究取向,在有针对性地解决问题的同时,却未注意到这只是语言现象发挥语篇功能的一个阶段,因为语篇总是要不断向前发展的。回指在语篇发展过程中到底扮演着怎样的角色?其功能作用是如何体现的?其运作机制究竟如何?这些都是非常值得我们思考的问题,而我们的回指研究新思维中则包含了这些问题的一般答案。

回指研究新思维旨在搭建一个回指研究的新框架。我们把回指关系的启动(即概念匹配)和回指语篇功能的完成(即概念转移或重现)作为传统回指研究的两翼,构建出一幅较为完整的回指运作过程的新画面。或者说,我们通过对传统回指研究向两个相反的方向进行拓展,为回指这一古老话题开辟了更加广阔的研究领域。

若粗看上述四个部分,或许会给人一种研究内容事无巨细、杂乱无章的感觉,因为里面既有数据收集、统计与分析这样的实证研究内容,也有纯理论的分析与阐述;既有英汉间接回指的对比与分析,又有不分语种、不考虑直接或间接的一般回指分析;既有细致的微观分析,也有宏观的思考与设想。然而,如果我们把一些关键性的因素理顺就会发现,本研究的结构自有其内在的合理性。

第一,间接回指是贯穿整个研究的主题。英汉篇章的对比分析，回指要素的分析，回指释义，形式、功能与认知分析均是以间接回指为主题。在接下来的模糊回指分析中，是以间接回指为主，直接回指为辅。而在回指研究新思维中，是把间接回指和直接回指纳入到统一的框架中进行分析。

第二，鉴于到目前为止间接回指研究的现状，我们需要对这一现象有一比较全面深入的认识。而为了达到这一目的，我们需要有比较全面而翔实的真实语料，需要有比较全面而深入的形式、功能、认知等方面的分析，需要把间接回指的研究视野拓得更宽一些，等等。所有这些都在我们的研究中一一得到了反映。

第三，由实证到分析再到理论建构。最初的实证研究为后续的分析阐释提供了翔实的数据，并对回指研究新思维的提出带来了极为重要的启示。

第四，间接回指和直接回指并非两种截然不同的回指形式，它们实际上是位于同一回指轴线上的内部构成成分存在某些差异的两种形式，在某些特殊的情况下我们甚至无法分辨出某个实例究竟是间接回指还是直接回指。因此，正如讨论直接回指时往往会涉及间接回指一样，虽然我们现在的研究主题是间接回指，但在涉及许多特定问题时并没有必要把两者区分开来，而且，在有些情况下对直接回指的讨论还可以起到反衬间接回指特点的效果。

第五，英汉间接回指的差异突出地反映在回指语（项）的特征、真实篇章中各种分类数据以及随之进行的分析阐释之中，因此，我们在本研究的前半部分特别注重体现间接回指在英汉语中的各种差异。而当分析转入宏观问题的讨论时，英汉之间的差异基本可以暂时忽略不计，虽然这样做的结果可能会给人留下一种英汉对比没有前后一贯进行的印象。

第六，从单纯的间接回指实证研究开始，最后到一般的回指研究新思维的构建，更加彰显了间接回指研究的意义，因为原本只针对间接回指的研究成果和启示最后扩展到了一般回指现象中，甚至还会对一般的语篇衔接关系以及语言、思维与世界的关系带来有价值的思考。

语言学领域的直接回指及间接回指研究在经历了长期的发展过程之后，似乎已经进入到一个所谓的"高原期"，甚至对回指研究的热情也出现了某种程度的降温。越来越多原本从事回指研究的学者开始转向其他的研究领域，而在回指研究中"炒冷饭"的现象也层出不穷。形成这种局面的原因固然多种多样，但回指创新性研究成果的匮乏却是一个主要原因。无论是在回指研究的宏观理论建构层面，还是针对回指现象的微观现象及阐释层面，真正有价值、有影响的创新性研究成果并不多见。我们在经过长期的持之以恒的研究和思考之后，通过与国内相关研究专家的不断交流，并受益于国家社科基金项目的支持，在多个方面获得了创新性的研究成果，具体体现在如下几个方面：

第一，对回指研究的内容进行了革命性的拓展。在肯定传统回指研究价值的同时，我们对其进行了重新定位，增加了更为基础的概念匹配机制内容和概念转移机制内容，形成了较为完整的回指关系运作的新框架，即一个完整的篇章回指研究应该以概念匹配为基础，以回指释义为手段，以概念转移（或重现）为目的。这一架构的形成，涵盖了回指关系从启动到运作，再到终结的全过程，展现了回指在篇章发展过程中发挥其特有功能作用的全貌。在这一全新的构架下，回指不再仅仅是一种"向左"分析操作的过程,而是以顺应篇章发展方向的"向右"的过程为最终目的;回指也不再仅仅是一种静态的分析过程,而是还要包括动态的概念转移过程。

第二,确立了概念匹配是回指的重要认知基础。匹配是一种朴素的认知观,大凡两个概念,只要其间能够建立起某种有意义的关联,则一定存在某种程度的匹配,这一点已经得到神经生理学研究的支持。传统回指研究中所说的同指(co-reference),只是表明回指语和先行语具有相同的所指对象,但并未能揭示这种同指产生的根本认知动因。以代词为例,尽管代词通常被认为是与其先行语具有相同的指称对象,但为什么一个语义空泛的代词能够与一个语义内容丰富的名词性先行语具有相同的指称对象呢?我们的解释是,代词指称功能的发挥得益于代词的两种基本属性:首先是代词所特有的有定性特征起到了启动回指过程的作用,其次是代词有限的语义属性均能够与某一先行成分形成完全的匹配关联。代词如此,其他有定名词短语也是如此。把匹配关系从笼统的回指关系中剥离开来,可以让我们更清楚地去考察各种语言及非语言语境信息是如何作用于两个业已建立起匹配关系的成分是如何进行远近指称,以及如何对回指语进行选择的。此外,对匹配关系的认识,也可用来考察其他各种衔接手段,如重复、替代、省略等,考察它们究竟是以怎样不同的方式建立起概念关联的。

第三,系统提出了回指概念重现或转移的思想。传统的回指观一般都是基于先行语和回指语或先行项与回指项的同指关系,研究在各种语言以及非语言语境因素的作用下的回指释义或回指产出问题,基本不涉及先行语概念和回指语概念的动态变化过程，这也就无法解释在很多的回指实例中先行语（项）和回指语（项）看似所指相同，但实际上所指不同的问题。根据概念重现或概念转移的思想，无论是先行项还是回指项，在语篇的展开过程中，语境因素往往会导致先行项概念发生或大或小的变化，这种"先行项＋语境"的结果会被转移到回指语（项）所在的位置上，体现为某种特定的句法位置以及认知显著性地位。这样一来，（直接）回指的回指项与先行项依然是同指关系，但"先行项＋语境"与回指项之间就可能不再是同指关系了。此外，对于回指语或回指项来说，它在语篇中的功能作用不仅仅是为了建立与先行语或先行项之间的关联，更为重要的是，回指语（项）的根本语篇功能作用是要把先行语所表达的概念转移到回指语所在的位置上，并赋予这一概念特定的句法及认知突显地位。

　　第四，对模糊回指进行了较为全面细致的分类与分析。传统回指研究的一个重要基础是作为研究对象的先行语和回指语一定要清晰可辨，否则回指释义机制就难以运作。然而大量的语言事实告诉我们，无论在语言形式层面，还是概念认知层面，经常会出现先行语或先行项难以确定的情形。虽然以往也有学者注意到过这一问题，但仅有零星散乱的分析和结论，没有对其给予足够的重视。在本研究中，我们从语言的模糊性本质分析到指称的模糊性，再进一步分析到直接回指与间接回指中的模糊问题，梳理出模糊回指产生的各种原因，强调模糊回指并不一定是一种语用失误，它还可能具有各种特殊的篇章语用功能。

　　第五，对有定性问题的再认识。对有定性问题的研究虽然不是本研究的主题，但有定性却是回指的核心概念之一。英汉语作为形合和意合语言的代表，在名词短语有定性的体现上存在着显著的形式上的差异，而对于这种形式层面的差异会对概念认知产生怎样的影响，这方面的相关研究并不多。本研究基于一定规模的篇章语料，从翻译对等以及语域对等两个层面详细考察了英汉语在有定性表达上的差异，揭示了汉语在有定性表达上的主体意识程度变化，为进一步研究有定性问题探索出一条适切的研究途径。

第六，本研究的主题是英汉语篇间接回指对比研究，因此，我们围绕间接回指展开了迄今为止最为全面而深入的探讨。其中既有详尽的间接回指研究综述，对间接回指现象全面而深入的揭示，基于英汉语篇的对比分析，还有从间接回指到直接回指的整合性研究，等等。所有这些，不仅能够进一步确立间接回指在篇章研究中相对独立的研究地位，而且也对广义的回指研究带来诸多颇有价值的启示，拓展了传统回指研究的领域。

8.2 不足之处和进一步研究方向

本研究的不足之处主要表现在如下几个方面：

首先，英汉间接回指对比的对等性问题。与英语间接回指具有明显的形式标记不同，汉语间接回指由于受到意合语言特征的制约，在间接回指概念的界定方面存在一定的主观性，有时无法将间接回指和非间接回指实例明确地区分开来。尽管我们为此制定了多条界定标准，但语用标准的介入还是会使最终的判断出现偏差。这是处理汉语语料时经常无法回避的一种尴尬情形，但如果能够把界定标准设定得更为细致一些，主观性的判断或许能够进一步降低。

其次，由于汉语间接回指的实例需要一条一条地进行人工搜索，并要参照最初设定的标准逐个进行仔细甄别，因此用来进行对比研究的英汉翻译对等语料和语域对等语料的规模被限定在一个相对较小的范围，这导致了某些特殊的间接回指现象（如代词间接回指）没有被找到，或者找到的实例数量相对较少，因而在分析阐述中就不得不借用他人杜撰的实例来进行分析。

再次，回指研究的新思维是基于间接回指研究提出的关于一般回指研究的新构想，旨在为一般回指研究搭建一个整体研究框架。虽然我们对概念匹配的认知基础以及不同回指语（项）与先行语（项）的匹配关系做了分类阐述，也对各种类型回指的概念转移或概念重现机制做了细致的分析，但所有这些依然在很大程度上带有研究理论及研究内容总体构架建设的性质，尚有大量的细节工作需要做。

回指研究不应该仅仅满足于业已取得的成就。结合本研究的内容以及尚存在的各种不足，我们认为将来可以在下述几个方面进一步展开研究：

首先，在英汉对比研究领域，特别要加强汉语间接回指的研究，要从形式、语用、功能、认知等多个层面进行更为细致的深入阐释。此外，还要开展叙事篇章之外的其他语体的篇章对比研究，并进行语体之间的比较研究。

其次，本研究提出的回指研究新思维进一步拓展了回指研究的领域，在概念匹配，尤其是概念转移领域尚有大量的研究工作要做。例如，我们提出，概念转移是指把由先行语（项）所表达的概念转移到回指语（项）所在的位置，而这一位置既包括句法位置，也包括心理位置。然而，句法位置的平移或者句法位置的变换究竟意味着什么，其在语篇衔接关系中的作用究竟如何，各种情形的篇章分布状况如何，等等，目前都不得而知。对于心理位置来说，句法位置和心理位置的对应状况怎样，对概念突显程度的判定，不同心理位置上的概念对篇章进一步发展会带来哪些影响，这些也是将来必须要回答的问题。

再次，把概念匹配作为回指关系建立的基本认知基础，使我们对回指关系做出了全新的解读，然而，概念匹配仅仅是回指关系建立的认知基础吗？对于其他各种篇章衔接关系来说，概念匹配是否也能发挥类似的作用？如果再进一步思考下去，当任何两个概念产生关联时，两者之间是否也需要概念匹配从中牵线搭桥？如果概念匹配的确能够在上述各种关系中发挥关键性作用，我们就能够以概念匹配作为进一步深入研究的切入点，从多角度、多层次全面解读概念之间的关联性。

最后，对间接回指进行跨学科研究值得引起人们的关注。在大的语言研究领域，我们不能仅仅在普通语言学、功能语言学或认知语言学的范围内开展研究，还应该研究各种文学语篇中的间接回指的形式、功能与作用。在语言教学领域，间接回指作为一种简洁、高效的概念拓展手段，对语言学习者的理解和表达具有积极的促进作用，而对模糊回指的把握则会影响他们的理解和表达水平，所以这些方面的研究意义不言而喻。此外，间接回指研究还可以延伸到心理学、计算机科学、人工智能等领域中去，从中可以获得更有价值的理论和应用研究成果。

参考书目

Allwood, J. & P. Gardenfors. 1999. *Cognitive Semantics* [M]. Amsterdam: John Benjamins B.V.

Anderson, R. C. 1977. The notion of schemata and the educational enterprise [A]. In R. C. Anderson, R. J. Spiro & W. E. Montague (eds.): *Schooling and the Acquisition of Knowledge* [C]. Hillsdale, NJ: Lawrence Erlbaum.

Anscombe, G. E. M. 1963. *Intension (Second Edition)* [M]. Oxford: Basil Blackwell.

Apothéloz, D. & Marie-Jose Reichler-Beguelin. 1999. Interpretations and functions of demonstrative NPs in indirect anaphora [J]. *Journal of Pragmatics*, 31: 363-397.

Ariel, M. 1988. Referring and accessibility [J]. *Journal of Linguistics*, 24 (1):65-87.

Ariel, M. 1990. *Accessing Noun Phrase Antecedents* [M]. London: Routledge.

Ariel, M. 1994. Interpreting anaphoric expressions: a cognitive versus a pragmatic approach [J]. *Journal of Linguistics*, 30 (1): 3-42.

Biber, D., S. Johansson, G. Leech, S. Conrad & E. Finnegan. 1999. *Longman Grammar of Spoken and Written English* [M]. London: Longman.

Brizuela, M. 1999. The selection of definite expressions in Spanish [A]. In K. van Hoek et al. (eds.): *Discourse Studies in Cognitive Linguistics* [C]. Amsterdam: John Benjamins.

Brown, G. & G. Yule. 1983/2000. *Discourse Analysis* [M]. Cambridge: Cambridge University Press.

Bunescu, R. 2003. *Proceedings of the EACL-2003 Workshop on the Computational Treatment of Anaphora* [R], pp. 47-52. Budapest, Hungary, April 2003.

Carroll, D. W. 1999. *Psychology of Language* [M]. Pacific Grove, Ca.: Brooks-Cole.

Chafe, W. L. 1976. Givenness, contrastiveness, definiteness, subjects, topics and point of view [A]. In C. N. Li (eds.): *Subject and Topic* [C]. New York: Academic Press.

Chafe, W. L. 1994. *Discourse, Consciousness, and Time* [M]. Chicago: The

University of Chicago Press.

Channell, J. 1994. *Vague Language* [M]. Shanghai: Shanghai Foreign Language Education Press.

Charniak, E. 1975. Organization and inference in a frame-like system of common-sense knowledge [A]. In R. C. Schank & B. L. Nash-Webber (eds.): *Theoretical Issues in Natural Language Processing* [C]. Cambridge: Bolt, Bernanek & Newman.

Charolles, M. 1999. Associative anaphora and its interpretation [J]. *Journal of Pragmatics*, 31:311-326.

Charolles, M. & G. Kleiber (eds.). 1999. *Associative Anaphora (special issue)* [C]. *Journal of Pragmatics*, 31.

Chen, P. 1986. Referent introducing and tracking in Chinese narratives [D]. *Doctorial Dissertation*, UCLA.

Chen, P. 2004. Identifiability and definiteness in Chinese [J]. *Linguistics*, 42 (6):1129-1184.

Chomsky, N. 1981. *Lectures on Government and Binding* [M]. Dordrecht: Foris.

Chomsky, N. 1982. *Some Concepts and Consequences of the Theory of Government and Binding* [M]. Cambridge, MA: MIT Press.

Christopherson, P. 1939. *The Articles: A Study of Their Theory and Use in English* [M]. Copenhagen: Einar Munksgaard.

Clark, H. H. 1977. Bridging [A]. In P. Wason & P. Johnson-Laird (eds.): *Thinking: Reading in Cognitive Science* [C]. Cambridge: Cambridge University Press.

Clark, H. H. 1978. Inferring what is meant [A]. In W. Levelt & G. d'Arcais (eds.): *Studies in the Perception of Language* [C]. Chichester: Wiley, 295-322.

Clark, H. H. & C. R. Marshall. 1981. Definite reference and mutual knowledge [A]. In A. K. Joshi, B. L. Webber & I. A. Sag (eds.): *Elements of Discourse Understanding* [C]. Cambridge: Cambridge University Press, 10-63.

Collins, A. M. & E. F. Loftus. 1975. A spreading-activation theory of semantic processing [J]. *Psychological Review*, 82: 407-428.

Cornish, F. 1999. *Anaphora, Discourse, and Understanding: Evidence from English and French* [M]. New York: Oxford University Press.

Cornish, F. 2002. Anaphora: lexico-textual structure, or means for utterance integration within a discourse? A critique of the functional-grammar account [J]. *Linguistics*, 40 (3): 469-493.

Cornish, F., A. Garnham, H. W. Cowles, M. Fossard & V. Andre. 2005. Indirect anaphora in English and French: A cross-linguistic study of pronoun resolution [J]. *Journal of Memory and Language*, 52: 363-376.

Croft, W. & A. D. Cruse. 2006. *Cognitive Linguistics* [M]. Beijing: Beijing University Press.

Cruse, D. A. 2000. *Meaning in Language* [M]. Oxford: Oxford University Press.

De Beaugrande, R. & W. Dressler. 1996. *Introduction to Text Linguistics* [M]. New York: Longman.

Dell, G. S. 1986. A spreading-activation theory of retrieval in sentence production [J]. *Psychological Review*, 93: 283-321.

Ellis, J. 1988. *The Logical and Textual Function* [M]. London: Batsford.

Emmott, C. 1999. Embodied in a constructed world: Narrative processing, knowledge representation, and indirect anaphora [A]. In K. van Hoek et al. (eds.): *Discourse Studies in Cognitive Linguistics* [C]. Amsterdam: John Benjamins.

Enkvist, N. E. 1978. Coherence, pseudo-coherence, and non-coherence [A]. In J. O. Östman (ed.): *Cohesion and Semantics* [C]. Åbo, Finland: Åbo Akademi Foundation.

Epstein, R. 1999. Roles, frames and definiteness [A]. In K. van Hoek et al. (eds.): *Discourse Studies in Cognitive Linguistics* [C]. Amsterdam: John Benjamins.

Erkü, F. & J. Gundel. 1987. Indirect anaphora [A]. In J. Verschueren & M. Bertuccelli-Papi (eds.): *The Pragmatic Perspective* [C]. Amsterdam: John Benjamins.

Fauconnier, G. 1985. *Mental Spaces: Aspects of Meaning Construction in Natural Language* [M]. Cambridge: The MIT Press.

Fauconnier, G. 1994. *Mental Spaces: Aspects of Meaning Construction in Natural Language* [M]. Cambridge: Cambridge University Press.

Fauconnier, G. 1997. *Mappings in Thought and Language* [M]. Cambridge: Cambridge University Press.

Fauconnier, G. & M. Turner. 1998. Conceptual Integration Network [J]. *Cognitive Science* 22 (2): 133-187.

Fillmore, C. 1975. An alternative to checklist theories of meaning [J]. *BLS* (1):123-131.

Fox, B. 1987. *Discourse Structure and Anaphora* [M]. Cambridge: Cambridge University Press.

Fraurud, K. 1996. Cognitive ontology and NP form [A]. In T. Fretheim & J. K. Gundel (eds.): *Reference and Referent Accessibility* [C]. Amsterdam: John Benjamins, 65-88.

Garnham, A. 2001. *Mental Models and the Interpretation of Anaphora* [M]. Hove: Psychology Press.

Garrod, S. & A. Sanford. 1990. Referential processing in reading: Focusing on roles and individuals [A]. In D. A. Balota, G. B. d'Arcais & K. Rayner (eds.): *Comprehension Processes in Reading* [C]. Hillsdale, NJ: Erlbaum.

Garrod, S. & A. Sanford. 1994. Resolving sentences in a discourse context: How discourse representation affects language understanding [A]. In M. Gernsbacher (ed.): *Handbook of Psycholinguistics* [C]. New York: Academic Press, 675-698.

Gernsbacher, M. A. & T. Givón. 1995. *Coherence in Spontaneous Text* [C]. Amsterdam: John Benjamins.

Giora, R. 1997. Discourse coherence and theory of relevance: Stumbling blocks in search of a unified theory [J]. *Journal of Pragmatics*, 27: 17-34.

Giora, R. 1998. Discourse coherence is an independent notion: A reply to Deidre Wilson [J]. *Journal of Pragmatics*, 29: 75-86.

Givón, T. 1983. Topic continuity in spoken English [A]. In T. Givón (ed.): *Topic Continuity in Discourse* [C]. Amsterdam: John Benjamins.

Givón, T. 1992. The grammar of referential coherence as mental processing instructions [J]. *Linguistics*, 30 (1):5-55.

Grosz, B. J., A. K. Joshi & S. Weinstein. 1995. Centering: A framework for modeling the local coherence of discourse [J]. *Computational Linguistics*, 21 (2): 203-225.

Gundel, J. K., N. Hedberg & R. Zacharski. 1993. Cognitive status and the form of referring expressions in discourse [J]. *Language* 69 (2):274-307.

Halliday, M. A. K. & R. Hasan. 1976/2001. *Cohesion in English* [M]. London: Longman.

Harris, R. 2001. A Selection of Rhetorical Devices and Literary Terms [OL]. http://www.uky.edu/ArtsSciences/Classics/Harris/rhetform.html

Hawkins, J. 1978. *Definiteness and Indefiniteness: A Study in Reference and Grammaticality Predication* [M]. London: Croom Helm.

Horn, L. R. 1984. Toward a new taxonomy for pragmatic inference: Q-based and R-based implicature [A]. In D. Schiffrin (ed.): *Meaning, Form, and Use in Context* [C]. Washington: Georgetown University Press.

Huang, Y. 1991. A neo-Gricean pragmatic theory of anaphora [J]. *Journal of Linguistics*, 27 (2): 301-335.

Huang, Y. 1994. *The Syntax and Pragmatics of Anaphora: A Study with Special*

Reference to Chinese [M]. Cambridge: Cambridge University Press.

Huang, Y. 2000. *Anaphora: A Cross-Linguistic Approach* [M]. Oxford: Oxford University Press.

Jeckendoff, R. 1983. *Semantics and Cognition* [M]. Cambridge, MA: MIT Press.

Johnson-Laird, P. N. 1983. *Mental Models: Towards a Cognitive Science of Language, Inference, and Consciousness* [M]. Cambridge: Cambridge University Press.

Kamio, A. 2001. English generic we, you, and they: An analysis in terms of territory of information [J]. *Journal of Pragmatics*, 33 (7): 1111-1124.

Kaplan, R. B. 1966. Cultural thought patterns in intercultural education [J]. *Language Learning*, 16 (1):1-20.

Keenan, E. L. & Comrie, B. 1977. Noun phrase accessibility and universal grammar [J]. *Linguistic Inquiry*, 8: 63-99.

Keenan, E. O. & B. B. Schieffelin. 1976. Topic as a discourse notion: A study of topic in the conversations of children and adults [A]. In Charles N. Li (ed.): *Subject and Topic* [C]. New York: Academic Press.

Kennedy, C. & B. Boguraev. 1996. Anaphora for everyone: Pronominal anaphora resolution without a parser [A]. *Proceedings of the 16th International Conference on Computational Linguistics* (COLING'96) [C]. Copenhagen, Denmark, 113-118.

Kibrik, A. A. 1999. Reference and working memory: Cognitive inferences from discourse observations [A]. In K. van Hoek (ed.): *Discourse Studies in Cognitive Linguistics* [C]. Amsterdam: John Benjamins.

Kleiber, G. 1999. Associative anaphora and part-whole relationship: The condition of alienation and the principle of ontological congruence [J]. *Journal of Pragmatics*, 31: 339-362.

Lakoff, G. & M. Turner. 1989. *More Than Cool Reason: A Field Guide to Poetic Metaphor* [M]. Chicago: University of Chicago Press.

Langacker, R. W. 1987. *Foundations of Cognitive Grammar, Vol I: Theoretical Perspectives* [M]. Stanford, CA: Stanford University Press.

Langacker, R. W. 1991a. *Concept, Image and Symbol: The Cognitive Basis of Grammar* [M]. Berlin: Mouton de Gruyter.

Langacker, R. W. 1991b. *Foundations of Cognitive Grammar, Vol. II* [M]. Stanford: Stanford University Press.

Langacker, R. W. 1997. A dynamic account of grammatical function [A]. In J. Bybee, J. Haiman & S. A. Thompson (eds.): *Essays on Language Function and*

Language Type [C]. Amsterdam: John Benjamins.

Langacker, R. W. 2001. Discourse in cognitive grammar [J]. *Cognitive Linguistics*, 12 : 143-188.

Lavigne-Tomps, F. & D. Dubois. 1999. Context effects and associative anaphora in reading [J]. *Journal of Pragmatics*, 31: 399-415.

Levinson, S. C. 1987. Pragmatics and the grammar of anaphora: A partial pragmatic reduction of Binding and Control phenomena [J]. *Journal of Linguistics*, 23 (2): 379-434.

Levinson, S. C. 1989. A review of relevance [J]. *Journal of Linguistics*, 25: 455-472.

Levinson, S. C. 1991. Pragmatic reduction of the binding conditions revisited [J]. *Journal of Linguistics*, 27: 107-162.

Levinson, S. C. 2000. *Presumptive Meaning* [M]. Cambridge, MA: MIT Press.

Levinson, S. C. 2008. *Space in Language and Cognition: Explorations in Cognitive Diversity* [M]. 北京：世界图书出版公司.

Li, C. & S. Thompson. 1976. Subject and topic: a new typology of language [A]. In C. Li (ed.): *Subject and Topic* [C]. New York: Academic Press.

Li, C. & S. Thompson. 1981. *Mandarin Chinese: A Functional Reference Grammar* [M]. Berkeley: University of California Press.

Lyons, C. 1999. *Definiteness* [M]. Cambridge: Cambridge University Press.

Mann, W. C. & S. A. Thompson. 1992. Rhetorical structure theory and text analysis [A]. In W. C. Mann & S. A. Thompson (eds.): *Discourse Description: Diverse Linguistic Analyses of a Fund-raising Text* [C]. Amsterdam: John Benjamins.

Matsui, T. 1993a. Assessing a scenario-based account of bridging reference assignment [A]. In *UCL Working Papers in Linguistics*, (5): 211-247.

Matsui, T. 1993b. Bridging reference and the notion of 'topic' and 'focus' [J]. *Lingua*, 90: 49-68.

Matsui, T. 1994. Bridging reference and style [A]. In *UCL Working Papers in Linguistics*, (6): 401-436.

Matsui, T. 1998. Pragmatic criteria for reference assignment: A relevance-theoretic account of the acceptability of bridging [J]. *Pragmatics and Cognition*, 6 (1/2): 47-97.

Matsui, T. 2000. *Bridging and Relevance* [M]. Amsterdam: John Benjamins B. V.

Mey, J. 2001. *Pragmatics: An Introduction* [M]. Oxford: Blackwell.

Mieville, D. 1999. Associative anaphora: An attempt at formalization [J]. *Journal of*

Pragmatics, 31 (3): 327-337.

Minsky, M. 1975. A framework for representing knowledge [A]. In P. Winston (ed.): *The Psychology of Computer Vision* [C]. New York: McGraw-Hill.

Mitkov, R. 2001. Outstanding issues in anaphora resolution. In Al. Gelbukh (ed): *Computational Linguistics and Intelligent Text Processing* [C]. Springer, 110-125.

Nida, E. A. 1982. *Translating Meaning* [M]. San Dimas, CA: English Language Institute.

Nunberg, G. 1995. Transfers of meaning [J]. *Journal of Semantics*, 12 (2):109-132.

Ogden, C. K. & I. A. Richards. 1923. *The Meaning of Meaning* [M]. London: Routledge & Kegan Plaul.

Panther, Klause-Uwe & L. L. Thornburg. 2003. Introduction: on the nature of conceptual metonymy [A]. In Klaus-Uwe Panther & L. L. Thornburg (eds.): *Metonymy and Pragmatic Inferencing* [C]. Amsterdam: John Benjamins Publishing Company, (1):1-20.

Pasi, G. 2002. Flexible information retrieval: some research trends [J]. *Mathware and Soft Computing*, (9): 107-121.

Perkovitz, M. & O. Etzioni. 2000. Towards adaptive web sites: Conceptual framework and case study [J]. *Artificial Intelligence*, 118: 245-275.

Poesio, M. & R. Vieira. 1998. A corpus-based investigation of definite description use [J]. *Computational Linguistics*, 24 (2): 183-216.

Poesio, M., R. Vieira & S. Teufel. 1997. Resolving bridging references in unrestricted text [A]. In: *Proceedings of the ACL'97/EACL'97 Workshop on Operational Factors in Practical, Robust Anaphora Resolution*. Madrid, Spain, 1-6.

Prince, E. F. 1981. Toward a taxonomy of existential presupposition in discourse [A]. In P. Cole (ed.): *Radical Pragmatics* [C]. New York: Academic Press.

Prinz, W. 1984. Modes of linkage between perception and action [A]. In W. Prinz & A. F. Sanders (eds.): *Cognition and Motor Processes* [C]. Berlin: Springer, 185-193.

Quirk, R. 1985. *A Comprehensive Grammar of English* [M]. London: Longman.

Radfrod, A., M. Atkinson, D. Britain, H. Clahsen & A. Spencer. 2000. *Linguistics: An Introduction* [M]. Beijing: Foreign Language Teaching and Research Press.

Reboul, A. 1997. What (if anything) is accessibility? A relevance-oriented criticism of Ariel's Accessibility Theory of referring expressions [A]. In J. H. Connolly et al. (eds): *Discourse and Pragmatics in Functional Grammar*. Berlin/NY: de Gruyter, 91-108.

Reimer, M. "Reference". The Stanford Encyclopedia of Philosophy (Winter 2003 Edition) [OL]. Edward N. Zalta (ed.). http://plato.stanford.edu/entries/reference

Reinhart, T. 1999. Anaphora [A]. In W. Keil (ed.): *The MIT Encyclopedia of the Cognitive Sciences* [C]. Cambridge, Ma.: MIT Press, 20-22.

Ruiz de Mendoza, F. J. & L. P. Hernandez. 2001. Metonymy and the grammar: motivation, constraints and interaction [J]. *Language & Communication*, 21 (4): 321-357.

Sanford, A. 1989. Component process of reference resolution in discourse [A]. In N. Sharkey (ed.): *Models of Cognition: A Review of Cognitive Science Vol.1* [C]. Norwood, NJ: Ablex.

Sanford, A. J. & S. C. Garrod. 1981. *Understanding Written Language: Exploration in Comprehension Beyond the Sentence* [M]. Chichester: Hohn Wiley.

Sanford, A. J. & S. C. Garrod. 1989. What, when and how: Questions of immediacy in anaphoric reference resolution [J]. *Language and Cognitive Processes*, (4): 263-287.

Saussure, F. D. 2001. *Course in General Linguistics* [M]. Beijing: Foreign Language Teaching and Research Press.

Schank, R. C. & R. Abelson. 1977. *Scripts, Plans, Goals and Understanding* [M]. Hillsdale, NJ: Lawrence Erlbaum.

Searle, J. 1976. A classification of illocutionary acts [J]. *Language in Society*, (5): 1-24.

Shi, D. X. 1989. Topic chain as a syntactic category in Chinese [J]. *Journal of Chinese Linguistics*, 17: 223-261.

Sidner, C. L. 1983a. Focusing and discourse [J]. *Discourse Processes*, (6): 107-130.

Sidner, C. L. 1983b. Focusing on the comprehension of definite anaphora [A]. In M. Brady & R. Berwick (eds.): *Computational Models of Discourse* [C]. Cambridge, Mass: MIT Press.

Sperber, D. & D. Wilson. 1986. *Relevance: Communication and Cognition* [M]. Oxford: Basil Blackwell.

Sperry, R. W. 1952. Neurology and the mind-body problem [J]. *American Scientist*, 40: 291-312.

Tannen, D. 1979. What's in a frame? Surface evidence for underlying expectations [A]. In R. O. Freedle (ed.): *New Directions in Discourse Processing* [C]. Norwood, NJ: Ablex.

Tomlin, R. 1987. Linguistic reflections of cognitive events [A]. In R. Tomlin (ed.): *Coherence and Grounding in Discourse* [C]. Amsterdam: John Benjamins.

Ungerer, F. & H. J. SchmidJ. 2001. *An Introduction to Cognitive Linguistics* [M]. Beijing: Foreign Language Teaching and Research Press.

van Dijk, T. A. 1981. *Studies in the Pragmatics of Discourse* [M]. The Hague: Mouton.

van Hoek, K. 1997. *Anaphora and Conceptual Structure* [M]. Chicago: University of Chicago Press.

van Hoek, K., A. A. Kibrik & L. Noordman. 1999. *Discourse Studies in Cognitive Linguistics* [C]. Amsterdam: John Benjamins.

Vitu, F. 1991. The influence of parafoveal preprocessing and linguistic context on the optimal landing position effect [J]. *Perception and Psychophysics*, 50:58-75.

Werth, P. 1999. *Text Worlds: Representing Conceptual Space in Discourse* [M]. New York: Longman.

Wilson, R. A. & F. C. Keil. 1999. MIT 认知科学百科全书 [M]. 上海：上海外语教育出版社．

Wilson, D. & Matsui, T. 1998. Recent approaches to bridging: Truth, coherence, relevance [OL]. In *UCL Working Papers in Linguistics*, (10). http://www.phon.ucl.ac.uk/home/PUB/WPL/98papers/wilson.pdf

Yan, C. 2006. Cognitive construction and interpretation of discourse reference [J]. *US-China Foreign Language*, July, 2006, Volume 4, No. 7 (Serial No. 34), 61-66.

Yasuhara, Kazuya. 2005. Indirect anaphora and conceptual blending [P]. *Paper presented at the 30th Annual Meeting of the Kansai Linguistic Society* (Kansai University).

Yus, F. 2003. Humor and the search for relevance [J]. *Journal of Pragmatics*, 35: 1295-1331.

曹逢甫．1979/1995．主题在国语中的功能作用：迈向言段分析的第一步 [M]．北京：语文出版社．

陈平．1987．释汉语中与名词成分相关的四组概念 [J]．中国语文（2）．

陈望道．2001．修辞学发凡 [M]．上海：上海外语教育出版社．

陈香兰、周流溪．2007．异形回指和联想回指理解的转喻机制 [J]．外语与外语教学（2）．

陈岩、王军．2009．伍尔夫《闹鬼的屋子》回指风格分析 [J]．苏州教育学院学报（1）．

陈治安、彭宣维．1994．人称指示语研究 [J]．外国语（3）．

程琪龙．1999．认知语言学概论 [M]．北京：外语教学与研究出版社．

程琪龙．2006．概念框架和认知 [M]．上海：上海外语教育出版社．

戴炜栋、陆国强．2007．概念能力与概念表现 [J]．外国语（3）．
樊长荣．2007．现代汉语有定性研究述评 [J]．长沙大学学报（6）．
符达维．1990．模糊语义问题辨述 [J]．中国语文（2）．
高卫东．2008．语篇回指的功能意义解析 [M]．上海：上海交通大学出版社．
高原．2003．照应词的认知分析 [M]．北京：外语教学与研究出版社．
桂诗春．2000．心理语言学（新版）[M]．上海：上海外语教育出版社．
郭富强．2007．意合形合的汉英对比研究 [M]．青岛：中国海洋大学出版社．
韩丹、许宁云．2006．指称转喻的回指照应机制 [J]．解放军外国语学院学报（2）．
何兆熊．1999．新编语用学概要 [M]．上海：上海外语教育出版社．
何自然．2000．语用推理的照应 [J]．福建外语（1）．
何自然．2006．认知语用学：言语交际的认知研究 [M]．上海：上海外语教育出版社．
侯敏、孙建军．2005．汉语中的零形回指及其在汉英机器翻译中的处理对策 [J]．中文信息学报（1）．
胡裕树．1982．试论汉语句首的名词性成分 [J]．语言教学与研究（4）．
胡壮麟．1994．语篇的衔接与连贯 [M]．上海：上海外语教育出版社．
胡壮麟．2004．认知隐喻学 [M]．北京：北京大学出版社．
胡壮麟．2006．语言学教程（第三版英文本）[M]．北京：北京大学出版社．
黄清贵．2007．指称现象的歧义性与幽默 [J]．温州大学学报（社会科学版）（6）．
黄奕、白永权、蒋跃．2007．汉英访谈节目中第一人称代词的指称模糊 [J]．外国语（2）．
姜望琪．2005．Zipf 与省力原则 [J]．同济大学学报（社会科学版）（1）．
姜望琪．2006．篇章与回指 [J]．外语学刊（4）．
蒋跃．2007．解构主义的翻译观与语言的模糊性 [J]．外语教学（2）．
克里斯特尔（Crystal, D.）．2000．现代语言学词典 [D]．北京：商务印书馆．
黎千驹．1996．实用模糊语言学 [M]．桂林：广西师范大学出版社．
李临定．1985．主语的语法地位 [J]．中国语文（1）．
李文戈、武柏珍．2004．翻译视野中的语言模糊性 [J]．外语学刊（3）．
连淑能．1993/2005．英汉对比研究 [M]．北京：高等教育出版社．
连淑能．2002．论中西思维方式 [J]．外语与外语教学（2）．

廖秋忠．1992．廖秋忠文集 [M]．北京：北京语言文化学院出版社．

刘礼进．1997．英汉人称代词回指和预指比较研究 [J]．外国语（6）．

刘礼进．2004．可推知照应再考 [J]．外国语（5）．

刘礼进．2005．中心理论和回指解析计算法 [J]．外语学刊（6）．

刘宓庆．1992．汉英对比与翻译 [M]．南昌：江西教育出版社．

刘正光．2007．隐喻的认知研究——理论与实践 [M]．长沙：湖南人民出版社．

卢植．2006．认知与语言：认知语言学引论 [M]．上海：上海外语教育出版社．

吕公礼．1995．前指照应的认知语用互动分析 [J]．外国语（2）．

吕叔湘．1946．从主、宾语的分别谈国语句子的分析 [A]．载《吕叔湘文集》第2卷 [C]．北京：商务印书馆．

吕叔湘．1986．中国语法学史稿．序 [A]．载龚千言著《中国语法学史稿》[C]．北京：语文出版社．

吕叔湘．1998．语文常谈 [M]．北京：三联书店．

马兰英．2009．间接回指中先行语和回指语的指称特征 [J]．解放军外国语学院学报（5）．

马壮寰．2008．索绪尔语言理论要点评析 [M]．北京：北京大学出版社．

潘文国．2002．汉英语对比纲要 [M]．北京：北京语言文化大学出版社．

潘震．2007．框架理论对第三人称深层回指的解释力 [J]．宁德师专学报（哲学社会科学版）（1）．

沈家煊．1993．句法的象似性问题 [J]．外语教学与研究（1）．

沈家煊．2004．语用原则、语用推理和语义演变 [J]．外语教学与研究（4）．

石毓智．2002．论汉语的结构意义和词汇标记之关系 [J]．当代语言学（1）．

束定芳．2004．语言的认知研究——认知语言学论文精选 [C]．上海：上海外语教育出版社．

束定芳．2008．认知语义学 [M]．上海：上海外语教育出版社．

宋培彦、刘宁静．2010．句间回指模糊的多层次消解模型 [J]．计算机工程与应用（5）．

索绪尔．2001．普通语言学教程 [M]．北京：外语教学与研究出版社．

田润民、王健．1997．整合、缓冲和桥接 [J]．外语与外语教学（4）．

王安石．1994．语义研究 [M]．北京：语文出版社．

王灿龙．2000．人称代词"他"的照应功能研究 [J]．中国语文（3）．

王灿龙．2006．英汉第三人称代词照应功能的单向性及相关问题 [J]．外语教学与研究（1）．

王德春．2001．论语言单位的任意性和理据性——兼评王寅《论语言符号象似性》[J]．外国语（1）．

王还．1985．"把"字句中"把"字的宾语[J]．中国语文（1）．

王金安．2008．论模糊语的文体功能[J]．外语学刊（3）．

王军．2003a．联想回指现象琐议[J]．西安外国语学院学报（1）．

王军．2003b．论间接回指释义的基础[J]．外语教学（6）．

王军．2003c．间接回指的确认与语义网络激活扩散[J]．外语学刊（4）．

王军．2004a．英语叙事篇章中间接回指释义的认知研究[M]．苏州：苏州大学出版社．

王军．2004b．论关联度在间接回指释义中的主导作用[J]．现代外语（3）．

王军．2005a．"框-楔关系"对间接回指研究的启示[J]．外语教学（4）．

王军．2005b．汉英间接回指形式对比初步[J]．四川外国语学院学报（1）．

王军．2006．论篇章距离对回指先行语可及性的影响[J]．山东外语教学（1）．

王军．2009．模糊回指及其语用功能[J]．西安外国语大学学报（4）．

王军、高明强．2009．概念匹配、回指释义与概念转移[J]．外语学刊（5）．

王文斌．2001．英语词汇义学[M]．杭州：浙江教育出版社．

王文斌．2007．隐喻的认知构建与解读[M]．上海：上海外语教育出版社．

王文斌、林波．2003．英语幽默言语的认知语用研究[J]．外国语（4）．

王欣．2003．《有定性》述评[J]．当代语言学（1）．

王寅．1999．论语言符号象似性[J]．外语与外语教学（5）．

王寅．2003．象似性原则的语用分析[J]．现代外语（1）．

王宇．2001．英汉烹饪词汇语义对比研究——兼谈英汉饮食文化差异[J]．解放军外国语学院学报（2）．

王宗炎．1994．英语人称代词he/she能预指下文的名词吗？[J]．外语教学与研究（4）．

魏在江．2007．英汉语篇连贯认知对比研究[M]．上海：复旦大学出版社．

吴世雄、陈维振．2000．中国模糊语言学的理论研究述评[J]．福建师范大学学报（哲社版）（2）．

伍铁平．1979．模糊语言初探[J]．外国语（4）．

伍铁平．1999．模糊语言学[M]．上海：上海外语教育出版社．

项城东．2004．代词性和指示性间接回指语及其认知基础[J]．外语与外语教学（3）．

熊学亮. 1999. 认知语用学 [M]. 上海：上海外语教育出版社.

徐赳赳. 1999. 叙述文中名词回指分析 [J]. 语言教学与研究（4）.

徐赳赳. 2003. 现代汉语篇章回指研究 [M]. 北京：中国社会科学出版社.

徐赳赳. 2005. 现代汉语联想回指分析 [J]. 中国语文（3）.

徐烈炯、刘丹青. 1998. 话题的结构与功能 [M]. 上海：上海外语教育出版社.

徐鹏. 2007. 修辞和语用：汉英修辞手段语用对比研究 [M]. 上海：上海外语教育出版社.

徐盛桓. 2003. 常规关系与句式结构研究 —— 以汉语不及物动词带宾语句式为例 [J]. 外国语（2）.

徐盛桓. 2005. 语用推理的认知研究 [J]. 中国外语（5）.

徐通锵. 1997. 有定性范畴和语言的语法研究 —— 语义句法再议 [J]. 语言研究（1）.

许余龙. 1992. 对比语言学概论 [M]. 上海：上海外语教育出版社.

许余龙. 2000. 英汉指称词语表达的可及性 [J]. 外语教学与研究（5）.

许余龙. 2001. 对比语言学 [M]. 上海：上海外语教育出版社.

许余龙. 2004. 篇章回指的功能语用探索 —— 一项基于汉语民间故事和报刊语料的研究 [M]. 上海：上海外语教育出版社.

许余龙. 2005. 语篇回指实证研究中的数据库建设 [J]. 外国语（2）.

许余龙、贺小聃. 2007. 英汉语下指的篇章功能和语用分析 —— 兼谈汉语第三人称代词照应的单向性问题 [J]. 外语教学与研究（6）.

曾竹青. 2000. 英汉第三人称代词回指话语分析 [J]. 湘潭大学社会科学学报（3）.

张华茹. 2004. 试谈语言模糊性产生的根源 [J]. 中国海洋大学学报（社会科学版）（1）.

张良林. 2004. 语言模糊性的符号学解释 [J]. 四川教育学院学报（3）.

张文会. 2008. 模糊指称刻意运用现象的语用分析 [J]. 湖北广播电视大学学报（2）.

张昀. 2005. 浅议上下义词与语篇回指 [J]. *US-China Foreign Language*, 3（6）：42-44.

赵元任. 1968/1979. 汉语口语语法 [M]. 吕叔湘译. 北京：商务印书馆.

周国栋、孔芳、朱巧明. 2007. 指代消解：国内外研究现状及趋势 [A]. 第九届全国计算语言学学术会议（大连）.

朱永生. 2002. 论语言符号的任意性与象似性 [J]. 外语教学与研究（1）.

朱永生、严世清. 2001. 系统功能语言学多维思考 [M]. 上海：上海外语教育出版社.

左岩. 1995. 汉英部分语篇衔接手段的差异 [J]. 外语教学与研究（3）.

附录1　自然篇章语料来源

［1］《围城》（汉英对照）（前三章），作者：钱锺书，人民文学出版社，2003。

［2］汉语民间故事（节选自《中国民间故事选》（第一集），人民文学出版社，1958）（由上海外国语大学许余龙教授提供及遴选）。

　　（1）金马驹和火龙衣　　　　（2）元宝
　　（3）二郎捉太阳的故事　　　（4）"望娘滩"的故事
　　（5）找姑鸟　　　　　　　　（6）石榴
　　（7）三根金头发　　　　　　（8）红泉的故事
　　（9）宫女图　　　　　　　　（10）种田全靠功夫深
　　（11）传家宝　　　　　　　 （12）一块黑铁的故事
　　（13）鲁班学艺　　　　　　 （14）八哥
　　（15）枣核　　　　　　　　 （16）张郎赛宝
　　（17）百鸟床　　　　　　　 （18）鲤鱼姑娘

［3］《马克·吐温短篇小说选读》（英汉对照），翻译：张友松、常健、董衡巽，上海译文出版社，1980。

　　（1）*Running for Governor*
　　（2）*Mrs. McWilliams and the Lightning*
　　（3）*Journalism in Tennessee*
　　（4）*A Dog's Tale*
　　（5）*The £1,000,000 Bank-note*
　　（6）*The Celebrated Jumping Frog of Calaveras County*
　　（7）*A Curious Experience*
　　（8）*The $30,000 Bequest*

［4］《美国短篇小说选读》（上下册），编辑：上海外语学院英语系，上海译文出版社，1981。

（1）*Rip Van Winkle*, by Washington Irving

（2）*The Outcasts of Poker Flat*, by Francis Bret Harte

（3）*Fifty Grand*, by Ernest Hemingway

（4）*His Best Girl*, by Martin Abzug

（5）*Babylon Revisited*, by F. Scott Fitzgerald

（6）*The Magic Barrel*, by Bernard Malamud

（7）*Gay*, by Joyce Carol Oates

（8）*Rider*, by Baine Kerr

[5]《名作精译:"中国翻译"汉译英选萃》,主编:杨平,青岛出版社,2003。

（1）*My Financial Career*, by Stephen Leacock

（2）*Salvation*, by Langston Hughes

（3）*Retiring Man*, by Chrys Russell

（4）*The Model Millionaire*, by Oscar Wilde

[6]*English Fables and Fairy Stories*(《英语寓言及童话故事》), by James Leif, Cambridge University Press, 1978.

（1）Tattercoats

（2）Catskin

[7]*A Holiday to Remember*(《假期苦短》), by Brittany Yong, translated by Lian Yurong, Foreign Language Teaching and Research Press, 1997.

[8]*Folktales from Britain*(《英语民间故事》)(由上海外国语大学许余龙教授提供)

（1）The Small-Tooth Dog　　　　（2）The Peddler of Swaffham

（3）Upsall Castle　　　　　　　（4）The Hand of Glory

（5）Fairy Ointment　　　　　　（6）The Ungrateful Sons

（7）Jack Hannaford　　　　　　（8）The Parrot

（9）The Story of Mr. Fox　　　（10）Cap o'Rushes

（11）Sugar and Salt　　　　　　（12）The Jamming Pan

（13）Binnorie　　　　　　　　　（14）The Specter Bridegroom

（15）The Lovers of Porthangwartha　（16）The Devil and the Farmer

（17）Witch and Hare　　　　　　（18）Witch of Treva

附录 2 汉英术语对照

B

半活跃状态	semi-active
本体一致性	ontological congruence
必要关系	necessary relation
边缘关系	peripheral relation
表层结构	surface structure
并行处理	parallel processing
并置	juxtapose
不活跃状态	inactive
部分匹配	partial matching
部分-整体关系	part-whole relation

C

参照点理论	Reference Point Theory
参照链接	reference-chaining
槽位	slot
长时记忆	long-term memory
常规关系	stereotypical relation
成分因素	component factor
触发语	trigger
词化	lexicalization
词类标注	part of speech tagging (POS)

D

搭配	collocation
代名语	pronominal
单向性	unidirectionality
低可及性标示语	low accessibility marker
第三人称代词	third person pronoun
定冠词	definite article
对等语料	equivalent data

E

二级加工	secondary processing

F

发话人视角	addresser's perspective
翻译对等	equivalent in translation
反身代词	reflexive
泛指	general reference
非常规关系	non-stereotypical relation
非语言因素	nonverbal factor
非原型用法	non-prototypical use
分析性结构	analytic structure
否定等同	denial identity
符号学	semiotics

G

概念功能	ideational function
概念结构	conceptual structure
概念连通	conceptual connection
概念匹配	conceptual matching
概念映射	conceptual mapping
概念整合	conceptual integration
高可及性标示语	high accessibility marker
工作记忆	working memory
功能词	functional word
功能推展命题	function-advancing proposition
共局部词	co-meronyms

中文	英文	中文	英文
关键词匹配	keyword matching	可及性标示阶	Accessibility Marking Scale
关联度	associative strength	可及性理论	Accessibility Theory
关联回指	associated anaphora	可能关系	possible relation
关联理论	Relevance Theory	可让渡性	transitivity
关联因素	relevant factor	可推导回指	inferable anaphora
关涉	aboutness	可预测程度	predictability
管约理论	GB (Government and Binding) Theory	空间构造词	space builder
		跨越指称	cross reference
光杆名词短语	bare NP (noun phrase)	框架理论	Frame Theory
		扩散激活	spreading activation

H

合作原则	Cooperative Principle	**L**	
话语	discourse	类指	generic reference
话语主题	discourse topic	离位	alienation
回指	anaphora	连贯	coherence
回指产出	anaphora production	连接	conjunction
回指释义	anaphora resolution	连通主义	Connectionism
回指项	anaphor	联想回指	associative anaphora
回指消解	anaphora disambiguity	链式间接回指	chain indirect anaphora
回指语	anaphor expression	零代词	zero (pronoun)
活跃状态	activated		

M

		名词短语的提取	NP extraction
J		模糊回指	vague anaphora
机器翻译	machine translation	模糊语言	vague language
激活	activation	模糊语言学	fuzzy linguistics
加工努力	processing effort	模糊指称	vague reference
间接回指	indirect anaphora	目标语	target language
交叉间接回指	cross indirect anaphora		
焦点	focus	**N**	
角色转换	role-switching	内容词	content word
脚本理论	Scrip Theory	内指	endophora
节点	node	能指	signifier
竞争度	competition		
镜像神经元	mirror neuron	**P**	
旧信息	old information	旁语	oblique
局部整体关系	meronymy	匹配	matching
句法位置	syntactic position	篇章	text
具名实体辨认	named entity recognition	平行共现	parallel co-occurrence

K

可辨别性   identifiability

Q

启动实验	priming
前语言图式	pre-linguistic schemas
桥接	bridging
桥接推理	bridging inference
情节记忆	episodic memory
情景框架	contextual frame
情景理论	Scenario Theory
全括性	inclusiveness
确切指称	specific reference

R

人工智能	artificial intelligence
人际功能	interpersonal function
人为杜撰语料	artificial data
认知效果	cognitive effect
认知语义学	cognitive semantics
认知域	cognitive domain
任意性	arbitrariness
冗余代词识别	identification of pleonastic pronoun

S

深层结构	deep structure
省略	ellipsis
识别原则	identification principle
识解	construal
首要加工	primary processing
受话人视角	addressee's perspective
熟悉阶	Familiarity Scale
熟悉性	familiarity
所有格	possessive case
所指	signified

T

提及的临近程度	recency of mention
提及方式	manner of mention
提及顺序	order of mention
体验观	experiential view
替代	substitution
填充物	filler

同句内	same sentence
同指	co-reference
投射	projection
投射映射	projection mapping
图式理论	Schema Theory
图式映射	schematic mapping
推导实体	inferred entity

W

外指	exophora
完全等同	full identity
完全匹配	complete matching
网络信息检索	web information retrieval
唯一可辨别性	unique identifiability
唯一性	uniqueness
未知词汇辨认	unknown word recognition
无标记的	unmarked
无定的	indefinite
无理据性的	unmotivated

X

下指	cataphora
先行项	antecedent
先行语	antecedent expression
衔接	cohesion
衔接手段	cohesive device
显性的	explicit
显著性	salience
线性处理	linear processing
线性距离	linear distance
相互代词	reciprocal pronoun
向心理论	Centering Theory
象似性	iconicity
心理表征	mental representation
心理空间	mental space
心理实体	mental entity
新信息	new information
信息度	informativity
形合	hypotaxis
形式特征	formal feature
形态分析	morphological analysis

修辞距离	rhetorical distance	语域对等	equivalent in register
叙事篇章	narrative discourse	预设	presupposition
选择限制	selectional constraints	原型用法	prototypical use
削弱度	attenuation	源语	source language
		约束原则	Binding Principles
		蕴含等同	implied identity

Y

严格度	rigidity		
言外行为理论	illocutional act theory		**Z**
一致性	unity	照应语	anaphor
已知等级结构	Givenness Hierarchy	真值	truth
已知信息	given information	整体-部分关系	whole-part relation
意合	parataxis	整体词	holonym
意象图式	image schemas	直接回指	direct anaphora
意义的接续性	continuity of senses	直接引语	reported direct speech
意义三角	triangle of meaning	指称	reference
隐含推理	implicit inference	指称等同关系	identity of reference
隐性的	implicit	指称对象	referent
影响因素	influential factor	指称模糊	referential vagueness
有标记的	marked	指称三角	triangle of reference
有定描述语	definite description	指称义	referential meaning
有定名词短语	definite NP (noun phrase)	指示词	demonstrative
有定性	definiteness	指示语	deixis
有生性层级	animacy hierarchy	中可及性标示语	intermediate accessibility marker
语境	context		
语篇功能	textual function	中心关系	central relation
语外指称	exophoric reference	重述	reiteration
语序	word order	主题	topic
语言符号	linguistic sign	主题句	topical sentence
语言语境	linguistic context	主题突显	topic-prominent
语义关联	semantic connection	主语突显	subject-prominent
语义记忆	semantic memory	自动文本分析	automatic text analysis
语义三角	semantic triangle	综合性结构	synthetic structure
语用功能映射	pragmatic function mapping		

附录3 英汉术语对照

A
aboutness 关涉
Accessibility Marking Scale 可及性标示阶
Accessibility Theory 可及性理论
activated 活跃状态
activation 激活
addressee's perspective 受话人视角
addresser's perspective 发话人视角
alienation 离位
analytic structure 分析性结构
anaphor 回指项
anaphor 照应语
anaphor expression 回指语
anaphora 回指
anaphora disambiguity 回指消解
anaphora production 回指产出
anaphora resolution 回指释义
animacy hierarchy 有生性层级
antecedent 先行项
antecedent expression 先行语
arbitrariness 任意性
artificial data 人为杜撰语料
artificial intelligence 人工智能
associated anaphora 关联回指
associative anaphora 联想回指
associative strength 关联度
attenuation 削弱度
automatic text analysis 自动文本分析

B
bare NP (noun phrase) 光杆名词短语
Binding Principles 约束原则
bridging 桥接
bridging inference 桥接推理

C
cataphora 下指
Centering Theory 向心理论
central relation 中心关系
chain indirect anaphora 链式间接回指
cognitive domain 认知域
cognitive effect 认知效果
cognitive semantics 认知语义学
coherence 连贯
cohesion 衔接
cohesive device 衔接手段
collocation 搭配
co-meronyms 共局部词
competition 竞争度
complete matching 完全匹配
component factor 成分因素
conceptual connection 概念连通
conceptual integration 概念整合
conceptual mapping 概念映射
conceptual matching 概念匹配
conceptual structure 概念结构
conjunction 连接
Connectionism 连通主义
construal 识解
content word 内容词

395

context 语境
contextual frame 情景框架
continuity of senses 意义的接续性
Cooperative Principle 合作原则
co-reference 同指
cross indirect anaphora 交叉间接回指
cross reference 跨越指称

D
deep structure 深层结构
definite article 定冠词
definite description 有定描述语
definite NP (noun phrase) 有定名词短语
definiteness 有定性
deixis 指示语
demonstrative 指示词
denial identity 否定等同
direct anaphora 直接回指
discourse 话语
discourse topic 话语主题

E
ellipsis 省略
endophora 内指
episodic memory 情节记忆
equivalent data 对等语料
equivalent in register 语域对等
equivalent in translation 翻译对等
exophora 外指
exophoric reference 语外指称
experiential view 体验观
explicit 显性的

F
familiarity 熟悉性
Familiarity Scale 熟悉阶
filler 填充物
focus 焦点
formal feature 形式特征
Frame Theory 框架理论
full identity 完全等同

function-advancing proposition 功能推展命题
functional word 功能词
fuzzy linguistics 模糊语言学

G
GB (Government and Binding) Theory 管约理论
general reference 泛指
generic reference 类指
given information 已知信息
Givenness Hierarchy 已知等级结构

H
high accessibility marker 高可及性标示语
holonym 整体词
hypotaxis 形合

I
iconicity 象似性
ideational function 概念功能
identifiability 可辨别性
identification principle 识别原则
identification of pleonastic pronoun 冗余代词识别
identity of reference 指称等同关系
illocutional act theory 言外行为理论
image schemas 意象图式
implicit 隐性的
implicit inference 隐含推理
implied identity 蕴含等同
inactive 不活跃状态
inclusiveness 全括性
indefinite 无定的
indirect anaphora 间接回指
inferable anaphora 可推导回指
inferred entity 推导实体
influential factor 影响因素
informativity 信息度
intermediate accessibility marker 中可及性标示语

interpersonal function 人际功能

J
juxtapose 并置

K
keyword matching 关键词匹配

L
lexicalization 词化
linear distance 线性距离
linear processing 线性处理
linguistic context 语言语境
linguistic sign 语言符号
long-term memory 长时记忆
low accessibility marker 低可及性标示语

M
machine translation 机器翻译
manner of mention 提及方式
marked 有标记的
matching 匹配
mental entity 心理实体
mental representation 心理表征
mental space 心理空间
meronymy 局部整体关系
mirror neuron 镜像神经元
morphological analysis 形态分析

N
named entity recognition 具名实体辨认
narrative discourse 叙事篇章
necessary relation 必要关系
new information 新信息
node 节点
non-prototypical use 非原型用法
non-stereotypical relation 非常规关系
nonverbal factor 非语言因素
NP extraction 名词短语的提取

O
oblique 旁语
old information 旧信息
ontological congruence 本体一致性
order of mention 提及顺序

P
parallel co-occurrence 平行共现
parallel processing 并行处理
parataxis 意合
part of speech tagging (POS) 词类标注
partial matching 部分匹配
part-whole relation 部分-整体关系
peripheral relation 边缘关系
possessive case 所有格
possible relation 可能关系
pragmatic function mapping 语用功能映射
predictability 可预测程度
pre-linguistic schemas 前语言图式
presupposition 预设
primary processing 首要加工
priming 启动实验
processing effort 加工努力
projection 投射
projection mapping 投射映射
pronominal 代名语
prototypical use 原型用法

R
recency of mention 提及的临近程度
reciprocal pronoun 相互代词
reference 指称
Reference Point Theory 参照点理论
reference-chaining 参照链接
referent 指称对象
referential meaning 指称义
referential vagueness 指称模糊
reflexive 反身代词
reiteration 重述

Relevance Theory 关联理论
relevant factor 关联因素
reported direct speech 直接引语
rhetorical distance 修辞距离
rigidity 严格性
role-switching 角色转换

S
salience 显著性
same sentence 同句内
Scenario Theory 情景理论
Schema Theory 图式理论
schematic mapping 图式映射
Scrip Theory 脚本理论
secondary processing 二级加工
selectional constraints 选择限制
semantic connection 语义关联
semantic memory 语义记忆
semantic triangle 语义三角
semi-active 半活跃状态
semiotics 符号学
signified 所指
signifier 能指
slot 槽位
source language 源语
space builder 空间构造词
specific reference 确切指称
spreading activation 扩散激活
stereotypical relation 常规关系
subject-prominent 主语突显
substitution 替代
surface structure 表层结构
syntactic position 句法位置
synthetic structure 综合性结构

T
target language 目标语

text 篇章
textual function 语篇功能
third person pronoun 第三人称代词
topic 主题
topical sentence 主题句
topic-prominent 主题突显
transitivity 可让渡性
triangle of meaning 意义三角
triangle of reference 指称三角
trigger 触发语
truth 真值

U
unidirectionality 单向性
unique identifiability 唯一可辨别性
uniqueness 唯一性
unity 一致性
unknown word recognition 未知词汇辨认
unmarked 无标记的
unmotivated 无理据性的

V
vague anaphora 模糊回指
vague language 模糊语言
vague reference 模糊指称

W
web information retrieval 网络信息检索
whole-part relation 整体-部分关系
word order 语序
working memory 工作记忆

Z
zero (pronoun) 零代词